Structuring Knowledge
知識の構造化

小宮山 宏【著】

はじめに

　20世紀のあいだに、知識の生まれる速度が飛躍的に増した。感覚的には千倍か一万倍といって良いだろう。それらの知識の多くは大学や研究機関から論文として発表される。自分の論文が読まれない、関連論文を読む時間がない、結局知識が十分に活用されないという事態は、知識生産の増大と、人間の新知識把握能力とのギャップから生じる当然の帰結と考えるのが合理的だろう。

　知識の問題は、古来人間の本質的な興味の対象であった。ギリシャの時代には多くの賢人が知識について考えているし、現代に入っても、多くの哲学者が取り上げてきている。そのなかで、百科全書派と呼ばれる人びとが、知識を整理して蓄えておけば、それらを組み合わせて新たな知識が生み出せるはずだと、実は、本書で提案する知識の構造化という提案の一部と似たことを考えている。しかし、百科事典という便利なものはできたが、それ以上には発展していない。その時代であれば、知識の総量は今とは比較にならないくらい少なかったから、知識の整理も組合せも、人が処理するだけでだいたいすんでいたのであろう。

知識源と応用対象の広い知識技術

　20世紀は人類活動膨張の世紀であった。その膨張は多くの課題を発生させ、それらを未解決のまま21世紀はスタートしている。課題は、環境問題、エネルギー資源問題、食糧問題、貧困問題、都市問題、テロなど多岐にわたる。それらに対して、ライフサイエンス、バイオテクノロジー、ナノテクノロジー、情報技術、環境技術、エネルギー技術、材料技術、生産技術、また、人文科学や社会科学などの学術から生み出される知識が、課題を解決するための手段を人類に提供するはずであろう。こうしたあらゆる課題の解決は知識が主翼を担っているといって過言ではあるまい。いうまでもなく、知識は、生産プロセスや企業の中でのみ利用されるのではない。

　また、多くの基礎研究と呼ばれる分野も理解が難しくなっている。たとえば、石が落ちるという現象と、ロケットが月へ到達するのは同じニュートンの運動の法則に支配されている。この話は、分かっても分からなくても直感的にそうかなと思える。一方、ニュートリノに質量があることが最近確実視されてきて、ノーベル賞受賞の議論がされている。
　ニュートリノ研究は、学問領域の意味から考えて、物質の根源は何か、宇宙の本質は何かという問いの答えの一部をなすものと確信するが、専門家でない私には、とても直感としてそうかなと思えない。しかし、人類の根元的な問いに答える学問としての物理学を私は叶うものなら理解したい。こうした思いは、多くの人が共有するのではなか

ろうか。つまり、基礎研究においても科学技術と社会との距離が拡大してきているのだ。こうした事実を考慮すれば、もっと幅広い対象と幅広い知識に適用可能な「知識を取り扱う科学技術」が生み出されることが必要なのではないだろうか。

分かるということ

　化学工学という学問分野の特徴を反映して、私の研究対象は比較的広い。ナノテクノロジー、環境技術、エネルギー、化学プロセスなどに関連している。基礎から応用、生産現場での実践、さらにはフィールド研究といった経験から得た問題意識が、ここで提案する知識の構造化を、幅の広いものにしているのであろう。

　学会に発表される論文が実用の役に立たないという批判がある。しかし、本当は役にたつ論文であっても、その内容が理解されていないという場合も多いのではないだろうか。学術研究のほとんどは、極度に高度化し細分化している。詳細は本文に譲るとして、高度化も細分化も必要があるからそうなっているという面を否定できない。私の研究も例外ではなく、論文内容が、そのまま役に立つ場合は少ないかもしれない。しかし、その考え方を理解して応用すれば、ものすごく役に立つ場合は多いのだ。

　企業の研究所で講演を行った際、講演終了後、自分の研究に役立ちそうだから話した内容の書いてある本を紹介してくださいといわれたことが何度もある。この事実からだけでも、私の研究が役に立つ内容を含むことは間違いないといって良いであろう。しかし、紹介した論文や本を読んでもなかなか分からないようだ。講演では分かるのに、読んでも分からない。その理由は何だろう。講演のときは、前もって話を聞いたり、研究所を見学させてもらって問題点を把握しているから、それを反映させて話をする。例えば、いくつかの原理を聞き手に合わせて組み合わせたり、原理の適用例を聞き手のものに当てはめるといったサービスをする。さらにビジュアルや、場合によっては動画まで動員し、百聞は一見に如かずを実践する。そして、質疑応答を行う。一方、論文を読む場合は、途中で質問もできないし、例は違うし、動画というわけにはいかない。

　つまり、新しい概念を理解するには、人との直接のコミュニケーション、知識の適切な動員と統合、表現方法などの組合せが重要なのである。これは、近年発達の著しい情報技術だけで解決できる問題ではない。理由のひとつに、こうした3つの要素を統合する具体的方法がないことが挙げられる。もう一つは、知識の適切な動員と統合を可能にする領域知識の整理が行われていない。自分の領域の論文なら理解できるが、少し離れると理解できない。他の領域の人間が理解するには、分野独特の暗黙の了解事項が多すぎるのである。したがって、知識のより効率的な活用のためには、異なる分野間の知識の関連づけが一つの鍵となるのである。

知識の構造化と構造化知識

　さて、21世紀は知の時代といわれる。知価革命といった造語も耳にする。その意味は、20世紀が資源やエネルギーなど物を重視したのに対して、21世紀は知識がより重要な時代になるということであろう。知識をもち、上手に利用することが価値を生むということであろう。しかしそうはいうものの、知識の現状はカオスであって、とても効率的な利用が可能な状態とは思われない。直感的には、巨大都市のゴミ集積場といった風に感じられる。異分野間の知識の関連づけどころではない。こうした知のカオス状態をなんとかせねば、せっかくの知識が無駄になってしまう。

　知識の構造化を「構造化知識、人、ITおよびこれらの相乗効果によって、知識の膨大化に適応可能な、優れた知識環境を構築すること」と、25.「知識の構造化の定義」の項で定義している。

　構造化知識は、相互に関連づけられた知識群であり、24.「構造化知識とオーダーメード検索」の項で説明している。そこでは「ビーズネット」という聞き慣れぬ言葉が説明され、その後何度か登場する。これはビーズを格子点に配し、中心にひとつ赤いビーズを持ったレースのネットで知識のネットワークをイメージしているのだ。ビーズは知識で真ん中の赤いビーズが視点である知識、レースがビーズ間を関連づける知識間の関連である。一枚のネットがひとつの全体像を表し、構造化知識の全体は、おびただしい数のビーズネットの作る巨大なトポロジカル構造でイメージしているのである。この説明で納得される人は知識の構造化を私たちと同じように理解されている方であって、そういう方は少ないだろうが、まあそんなイメージだということで読んでいただきたい。

本書の構成

　研究者となって以来、自分の研究が自分が思うほどには活用されていないという思いを、最初は漠としてやがては確信として抱き続けてきた。知識の構造化という表現は、20年ほど前にふと浮かんだように記憶している。あいまいな意識から始まった私の知識の構造化の活動は、幸いその後多くの同好の士を得て、完成にはほど遠いものの、徐々に形をなしつつある。こうした状況で、本書は企画された。まだ、知識爆発の時代の解の提案を厳密に行えるという段階にはない。知識に関する具体的事項に基づく俯瞰的な現状認識、解決策として提案する知識の構造化の骨太な内容をご理解いただければ幸いである。

　見開き2ページがひとつのテーマとなっている本書は、相互に関連はあるもののできるだけ見開きごとに独立に読めるように構成している。全体は二部構成になっている。

第一部では、知識の困難な現状から、知識の構造化を提案する。第二部では、知識の構造化を目指すプロジェクトの紹介と、日本企業における知識の取り扱いの現状を知識の構造化という観点から評価する。構成は、それぞれ見開き2ページが単位となっている。左上はエッセイであるから、軽くお読み頂きたい。左下の図は、内容を端的に表現しようと試みた。右ページは、いささか重い説明である。どこからどのように読んで、あるいは見ていただいてもそれなりにご理解頂けると思う。

　そして、私の知識に関する問題意識とその解決策としての知識の構造化の提案をご理解頂き、なんらかの参考にしていただきたい。知識の構造化は、細分化された領域の専門家の参加なしには実現できない。知識の構造化の概念に賛同頂き、その活動に参加される友人を多数得ることができれば本書の企画は成功だと考えている。

　最後に、本書は私の単著ではあるが、時間のとれない私に執筆を強要され、本の構成から体裁、さらには内容の一部までに関してご助力頂いたオープンナレッジ社の尹泰聖（ユンテソン）博士に御礼を申し上げる。インタビューにご協力頂いた企業の方々にも謝意を表したい。また、いうまでもないことだが、知識の構造化の概念構築は数知れぬ友人との共同作業であることを付記する。

2004年11月
小宮山宏

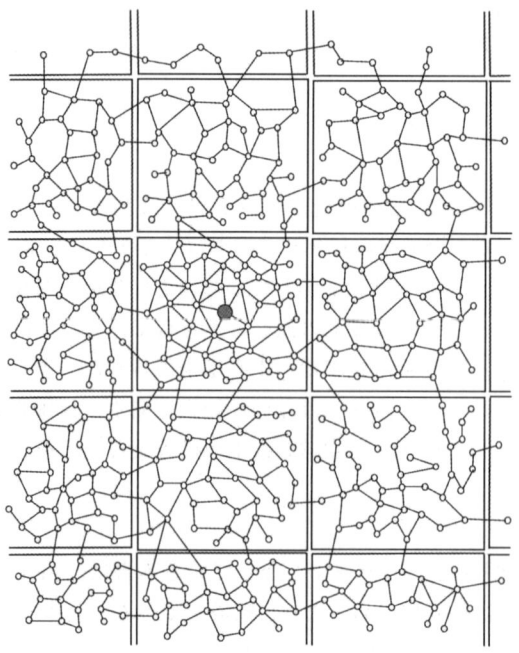

知識の構造化◎目次

はじめに

第1部 「知識の構造化」の概念

第1章 知識の困難な現状

1. 知識量の爆発的増加/14
2. 半導体知識の増加/16
3. ナノテクノロジーと関連知識の増加/18
4. 環境問題と関連知識の増加/20
5. 人工物の複雑化/22
6. コンピュータの2000年問題/24
7. 知識領域の増加と相互理解の難しさ/26

第2章 知識環境の理解

8. データと知識の定義/30
9. 知識領域の細分化/32
10. 科学と人の距離の拡大/34
11. 知識領域の全体像と細部知識/36
12. 複雑系の構造的理解/38
13. 特殊化と一般化による新知識の生成/40
14. 融合と組合せによる新知識の生成/42
15. 新知識の不連続的な形成/44

16. 形式知と暗黙知/46

17. 知識の統合の世紀へ/48

第3章 知識の構造化の提案

18. 人類共同財産としての知識遺産/52

19. 知識社会と知識価値の変遷/54

20. プロセスのマニュアル化/56

21. 特定プロセスで使った知識の保存と再利用/58

22. 知識の収集による問題解決方式/60

23. 知識の関連付けによる問題解決方式/62

24. 知識源とオーダーメード検索/64

25. 知識構造化の定義/66

第4章 知識の構造化の利用

26. 生命科学統合のための俯瞰像の例/70

27. 医療システムに向けた知識構造化の例/72

28. 砂漠緑化と研究開発プラットフォームの例/74

29. 医療ミス防止のための医療プロセス解析の例/76

30. 海洋の炭素循環の例/78

31. 研究の位置付けと全体像の俯瞰/80

32. 知識基盤産業の創出/82

33. 人や組織の関係の構造化/84

34. 科学技術のイノベーション支援/86

35. 専門家の意見が反映される政策立案/88

36. 技術ロードマップの作成と共有/90

37. 異業種間で共有できる異種の知識/92

38. 広さと深さを両立させる教育/94

第5章 知識の構造化の要素

39. 知識の表現とメディア/98

40. 知識の保存と関連要素/100

41. 知識の利用/102

42. 論理の正反合/104

43. 知識の構造化における6シグマ思想/106

44. 知識アーキテクト/108

45. 知識のパターン化/110

第6章 知識の構造化の評価基準

46. 知識構造化システム構築における七つの要素/114

47. 可視：システムの動きは目に見えるか/116

48. 部分：システムの構成はモジュールの集合か/118

49. 俯瞰：知識の全体像が見えるか/120

50. 連想：ある知識から別の知識に辿りつけるか/122

51. 関連：知識はネットワーク化されるか/124

52. 創造：情報の検索分析からシナリオの創造ができるか/126

53. 支援：個人別に異なる目的と観点で利用できるか/128

第2部 「知識の構造化」の実現

第7章 知識の構造化を目指すプロジェクト例

教育知識の構造化と教育サービスへの利用

54. 複数大学間の授業交換とシラバスの共有/134

55. 教育サービス質の向上とワンストップサービス/136

安全知識の構造化と安全管理への利用

56. 実験研究を行う際に必要とされる安全知識/138

57. 教育研究機関が共有する安全マニュアル/140

教科知識の構造化とウェブ検索への利用

58. 小学生の世界における言葉間の関連/142

59. 子供のためのウェブ検索支援システム/144

ナノテク材料知識の構造化と材料開発への利用

60. ナノテクノロジー材料技術知識の構造化/146

61. ナノテクノロジー材料技術知識のプラットフォーム/148

ナノテク特許知識の構造化と技術ロードマップへの利用

62. ナノテクノロジー特許の理解/150

63. ナノテクノロジー特許知識の構造化/152

失敗知識の構造化と生産活動への利用

64. 失敗するプロセスと成功ではないプロセス/154

65. 失敗するプロセスと知識構造化との対応/156

産業知識の構造化と経済活動への利用

66. 不明確な技術知識の構造化/158

67. 知識構造化のための専門家の活用/160

第8章 企業における知識の取り扱いの現状と評価例

株式会社日立製作所

68. 日立製作所における情報システム構成の3P戦略/164

69. 日立製作所の原子力発電所建設とイントラネット/166

70. 日立製作所における知識システムの特徴/168

三菱重工業株式会社

71. 三菱重工業における技術管理活動/170

72. 三菱重工業における技術のイノベーションサイクル/172

73. 三菱重工業における知識システムの特徴/174

住友化学株式会社

74. 住友化学の農薬開発戦略/176

75. 住友化学のおける研究開発拠点決定問題/178

76. 住友化学における知識システムの特徴/180

日本電気株式会社（NEC）

77. NECにおける営業力向上のための営業知識の共有/182

78. NECにおける知識管理の成長段階モデル/184

79. NECにおける知識システムの特徴/186

花王株式会社

80. 花王における商品開発と研究開発の概念と原則/188

81. 花王における消費者相談と企業活動のサイクル/190

82. 花王における知識システムの特徴/192

日揮株式会社

83. 日揮におけるプロジェクト管理の作業単位/194

84. 日揮における関連情報の分類基準/196

85. 日揮における知識システムの特徴/198

トヨタ自動車株式会社

86. トヨタ自動車における環境評価/200

87. トヨタ自動車における環境負荷目標設定/202

88. トヨタ自動車における知識システムの特徴/204

三井物産株式会社

89. 三井物産のプロジェクト受注における個人経験の循環/206

90. 三井物産におけるプロジェクト間の競争と協力/208

91. 三井物産における知識システムの特徴/210

三井住友銀行

92. 三井住友銀行における個人コンサルティングビジネス/212

93. 三井住友銀行における支店間の情報共有/214

94. 三井住友銀行における知識システムの特徴/216

索引/218

〈第1部〉
「知識の構造化」の概念

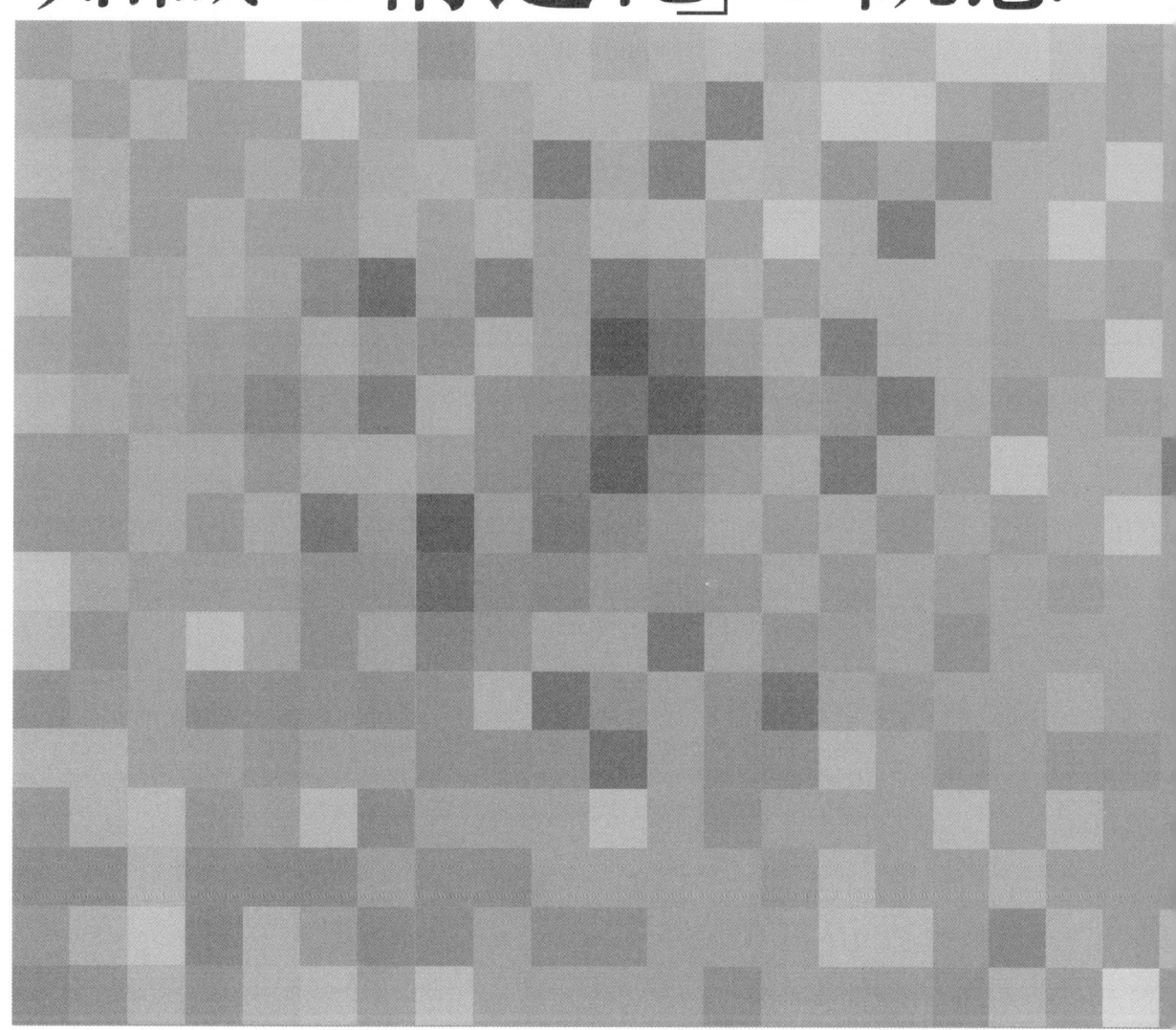

第1章

知識の困難な現状

Structuring

知識の困難な現状

1 知識量の爆発的増加

　アリストテレスやソクラテスは、万能の天才だった。彼らは、論理学から数学から医学まで先端を極めた。しかし、人間の頭脳は昔も今も変わらないだろうから、彼らに匹敵する人は、現在でもたくさんいるはずだ。アリストテレス時代の人口と現在の人口の比、あるいは、情報に触れられる人という事で比べると、千人やそこらはいるはずだ。昔と今の違いは、知識の総量ではないだろうか。アリストテレスの時代には、知識の量は現在の百万分の一にも満たなかったろう。知識の少ない時代だから、万能が可能だったのだ。

　若かった頃には、アリストテレスが万能の天才と聞いても別段感慨もなかったのだが、研究生活も40年近くになったからか、単に歳のせいか、先人のことが気になり始めた。私も自分の研究を社会や歴史との関連で見てみたい。研究にも経営にも、全体像を知る必要が生じてきたからだろう。

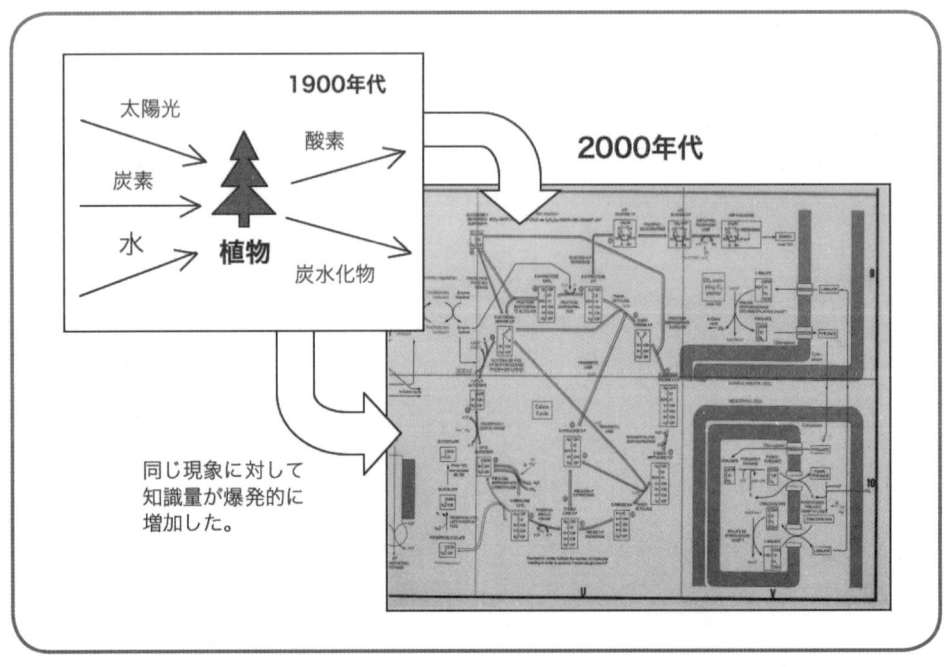

図1-1 光合成に関する知識量の爆発的増加

Knowledge

　光合成は、太陽エネルギーによって、葉緑体の中で二酸化炭素と水から炭水化物と酸素ができる過程である。百年前には、それが光合成に関する人類の知識のすべてであった。しかし、現在では、二酸化炭素が取り込まれる仕組み、多数の化学反応、その反応を進める酵素などが明らかにされ、さらに多数の酵素が遺伝子と対応されつつある。光合成に関する知識の量は、この百年間で千倍以上増加していると思われる。

　知識の量が爆発的に増加するイメージは、中国の千字文からも理解できる。梁の周興嗣が武帝の命令によって500年頃に作ったこの本は、漢字1000字、4文字熟語250を使って自然現象から人倫道徳まで当時の知識を表現している。「天地玄黄」から始めて「焉哉乎也」で終わるこの千字文は、6世紀から20世紀まで教科書として広く使われた。この本一冊を理解する人は、かなりの教養人であると考えられていた。しかし、現代の知識を表現するには4文字熟語250はあまりにも少ない。ひとつの自然現象だけでも、十分な説明をしようとすれば百科事典何冊分にもなる。

　知識の増加量を直感するのは困難だ。人類知識全体の増加と、個人の獲得知識の増加が混沌とするからである。専門でない領域に関しては、知識増加の実感がわかない。光合成の例のように、自分の理解できる例をいくつか当たってみれば、まあおよそ正しいのだろう。

　知識は、新しい理論の発見、人工物の発明、科学実験による発見などによって次々と誕生する。その領域は、自然科学、科学技術、文学、社会学、芸術等、人の生活に関わるすべてにわたる。知識誕生の時期やプロセスに関し確立した理論や定義はないようだ。しかし、知識誕生のプロセスとして忘れてならないのは、知識同士の関連付けである。すでに分かっている知識でも、他の知識との間に未知の関連を見つけると、それが新知識になる。

　たとえば、人の遺伝子の数が約2万3千であることがごく最近判明した。数年前、3万から4万ということが明らかになり、それが予想されたよりも少ないので専門家も含め多くの科学者は驚いたものだ。今回発表された高精度分析による結果はそれよりもさらに少ない。人の生命現象を司っているタンパク質の種類は10万以上あるから、そのタンパク質を制御する遺伝子の数は、少なくも10万位はあると何となく思っていた人が多かったのだ。もうひとつは、しょうじょう蠅が1万6千、線虫が2万1千、大腸菌が5千、植物のシロイヌナズナは2万8千、高等なヒトの遺伝子はもっと多いだろうという、よく考えてみれば根拠のない思いこみもあったのだ。ヒトの遺伝子の数は2万3千という新知識を基に、これまでの知識が再整理され、生命科学は膨大な新たな知識を生みつつ発展してゆくに違いない。

Structuring

知識の困難な現状

2 半導体知識の増加

　少年の頃、鉱石ラジオを作った記憶がある。キットの中にはコイルとか10個くらいの本当に単純な部品があり、それらをハンダごてを使ってつなぐとラジオが微かな音で聞こえる。説明書を読むと、なぜラジオが聞こえるのか分かったような気になった。

　30年ほど以前、アメリカで研究員をしていたころ、中古のカラーテレビを70ドルで買ったが、ほどなく色が消えてしまった。白黒だと思えばよいのだが、不愉快きわまりない。アメリカ人に話すと、悪い真空管を変えろと言う。10本くらいの真空管をはずして、ざるに入れてスーパーに行く。測定器があって一つひとつはめていくとだめなのが分かる。電気屋に行って同じものを買って差し込んだら色が回復した。理屈は分からないが、何か、修理したような気になったものだ。

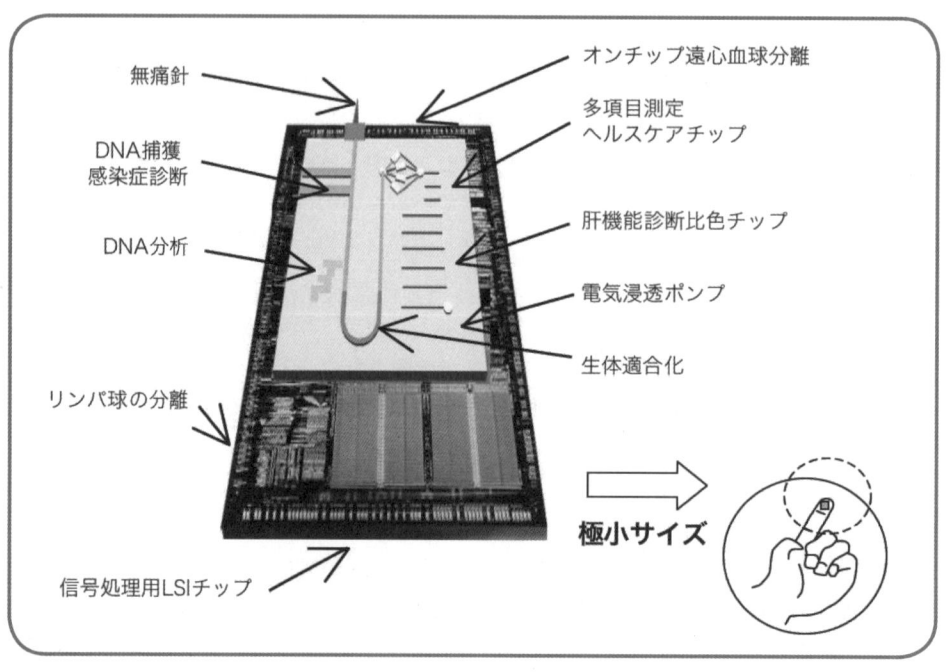

図1-2　一つのヘルスケアチップに含まれる膨大な知識

Knowledge

　少年時代にラジオ工作をやった経験がある人は多いだろう。40年前のラジオ工作は10個程度の部品を組合せるだけの簡単な作業であった。部品はコイルとその中を動く鉄心など実体的だった。だから、電子知識をほとんど持っていない少年にも、どうしてラジオが聞こえるのか、その原理を自分なりに推測したりすることができた。最近のラジオを分解して見ると以前よりさらに簡単な構造をしている。ボードに半導体チップが多数貼り付けてあるだけだ。しかし、半導体チップの形は何も意味しないから、いったい何がどんな機能を持っており、どうしてラジオが聞こえるのか推測のしようもない。

　最近の自動車は機械製品でなくて電子製品だと言われる。エンジンやボディーなど本体はたしかに機械だが、本体を制御するためにおびただしい数の電子部品が使われているからである。その結果、例えばある小さい部品が一つ壊れても、モジュール単位で交換しなければならない。しかも、機械部品単位ではなく、電子部品単位で交換する。テレビなど家電製品でも、壊れたら修理するより買い替えの方が安い。こうした背景には半導体がある。

　20世紀における半導体は産業の米とも言われた。すべての産業に半導体は欠かせない。日本産業の高度成長の背景には、国家レベルの半導体支援政策と企業の莫大な設備投資があった。半導体は、今後一層人の生活に影響を及ぼし続けると思われる。例えば、指先に乗せても見えない極小サイズの半導体を中心にナノテクやバイオテクを動員して、人の健康状態を検査するすべての機能をワンチップに搭載することが可能になる。DNA捕獲感染症診断、DNA分析、リンパ球の分離、遠心血球分離、多項目測定ヘルスケア、肝機能診断などが実現できる。サイズが極端に小さくなって、機能が極度に高度化するから、想像もできないような新しい応用が可能になるのだ。

　半導体の高機能化は、半導体理論、回路理論、微細加工技術、化学反応装置、反応プロセスの省エネルギー技術等々、様々な領域知識の集積の結果である。このことは必然的に、半導体の全体知識を小領域に細分化させ、全体像を把握するのが困難という状況を招いた。現在すでに、半導体の設計と製造が異なる企業で行われるのは珍しくない。人の分業に留まらず、企業の分業が始まったのだ。設計だけをビジネスにする企業は、工場のないファブレス工場として運営されている。かつて半導体専門家という呼び方が通用する時代があったが、最近は半導体の設計専門家や製造専門家のように細分化される。まもなくさらに細分化された呼び方が一般的になるであろう。その兆候はすでに顕れている。

Structuring
知識の困難な現状

3 ナノテクノロジーと関連知識の増加

　長島茂雄氏が選手の頃、入団してきた後輩がもっている仏和辞書をみて「へー便利だね。英語にもあったら楽だったのになあー」と言ったとか。事の真偽はともかく長島氏ならではの逸話である。しかし、英和と仏和があっても、英単語をフランス語にすることはできない。だから、英仏辞書か、あるいは和仏辞書がいることになる。

　中国語、スペイン語、ロシア語等々、言語の数は6千を超えるという。もっとも、そのうち3千がすでに死語となったそうで、文化資産としての言語の保護は、生物的な種の多様性の維持以上に重要だという言語学者もおられる。いずれにしても、世界が相互理解するためには多数の辞書がなくてはならない。最近ナノテクノロジー事典が出版されたが、これは分野間辞書である。しかし、辞書を作っても、またすぐ新しい知識が登場する。辞書づくりも終わりのない作業である。

図1-3　ナノテクノロジーのすべてを分かる人はいない

Knowledge

インフォメーション・テクノロジー（IT）について多くの人が活発に議論した時期がある。新聞でもテレビでも、ITが時代の中心であると論じていた。最近はナノテクノロジー（NT）が中心のようだ。NTが新しい時代への扉になり、NTさえあれば企業も国家も成功が保証されるといった論調すら耳にする。NTの次はバイオ・テクノロジー（BT）だから、早くBTへ移行しないと生き残れないと脅迫する人も出てきている。一方、インターネットによって世界中がネットワークでつながっている時代には、ネットワークに流す内容が競争力の源泉であることから、コンテンツ・テクノロジー（CT）が重要であるという主張もある。

　結論を言えば、これらすべてが重要なのだ。さらに重要なことは、人類がこれまで蓄積した知識は、新たに生まれつつあるIT、NT、BT、CTなどに比べてはるかに膨大であり、あらゆる知的活動の基盤として不可欠だという点である。
　IT、NT、BT、CTと騒がれてはいるけれども、その全貌が分かる人はいない。それが人を企業を不安にさせている。しかし、これらすべてを研究する人などはいないし、ビジネスの対象にする企業もない。したがって膨大な知識のなかから必要な知識をどうやって探しだし、自らの全体像をどうやって構築するのか、それが問題なのだ。

　例えばナノテクノロジーに関して、すぐ思い浮かぶテーマだけでもたくさんある。分子機械、ナノ光触媒、ナノカーボンチューブ、量子通信、ナノワイヤ、近接場光、ナノガラス、分子線エピタキシー、ナノダイヤモンド、ナノリソグラフィ、単電子トランジスタ、光デバイス、ナノインプリンティング、ゼオライト、有機分子素子、ナノセラミックス、ナノ空間材料、生体分子分析チップ、ナノクラスター、ナノフィルター、ナノ振動子、電界電子放出ディスプレイ、フラーレン、ドラッグデリバリー、テラビット記録媒体、スピントロニクス、ナノシミュレーション、量子デバイス、デンドリマー、ナノポーラス材料、ナノ結晶シリコン。これらすべてを理解し、テーマ間の関連や将来展望を語れる人はもちろんいない。

　知識の増加は文明発展のためによいことである。しかし、知識が爆発的に増加してあまりにも細分化されると、知識の全体像が見えないし、知識間の関連も分からなくなる。だれしも多くの知識をもちたいと願う。知らないことは不安であるから、多くの知識を吸収しなければいけないと強迫観念にかられる。しかし、そうすると自らの競争力の源泉である専門性を失ってしまう。結局、知識の洪水に圧倒されてしまう。知識社会のディレンマである。

Structuring

知識の困難な現状

4 環境問題と関連知識の増加

　十年以上前のことである。大学同窓会の参加者が年々減ってきたため、講演会を催すことになった。こんなときに活躍するのが(本当はやらされるのが)、新任の教授である。それで、当時新任教授であった私におはちが回ってきた。それで、私は薄膜プロセスの話をした。企業で様々な業務についている同窓生に理解してもらいたいと、分かりやすく話した。同窓会には卒業生のほかに家族も参加するので、私は、できるだけ易しく説明すると心を決めていたのだ。そのせいか、懇親会では、分かりやすかったと概ね好評であった。

　ところが翌日、同僚の教授から、夫人が「東大の先生ってずいぶん易しいことやっているのね」と言っていたと聞いた。易しいことをやっていると言われて、正直うれしくはなかった。しかし、話を難しくするのは簡単なことなのだ。研究室の学生には，自信のある結果をもっているときには易しく話せ、簡潔に明快に話せ、自信がないときには、だらだらと難解に話せと言っている。

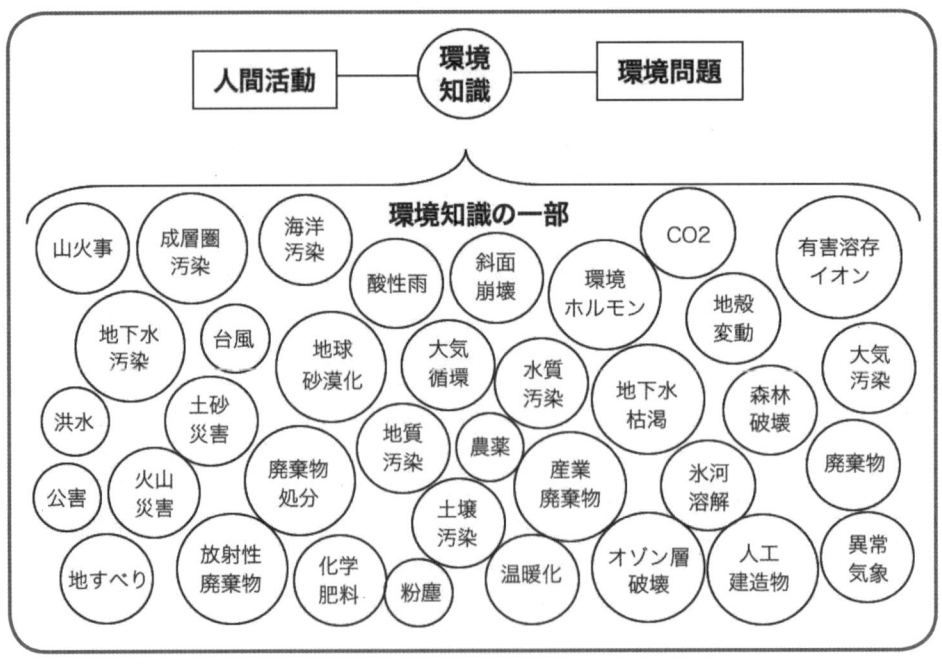

図1-4 環境問題における知識の増加

Knowledge

　環境問題を解決に導くためには、社会の関心と個人の努力の持続が不可欠である。さらに、その判断や行動の基準を与えるものとして、専門知識の理解と普及が欠かせない。しかし、環境に関連する専門知識はおびただしい量にのぼる。実は、環境専門家と呼ばれる人であってもその全貌を把握するのは不可能に近い。頭に浮かぶテーマを思いつくままに上げてみても、成層圏汚染、酸性雨、地球砂漠化、大気循環、廃棄物処分、放射性廃棄物、水質汚染、温暖化、森林破壊、異常気象、氷河溶解、地下水枯渇、オゾン層破壊などなど、文字通り枚挙にいとまがない。

　視点や知識があまりにも多いために、環境をテーマに行われる議論は焦点がぼやけがちだ。例えば、原子力発電の公聴会や地球温暖化問題のパネルを思い浮かべてみよう。一所懸命耳を傾けた割には、満たされぬ思いを抱いたことが多いのではないか。参加者間の論理のすれ違いや論点のすり替えなどがしばしばみられる。これは、参加者の知識背景が異なり、視点もアプローチの仕方も専門領域によって全く異なるからなのである。
　かつて、水俣病や四日市ぜんそくといった悲惨な公害が発生した。悲惨ではあったが、問題の構造そのものは単純であった。出してはいけないものを出した加害者がいたので、被害者が出たということであった。対策も簡明で、有害物質を排出しないことである。しかし、あらたに発生した地球規模の環境問題は複雑である。例えば温暖化問題では、二酸化炭素は有害なものではないし、加害者と被害者が区別できない。加害者も被害者も私たち自身である。また、次世代に対して、私たちは明らかに加害者である。

　最近の社会問題は複雑である。エネルギー問題を例に考えて見よう。エネルギーは日常生活、経済、政治、国際関係、価値観などあらゆる面と関係する上に、これらの相互関係も多様であり、結果として極めて複雑である。しかし、問題を例えば地球温暖化と絞れば、原理は意外に単純である。現代文明は、エネルギー資源の約80％を化石資源に依存しており、それによる二酸化炭素の発生量が大気中の濃度を年率1％近く増大させるほどにもなってしまったということである。対策も一つひとつ考えてみれば、単純な原理に基づく現象にすぎない。ただ、現象が極めて多岐にわたり、それが関係し合うから複雑化している。

　全体像を理解するには、問題の構造を同定するのが重要である。例えば、北欧の死の湖の問題なら、産業革命以後イギリスにおける石炭燃焼が増加し、排気ガスが偏西風に乗って北欧へ達し、硫黄酸化物による酸性雨が降って美しい湖が死の湖になった。この構造を理解して対策を考える。複雑な問題でもこうした意味で原理が異なるわけではない。

Structuring

知識の困難な現状

5 人工物の複雑化

　スポーツの記録はなぜ塗り替えられるのだろう。体操競技にしても、昔なかった超高難度の技が今では当たり前になっている。塚原選手が1972年のミュンヘンオリンピックの鉄棒で月面宙返りを成功させたとき、審査員の中には何をやったのか分からない人がいたという。信じられない技を成功させたのだ。それが今では跳馬でも床運動でも、普通の選手がこなしている。

　できると分かっていることは、やればできるということだろう。アテネオリンピックでメダル候補の、シンクロナイズドスウィミングのデュエットチームは、半年前になって初めて演技を公開したそうだ。一年もあればまねされてしまうからだそうだ。現に存在している知識を利用するのは、新知識を開発するよりはるかに楽なはずなのだ。スポーツの記録が伸びるのは、スポーツ科学の成果であり、社会の科学技術への支援が欠かせない。

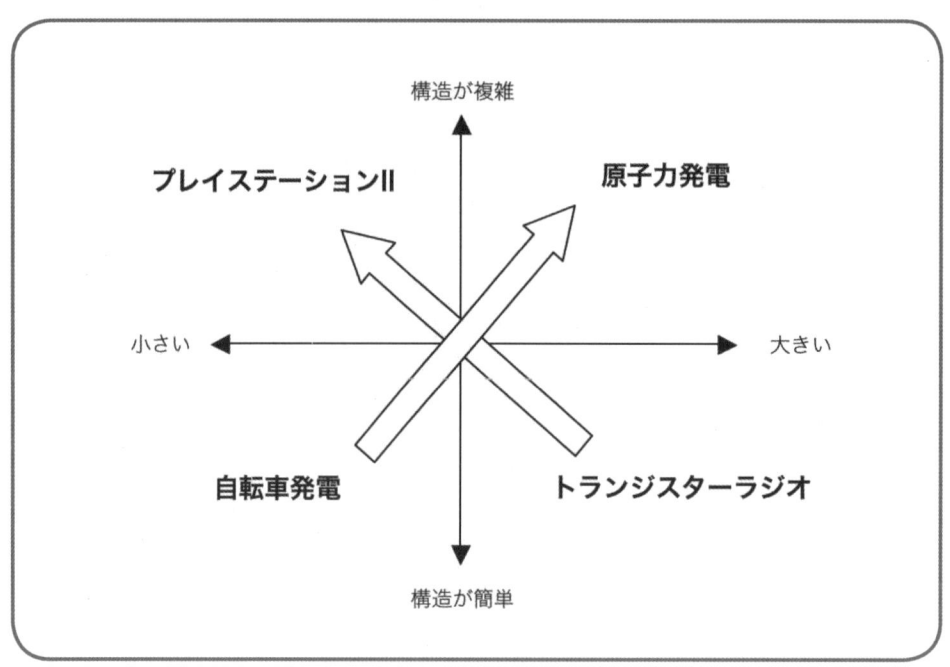

図1-5　人工物の構造は段々複雑になる

Knowledge

　人は風車を発明して生活に利用した。風車は粉を引く動力であり、電気を起こす源でもある。文明の発展に伴ってより多くの電力を求める社会は、風車の替わりに水力発電や火力発電を発明し、原子力発電までも利用するようになった。人間にとって、風車と原子力発電は、目的も効用も同じものである。しかし、人工物としての複雑さは桁違いである。風車が数十個の部品から構成されているのに対して、原子力発電所の部品数は300万個にも達する。

　人の生活に同じ効用がある人工物が、時代と共に複雑化する例は多い。馬車とハイブリッド自動車、帆船と高速艇、石けんを作るための釜と現代の化学コンビナート、真空管テレビとゲーム機などはそうした例である。複雑さを部品の数で表現すれば、違いは一万倍ではきかない。

　人工物の構造が複雑になることで、機能と内部構造の関係が人には理解できなくなった。かつての電気屋には真空管の測定器があって、テレビの真空管をはずしてもっていき悪いものを交換するとテレビの修理ができた。真空管の機能を理解していた訳ではないが、真空管は目に見えたし、その性能と画質の関連は分からなくても、多少なりとも直感できた。現在では、テレビが故障するとボードを差し替える。ボードの中には数十億、つまり世界の人口と同じくらいの数の真空管に相当するトランジスターが入っている。そう言われても、実感はわかない。

　人工物の機能は向上したが、機能のすべてを利用するのは実は大変難しいことである。それどころか、携帯電話機やコピー機やテレビ用のリモコンなど、私は二つか三つのキーしか使わない。そもそも、搭載してある機能すべてを利用できる人などいるのだろうか。
　それがいるのだ。人工物の複雑な機能を自由に使える人をマニアと呼ぶ。マニアは、複雑な人工物を幾つかの原理に分解し、原理間の相互関係を理解するという方法で、その構造を把握しているのである。その結果、マニアは、初めて手にする最新の携帯電話機でも数分でその構造を完全に理解できる。マニアの理解の仕方は知識の構造化であり、人類の希望だ。

　こういうマニアの理解が可能であることを考えて見ると、人工物の部品数が増え、構造を複雑に見せている理由が機能の向上だけなのか疑いを抱きたくなる。いったいそもそも人工物の部品数の増加と機能の向上は見合っているのだろうか。例えば、馬車とハイブリッド自動車の場合、部品数の増加に比べて機能はそれに見合うだけ向上しているだろうか。実は、製造業の陰謀があるのかも知れない。

Structuring

知識の困難な現状

6 コンピュータの2000年問題

　美しい女性に心を奪われる。その人のことを思うだけで脈拍は増え、血圧は上がる。ひととき、生活のすべてはその人を中心に動く。そして失恋する。心の痛手はとても立ち直れないのではないかと思うほどだ。ところがいつの間にか、アレッという感じで立ち直っている。長い時が過ぎると、あまり思い出せない。そんな経験は多くの人にあるだろう。さだまさしは、失恋の記憶を"忘れられないのではなくて、忘れたくないのだ"と歌っている。一方で、"忘却とは忘れ去ることなり、忘れ得ずして忘却を誓う心の哀しさよ"というのも確かあった。単純ではない。

　単純ではないが、概して人はよく忘れる。自分の誕生日まで忘れる人がいるのだから、今から5年前に大騒ぎになったコンピュータの2000年問題をほとんどの人がすっかり忘れていることを特別視するつもりはない。しかし、この問題は、我々の生活に「科学知識」が入り込んだ数少ない例である。

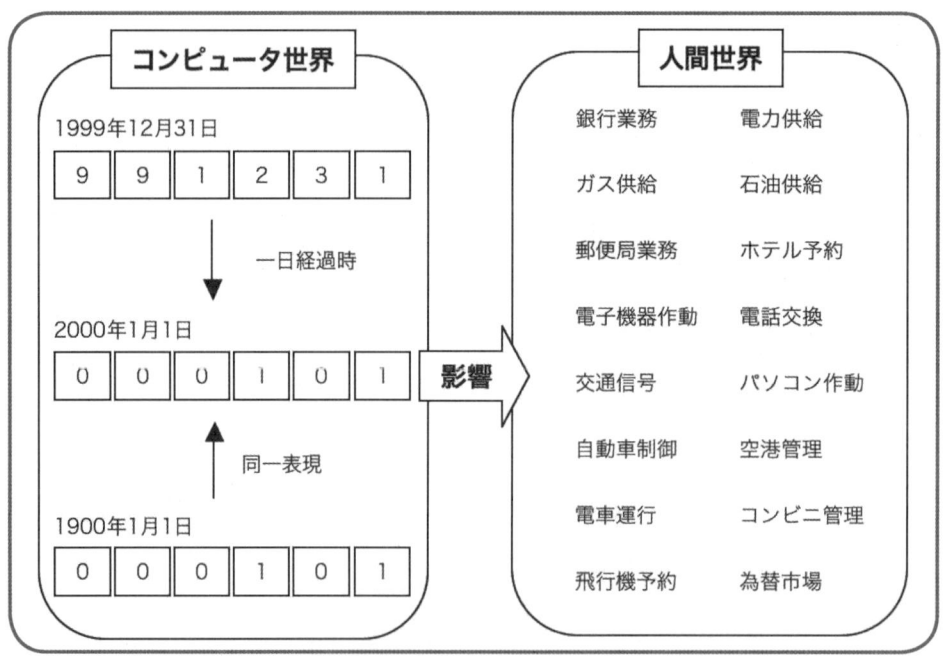

図1-6 科学技術は日常生活に深く関わる

Knowledge

　コンピュータがデータを処理するとき、データを「0」と「1」からなる2進数に変え、決められたプログラムによって処理し、結果をメモリに保存する。メモリは最近は安くなったが、昔は大変高価なものであった。1960年代初期にはメガバイト1万ドル、現在の1万倍もしたのだ。高価なメモリを節約するために、年度記録には2桁を割当てるのがコンピュータ業界の標準であった。その結果、1990年代までに世界で開発されたほとんどのプログラムは、1971年は71に、1989年は89のように下2桁で年度が記録されている。

　1900年も「00」として記録し、2000年も「00」になる。その結果、2000年になってコンピュータの年度記録が99から00になると、コンピュータにとって1900年と2000年の区別がつかなくなる。これが原因になって、プログラムは誤作動を起こし、銀行の預貯金システム、飛行機の操縦や管制システム、電力会社やガス会社、自動車、さらには軍のミサイル制御までを混乱させ、破局的事態をもたらすのではないか。Y2Kとも言われたこの問題の解決に、地球規模で史上最大のITプロジェクトが推進された。年末が近づくと一部の人々は、現金の代わりに金を買ったり、銀行預金を下ろしたり、非常食料を買ったり、ローソクを買ったりと対策を立て始めた。年末年始のホテル宿泊客や飛行機旅行者も激減した。
　2000年の元旦午前0時を、世界は固唾をのんで迎えた。まず日付変更線の西から2000年を迎えたが、何も起こらなかった。しかし、その小さな島々にはコンピュータで制御される機器があまりないから参考にはならない。やがてニュージーランドのオークランド、シドニーそして東京と、大都市が次々と夜明けを迎えた。結果、銀行預金システムに多少の混乱を生じた程度で、たいしたことは起こらなかった。なぜたいした混乱が生じなかったかを後から論じた評論家はいたが、前もって説得力をもって予測できた人は世界中にたったのひとりもいなかった。2000年を無事に迎えた人々は2000年問題を忘れてしまった。しかし、この問題の意味するところはきわめて大きい。人類は社会の全体像を把握することができなくなったのだ。このことを事実をもって示したのが2000年問題である。情報専門家のみが関わるはずの2000年問題が人類全体にとっての問題になった。専門領域と日常生活の境界線は消えつつあるのだ。
　科学技術が高度に発展した現在、問題の全貌を把握できる専門家はいなくなった。専門家と呼ばれる人々は、問題の断片を理解している人達なのである。複雑な問題に対して、専門家を集めればその全貌が把握できる時代ではない。ジグソーパズルの組立て前状態に過ぎないからだ。この時代は、私たちに新たな知のパラダイムを要求している。

Structuring
知識の困難な現状

7 知識領域の増加と相互理解の難しさ

　これまでに参加してきた委員会は相当数にのぼる。国の委員会は政策を決める重要な役割を課されているのだが、機能不全だという批判も多い。偏った人員構成で行われているわけでは必ずしもない。たとえば、工学・法学・経済学などの学者、自動車・電力・化学など産業界の経営者や技術者、それに消費者団体や労働組合の代表、ジャーナリストなどが集まる。こうして分野の代表を集めれば、世の中のあらかたのことが分かるという前提にたっている。

　しかし、工学を代表するという前提の私が、しかも化学の教授が、サリンを知らないという現状をどう考えているのだろう。原子力発電の公聴会では、市民の質問に専門家が答える。原子力はとりわけ複雑な問題だ。発電所の部品の数でも300万だし、資源問題も廃棄物問題もある。専門家がかわいそうだ。前提が間違っているのだから、委員会や公聴会が機能不全に陥るのは当然だろう。

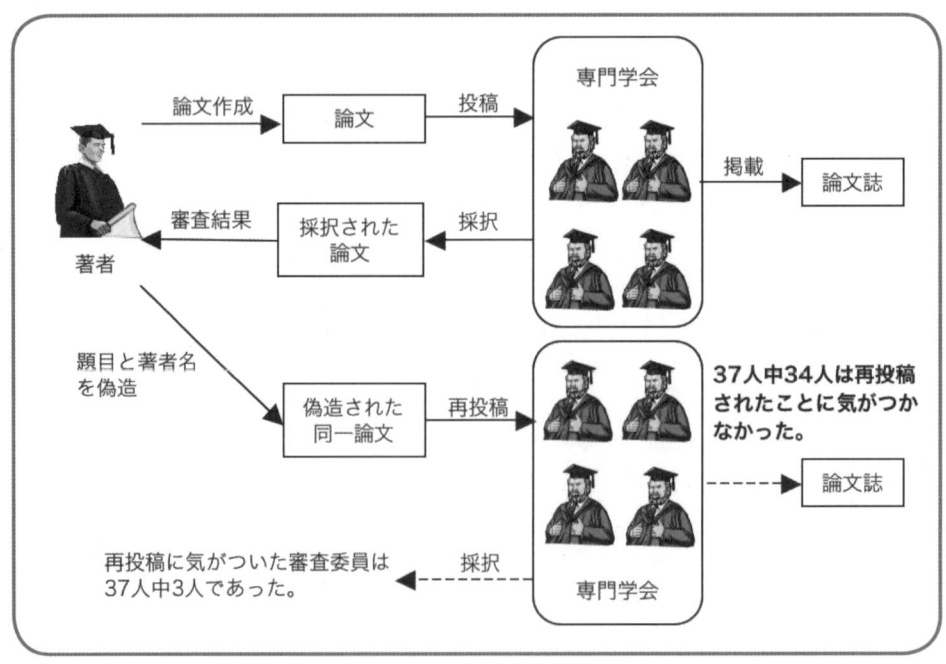

図1-7 同じ論文を再投稿しても採択になるのかのセシの実験

Knowledge

　一つの学問領域だけでは解決できない重要問題が多数生じている。学融合や学際領域の重要性が指摘される理由はここにある。この指摘は正しいのだが、問題は、学際というときの学とは、経済学、法学、工学、理学といった大きな単位ではないことである。はるかに小さな単位での学融合が必要とされている。専門家が持つ専門知識の範囲が狭くなった結果、一般には同じ領域の専門家と思われる人々の間でも、十分な相互理解がなされなくなっている。このことに関する興味ある実験の結果が、「行動と脳科学」(Behavioral and brain sciences) という学術誌に1982年に報じられている。

　実験では、12種類の評価の高い学術誌に過去3年以内に掲載された論文を、題目と著者名を偽造して再投稿した。立派な学術誌は、一つの論文を複数の専門家が読んで掲載の是非を判定する。これを仲間による審査、ピアレビューと呼んでいる。しかし、論文を読んだ37人の専門家の内、これが再投稿であることに気がついた人はわずか3人しかいなかった。37分の3、これは、専門家の話をその領域の他の専門家が理解する確率の指標といえよう。それから類推すると、違う領域の専門家同士が理解し合う確率は、任意に空中に投げられた二本の針の先端どうしが衝突する位の値だろう。

　知識領域が増えることで、言葉の誤解も増える。同じ言葉を使っても全く意味が違う、逆に、違う言葉を使っても意味は同じといった経験は誰にでもある。例えば工学の場合、同じ「プロセス」という言葉でも、機械工学と化学工学では意味と示す範囲が異なる。その結果、会員が多い学会では、その中に部会や委員会を作って、より専門的な内容を議論する。部会で使う言葉は、他の人には理解できない仲間言葉、英語ならジャーゴンという。いうまでもなく言葉は相互理解の最重要な手段だ。ジャーゴンを共有する人どうしは一体感を感じる。学問の世界でもそうした人が集まって議論することが多い。しかし部会に参加する人が多くなってくると、ワーキンググループなどにさらにまた細分化される。

　様々な領域の人が集まって議論する方が飛躍につながり易い。したがって、複数学会の共催シンポジウムやフォーラムは発展のために不可欠である。また、知識の需要側としての社会にとっても学際は有意義である。例えば、ナノテクノロジーなどは、ひとつの学会や業界の中にいてはその全貌を把握できない。また、世界的に進行しているのであるから、世界から研究者が集まって議論するのが合理的である。つまり、学際、業際、国際は知識の細分化時代の不可避な要請である。高い費用を払っても国際シンポジウムに参加するのはこのためである。

第2章
知識環境の理解

Structuring
知識環境の理解

8 データと知識の定義

　将棋のタイトル戦でのことである。全タイトルを独占していた頃の羽生棋士が、終盤で詰みが発見できなくて負けた。彼が家に帰ってコンピュータで調べてみると、コンピュータは一瞬で詰みを発見したそうだ。しかし、だから羽生よりコンピュータが強いというわけではない。コンピュータ棋士はまだ2段程度だそうだ。

　たしか小林秀雄の「常識」という題の短編だったと思う。将棋で、もしコマが歩をそれぞれ一枚ずつで、盤が1行だとすれば、2列なら先手必勝。3列なら後手、4列なら先手必勝だ。将棋は、神様どうしならどちらかの必勝なのかと数学者に問う。そうだと言う答えで小林は納得する。この話を研究室でしたら、正解はたぶん千日手だという学生がいた。うーん。いずれ、正解がわかる日がくるのかも知れない。

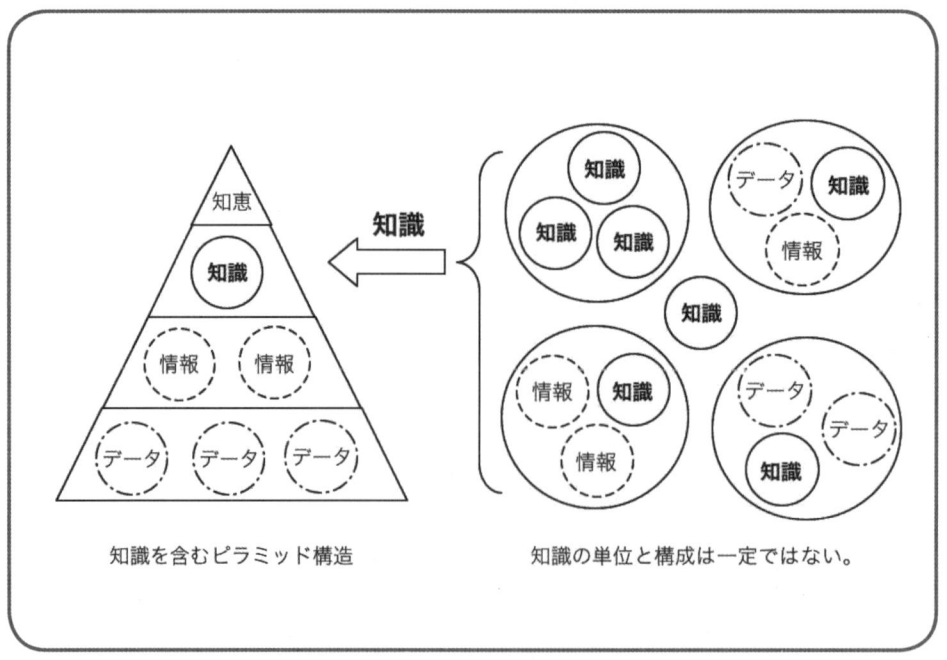

図2-1 データと知識の定義

Knowledge

　私たちが「知識」と呼ぶのは、人によっては物理法則であり、数式であり、無形物であり、精神であり、考え方であり、発明であり、時間であり、方法であり、明確な対象の範囲がない。知識に関して様々な定義はあるが、絶対的な定義はない。「知識」という言葉は、明確な定義はないままに誰でもが使う表現と考えた方がよさそうである。

　知識を、使う観点と目的から固有に定義することはよくある。例えば、情報処理のための体系化の程度によって、データ、情報、知識と3段階に分類することも一般に行われている。例えば、弓矢が飛んだ距離はデータと定義し、小さな石も大きな石も同じ速度で落ちるというのを情報として定義する。また、力＝質量×加速度というニュートンの運動の法則を知識と定義する。しかし3者の間、特に情報と知識の間の区分は難しく、区別せずに使う人も多いのが現実だ。

　データと知識をピラミッド構造でデータ、情報、知識、知恵の順に上に示した。このピラミッド構造は、上に行くほど人間による処理に依存し、下に行くほどコンピュータによる機械的処理が容易であることを示している。

　知識は、領域を限ることと、領域内の基本法則を定めることで形成される。知識は高度な知的活動の産物である。一方、データは、あること、ファクトが発生した時点で自動的につくられる。例えば化学なら、ナトリウムを水に放り込んだら爆発したというのはデータ、ナトリウムとカリウムは性質が似ているというのは情報、元素は周期律に従うことは知識と定義される。

　ニュートンは、質量で表現される物体の運動と領域を定め、その中に基本法則を定めた。運動のなかでも、光の直進とか社会の発展形態といったものは除いた。周期律は、物質のうちで化合物や混合物は除き、領域を元素と限った法則である。つまり領域を限ることに知識の本質の一部がある。

　知識はデータや情報より価値が高い。ニュートンの法則は、星の運行からリンゴの落下まで、領域内のすべてを説明した上に、火星にロケットを送り込む事を可能にさせた。弓矢が何メートル飛んだというデータをいくら集めても、大きな石と小さな石は同時に落ちるという情報をいくら蓄積しても、ロケットは月に達しない。周期律が発見されたからこそ、その空いているますを埋めるべく人類は次々と新元素を発見できたのだ。研究室にも企業にも政府にも、溢れているのはデータの山である。だから利用できないのだ。

Structuring
知識環境の理解

9 知識領域の細分化

　私が会員として登録している学会は、国内外を含めて20を超える。活発に活動しているのは二つか三つで、あとはつきあいであるが。確かに、学会の数は多い。例えば、化学系の学会は主だったものだけで日本に33、教育関係も20を超える。これだけ多いと、たとえば政策立案のために学界の手助けが欲しいと思っても、マスコミが取材するにしても、どこに声をかけたらよいのか分からない。そこで、学会をまとめて数を減らせという意見が出てくる。

　まとめろというのは社会からの要求であり、各論でなくまとまった説明が欲しい、俯瞰的な見解が欲しいといったことであろう。しかし、一つひとつの学会や、そこで行われている個別研究が無意味な訳ではもちろんない。個別研究を無視してはまとめる意味すらない。そこで、全体をまとめる俯瞰的学会を作ろうという意見が出ている。正鵠を得ているのかも知れないが、またひとつ学会が増えるだけに終わるかも知れない。

```
┌─────────────────────────────────────────┐
│                 工学領域                 │
│                                         │
│  化学  有機化学  無機化学  物理化学  触媒化学  量子化学  量子有機化学  理論化学
│  固体化学  錯体化学  金属錯体化学  生体触媒化学  錯体触媒化学  固体触媒化学  染料化学
│  表面処理学  有機錯体化学  構造化学  分析化学  化学工学  反応工学  反応装置工学  分離学
│  燃焼学  化学流体工学  燃料化学  反応化学  表面化学  表面分析化学  石油化学  石炭化学
│  高分子化学  生物化学  生命科学  プラズマ工学  プロセス工学  プラント工学
│  プラントメンテナンス学  高圧化学  高温化学  宇宙化学  放射線化学  オペレーション工学
│  高圧ガス化学  工業化学  微生物工学  発酵工学  リグニン化学  立体化学  絶対反応速度論
│  化学反応速度論  複合反応速度論  触媒反応速度論  錯体反応速度論  固体触媒反応速度論
│  物性論  液体論  固体物性論  気体分子運動論  分子動力学  機械工学  産業機械工学
│  舶用機械工学  機械情報工学  原子力学  原子炉工学  炉心工学  熱工学  伝熱工学
│  エクセルギー学  船舶工学  航空工学  流体工学  混相流学  ミクロ流体工学  ロボット工学
│  マイクロマシン工学  センサー学  シミュレーション工学  ロケット工学  宇宙工学  精密機械工学
│  人工物工学  金融工学  経済工学  力学  熱力学  流体力学  材料力学  電磁気学  通信学
│  ネットワーク学  計算力学  電気工学  電子工学  電子情報工学  電気通信学  半導体工学
│  デバイス工学  デバイスプロセス工学  電子回路学  固体素子学  電気エネルギー工学
│  超電導工学  太陽電池工学  環境工学  環境科学  環境化学  環境化学工学  環境分析化学
│  環境分析工学  環境分析  システム工学  都市工学  建築学  土木工学  砂漠学  林学  水工学
│  衛生工学  下水道工学  陸水学  生態学  環境安全工学  LCA工学  海洋学  地理学
│  海洋環境工学  沿岸海洋工学  海洋生物  環境工学  海洋生態学  河川工学  河川環境工学
│  大気環境学  大気エアロゾル学  陸圏環境工学  生態環境工学  土壌微生物学
│  環境水文学  廃棄物工学  リサイクル工学
└─────────────────────────────────────────┘
```

図2-2　工学領域に含まれる知識の細分化

Knowledge

　知識が細分化されていく様子を直感するには、学会名の分化をみるのがよい。一つの学会名が一つの学問領域あるいは知識領域を表すと考えて、思いつくままに書き出してみると、1時間ほどで100を超えた。例えば、哲学から法学、医学、理学、工学が分化し、理学からは、化学が有機化学と無機化学に分化し、さらに有機化学→錯体化学→有機錯体化学→有機金属錯体化学のように細分化している。知識が「領域＋基本則」であるということの自然の結果として学問領域が増え、これに呼応する形で学会も増えたのである。同じように大学における学科名も著しく多様化している。

　学会数が増える一方、複数の学会をまとめて学会数を減らせという意見がある。また、大学の学科をまとめて、学科数を減らせという意見がある。この意見は正しいだろうか。学科をまとめろというのは、社会ニーズからの総合化の要求であり、もっと幅広い能力をもった学生を育てるような教育を行えという意味であろう。そういう意味からは当を得ているというべきであろう。

　しかし一方で、学会は年次大会と称して、年間何回か論文発表の場を持つ。現在、主要な学会で発表される論文の数は千件といったところである。これらの発表は並行して何十もの会場で行われるため、現状ですら一部の発表しか聞くことができないという不満がある。まとめろという意見は、総合的な知識を要求する社会からのニーズである。しかし、知識を供給する立場の学会は、研究発表一つをとって見ても、10の学会がまとまると1万件の発表になる。これでは、研究発表の管理すら難しくなる。まとめろというのは、高度化専門化した知識領域を無視した意見である。下手をすると、過去に向かって退歩することになる。

　知識供給側としての学会は、需要側の社会とは異なる観点を持つ。一般に、知識の供給側はできるだけ細分化しようとするが、需要側は融合された知識を要求する。例えば本屋に行くと、読者は自分の問題意識に視点を絞って融合的な本を探す。それが最も効率の良い知識供給源だからである。しかし、著者にしてみれば、視点は多様な本を書きたいし、せっかく苦労した細部を書きたい。読者の範囲を広げたいからである。

　知識の供給と需要の問題を、知識の流通の問題として捉えてみるのも面白い。流通には費用が発生する。この費用を最適にするための流通単位という観点があり得るだろう。学会数や学科数も、知識の供給と需要に対する社会的な費用という観点から再考する必要があるだろう。社会的費用の最小化という発想ではなく、効果を最大にする最適費用という面から学会数や学科数を議論すると、いままで見えなかった新しい面が見えてくるかも知れない。

Structuring
知識環境の理解

10 科学と人の距離の拡大

「ニュートリノ」って、なんですか。小柴先生がノーベル賞をとったときから、何度も問われた質問である。「ニュートリノ」はどこで役に立ちますか。ノーベル賞記念記者会見で、ある記者からの質問であった。小柴先生の答えは簡単であった。「どこにも役に立ちません」ノーベル賞受賞自体は毎年大ニュースとして報じられるが、それと比べ中身はあまり話題にならない。ニュートリノといっても人の実感と遠いからであろう。

一方、アメリカが推進している火星探査に関しては多くのメディアが大きく取り上げて紹介する。火星に大量の水があった、現在でも氷があるらしい。したがって、生物がいた可能性があるといったことで、確かに、ロマンをかき立てられる。ニュートリノより火星が取り上げられるのは、水や生物というのが人の実感と近いからだろう。

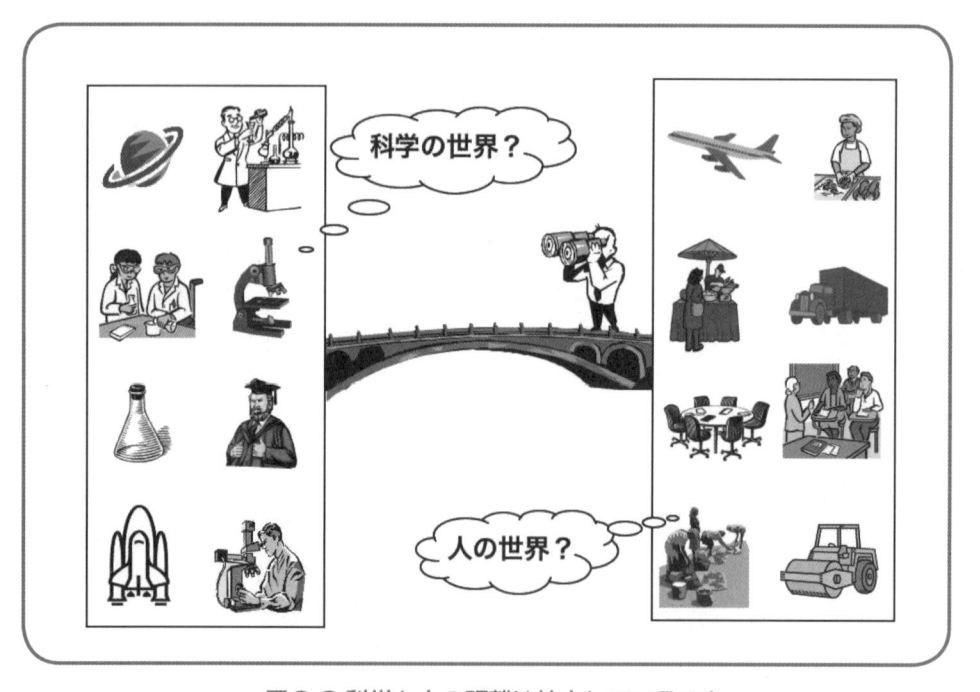

図2-3 科学と人の距離は拡大しているのか

Knowledge

　子供の頃、星をみながら宇宙のことを思った経験は多くの人がもっているだろう。宇宙とは何だろう、いったい果てはあるのか？あるとすれば、その外には何があるのだろう？こうした疑問は次々と浮かんで、親や先生に聞いたり、百科事典をめくったりした。学年が上がると、物質をどんどん小さく分けていくと最後は何になるのだろうかなどと思った記憶もある。子供のもつこうした疑問は現在でも物理学の目的である。科学は人の根元的な好奇心に根ざした活動なのである。その活動の結果知識が増し、多くの実益がもたらされて、現代文明が成り立っているのだ。

　現代文明は、食料、医療、エネルギー、材料、情報などほとんどすべての領域において科学の恩恵を受けている。しかし、社会における科学の役割が大きくなるにつれて、逆に科学と人との距離が拡大してきている。科学があまりに細分化された結果、科学と人との関係が見えにくくなってしまったのである。

　運動の法則を例にとれば、りんごの落下とハンマー投げの軌道と星の運動とが、同じ原理に基づいており、その延長線上にロケットが火星に飛ぶというのは、なんとなく実感できる。20世紀半ばまではそんな状況であった。しかし、原子核を構成する陽子と中性子がプラスの電荷だけなのになぜ固まっていられるのかは、科学者の観点からはものすごく面白い問題ではあるが、人の生活とは遠い話である。空間が曲がっているというアインシュタインの理論やニュートリノの質量問題となると、人の実感とはますます距離が離れる。

　現在、思わぬ事故が多発する。大けがをする子供は、小さなけがをしなかったための経験欠如が原因である場合が多い。科学と人の距離は小さな経験を重ねることによって短縮できるはずだ。しかし、全講義科目が9500コマもある東京大学の例で見るように、教育だけで科学全般を経験させるのは不可能である。
　原子力発電是か非かの議論から遺伝子組み換え食品是か非かの議論まで、人の日常生活には科学知識がなくては理解できない問題が山積している。しかし、これらの様々な問題の理解の背景として、拡がってしまった科学と人の距離という問題がある。

　ゆとりと詰め込みの狭間で教育も揺れている。しかし、知識だけでは創造性は育たないが、知識なしに創造性はありえないというのはごく当たり前のことだ。この二つを両立させるための「解」の欠如が教育問題の根源にあるのである。この解によって、科学と人の距離の短縮ができるのではないだろうか。

Structuring

知識環境の理解

11 知識領域の全体像と細部知識

　百メートル競走で人類は10秒を切れないという記事を、昔新聞で読んだ記憶がある。詳細は忘れたが、心臓の力や風圧などからそうなるのだという。少年だった私は、新聞に書いてあるからそうなのかと信じていたのだが、事実はご存じの通りだ。現在の記録は9秒79で、いったいどこまで伸びるのだろう。

　バネを仕込んだ靴とか器具を禁止するとすれば、まさか9秒はきれまい。しかし、根拠はない。こういうとき頼りになるのは理論である。たとえば、自動車のガソリン消費量の理論値はゼロだ。一馬力の馬が、50馬力の軽自動車と同じ走行能力をもっていることがなによりの証拠だ。だから自動車の燃費はまだまだ良くなる。適切な理論に基づいて全体像を考え、一つの結論を出す作業は、私の趣味でもある。

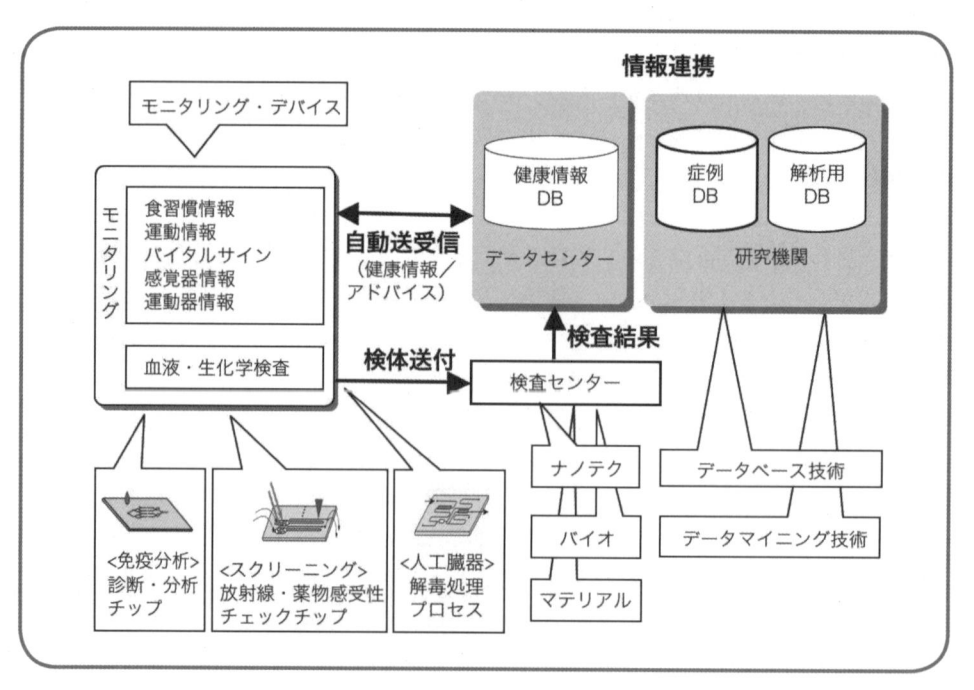

図2-4 全体像を俯瞰してから細部知識を理解する

Knowledge

　伝統的に医療は生活の質を向上させる福祉と考えられてきた。しかし、医療機関の数が増え競争が激しくなるに伴って、医療を産業として育成しようという動きも出始めている。所得の増大に伴って豊かな生活を希望するのは人の自然な要求である。これに、高齢化や少子化などの社会変化が重なって、医療を産業として位置付け、より高い要求を満たすサービスを提供しようとする動きである。

　医療に関係する知識領域はひろいため、その全体像を把握するのは非常に難しい。医療産業は人の生命を対象にしながら、最先端の技術を最高の効率で使い、営利まで追求しなければならない。単に腕の良い医師が何人かいれば医療サービスを提供できるという時代ではない。さらにまた、医療行為の対象も、治療から予防へ移ってきている。
　医療現場には、伝統的な医学知識による治療行為に加え、様々な電子装置やコンピュータ装置が導入されている。例えば、磁気共鳴装置（NMR）やX線装置などによる検査はすでに常識である。また、医療行為をデータベースに記録して再利用したり、電子カルテを病院間で交換するのも当然のこととなっている。

　2000年前には学問といえば哲学しかなかったが、やがて医学が分化した。その後は工学などを含めて様々な領域に細分化されるようになった。しかし、医療に関しても、細分化と同時に融合が不可欠である。よい医療行為のためには、医学、理学、工学、法学、経済学、心理学などなど、多くの領域から知識を統合することが要求されている。対象が人だから、当然のことである。

　かつての医療機関は権威的で、診療結果に関して医師の責任を問うことはまず考えられなかった。しかし最近は医療裁判が後を絶たない。また、全国の病院や分野別の名医情報などが、一般雑誌やインターネットに公開される。閉鎖的な医療領域も急速に公開されつつある。その結果、医療に対して、工学、倫理学、法学、経済学など様々な領域からのアプローチが行われる。これら諸学問との関連付けによって、伝統的な治療行為としての医療から、産業としての医療の概念が生まれ、やがて営利を追求する医療ビジネスモデルが登場するようになるだろう。

　孤立した知識領域は自然消滅する。あるいは、他の知識領域と関連付けられることによって発展する。医療は後者の道を歩み始めた。しかしその結果、全体像を把握することがさらに一層困難になった。医療の全体像を把握する専門家が生まれれば、その活躍は火を見るよりも明らかだ。

Structuring
知識環境の理解

12 複雑系の構造的理解

　始めて自転車に乗れるようになったとき、興奮して寝られないくらい嬉しかった。一番の喜びは、夜にあった。夜になると、自転車にライトをつける。このライトからの光を強くするために、一所懸命ペダルをこいだ。自分の自転車で一番格好よかったのは、夜のライト。

　自転車にライトをつけるには、カチャッとタイヤに触れさせて発電機の軸を回転させる。あの発電機をそのまま大きくしたものが発電所でも回って発電している。風力発電所は風で風車を回す。水力発電所は水流で羽根車を回す。火力発電所は、燃料を燃やして水を沸騰させて水蒸気を発生させ、水蒸気の流れで回す。燃料を燃やす代わりに核反応の発熱で水蒸気を発生させるのが原子力発電である。発電はそんなに易しい技術ではない。技術レベルの違いで発電効率が倍も違うほどだが、原理は自転車と同じだ。

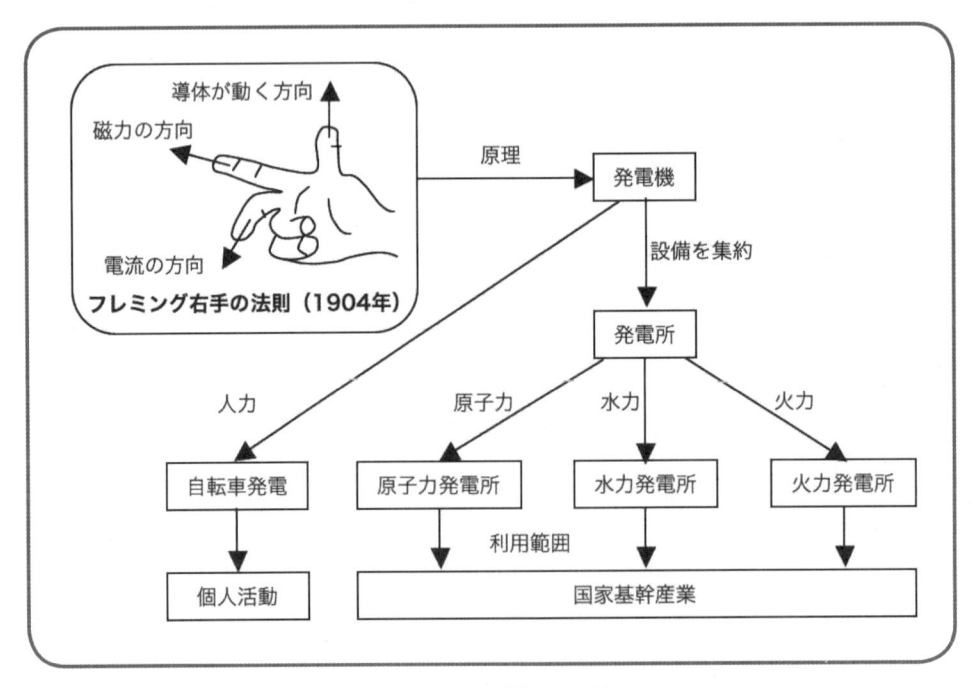

図2-5 複雑系の構造を理解する

Knowledge

　発電の原理は、1904年発表されたフレミングの右手の法則である。図のように、右手の指が指す方向によって、導体が動く方向、磁力の方向、電流の方向が分かる。発電機はこの原理にしたがう動きを大規模に行っているだけであり、発電所は巨大な発電機が何台か一ヶ所に集まっている場所である。原理を理解すると、その原理から派生する内容の理解が容易になることを示そう。

　水力発電所、火力発電所、原子力発電所、地熱発電所、風力発電所などの発電原理はすべて同じである。自転車の前輪部に付いている小さな発電機からライトをつける、あれを大きくしたものが発電所で回っている。原理が同じでも、規模が大きくなると複雑に見える。原子力発電所は、最先端の科学技術を駆使した複雑な人工物の代名詞のように考えられている。しかし、部品の数が3百万にも達する原子力発電所でも、発電原理は自転車と同じである。

　発電原理を逆に使って節電することもできる。自転車のライトを付けると、ペダルをこぐのが重くなる。ということは、ライトを付けるのはブレーキをかけることにもなるわけだ。省エネルギータイプの電車はこの原理を利用している。このタイプの電車は、止まるときにキーッという音をたてる。あれが惰性でモーターを回しブレーキをかけると同時に発電する音である。バスもハイブリッド自動車も、自転車と同じ原理で、発電とブレーキを行っている。

　文明の発展と共に、知識領域は激しく融合し、特定現象の全貌を理解するのが難しくなっている。いわゆる複雑系と呼ばれる現象や人工物も、全体を理解できなくなると、部分に分けて部分最適化を行う。しかし、部分最適化の集合が全体最適化になる保証はない。全体最適化を行うためには、まずは全体を支配する基本原理を探すことが重要である。複雑系の問題や現象は多様であるが、幸いなことに、支配する基本原理がそんなに多い訳ではない。原理に基づいた構造的理解は、複雑系の理解に不可欠である。

　複雑系理解のために、原理が同じで理解できる問題から敷衍するという方法は試みる価値がある。例えば、「風車、原子力発電所、電車の省エネ」、「蒸気機関車、ガソリン自動車」、「自転車の発電機、風車、発電所のタービンを回す力、蒸気」、「火力発電所＝燃焼熱＋ボイラー＋発電機」、「複合発電＝燃焼熱＋ガスタービン＋ボイラー＋発電機」、「原子力発電所＝核反応の熱＋ボイラー＋発電機」、「エンジン＝ガソリンの燃焼＋タイヤの回転」、「バイオマスガス化エンジン発電→バイオマスガス化＋ガスエンジン＋発電機」のように連想していくのだ。

Structuring
知識環境の理解

13 特殊化と一般化による新知識の生成

「グスコーブドリの伝記」という宮沢賢治の童話がある。東北の冷害をなくすために、ブドリ少年が犠牲となって火山を噴火させ、大気の二酸化炭素濃度を上昇させ地球を温暖化させるという美しい物語である。宮沢賢治は地球温暖化を知っていたのだ。しかし、実際に火山を噴火させると、粉塵が地球を覆う影響の方が大きく、かえって気温が下がる。1783年に浅間山が大噴火を起こし、地球が寒冷化して不作をもたらし、それがフランス革命の遠因となったという説もある。

しかし、一般社会はもちろん学会も認識していなかったこの時期に、すでに地球温暖化問題を知っていた宮沢賢治の明晰さに敬服する。このように拙著に書いているのだが、最近火山の専門家から、水蒸気火山なら宮沢賢治の言うとおりになると聞いた。知識というのは奥が深い。まさに、巨人の肩である。

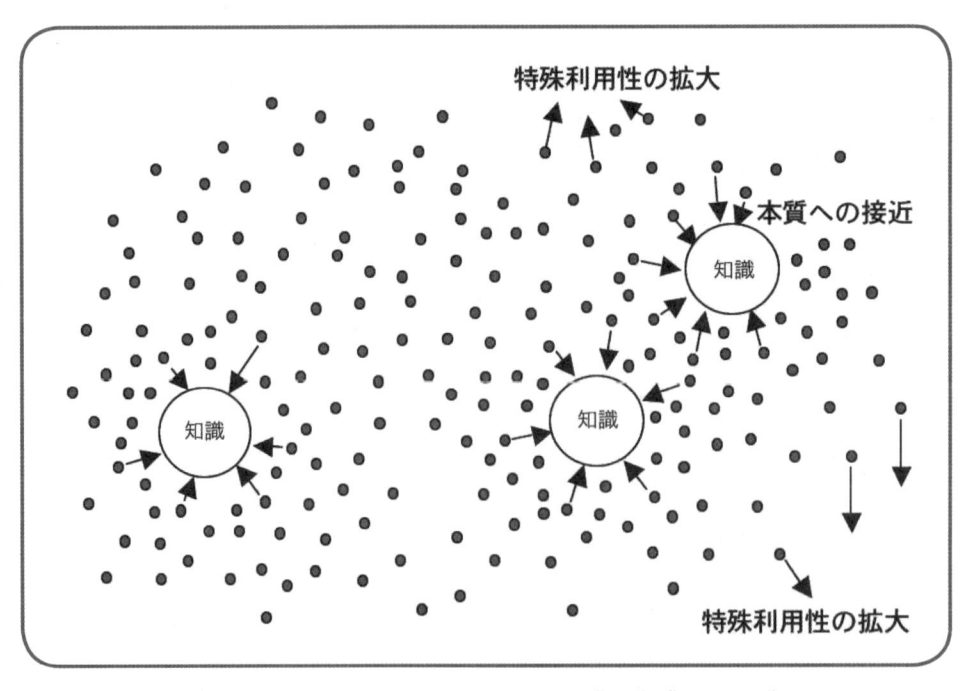

図2-6 特殊化と一般化による新知識の生成イメージ

Knowledge

意識しようとすまいと人は知識を処理している。知識を生成し、表現し、共有し、保存し、閲覧し、利用し、加工している。こうした知識の処理のうちで生成してから以降に関しては、情報工学や知識工学といった分野で盛んに研究や議論がなされている。しかし、知識の生成については明確な定義が難しい。

知識の生成プロセスを、特殊化と一般化二つのモデルで考えてみよう。特殊化による生成は、役に立つ対象を意識して行われる。学会の細分化はその結果である場合が多い。例えば、「機械設計」という知識領域を細分化して「自動車の設計」と特殊化する。さらにそれを細分化して「ラジエーターの設計」という知識を生成する。知識はどんどん増える。「発電所の設計知識」から「熱交換機の設計」さらに「凝縮器の設計」と特殊化する。「化学」は「有機化学」と「高分子化学」と特殊化する。こうした例は枚挙に暇がない。

特殊化によって限られた場における知識の利便性が高くなる。たとえば自動車の生産という場では、「機械設計」よりも「自動車の設計」という特殊知識の方が利便性が高い。こういう理由で、特殊化による新知識の生成が古代文明の時代から続けられている。その結果が、哲学からの学術の細分化である。

特殊化するばかりでは、領域間の知識の相互利用ができなくなる。自動車の設計で得られた知識が、他のものの設計に反映されなくなってしまう。八郎潟の干拓で得られたはずの膨大な知識が、いったい有明湾の工事に反映されたのかどうか疑わしい。

知識の生成のもう一つのモデルは、一般化である。知識の対象範囲を広げることによって、より一般性の高い知識へと昇華する。本質へ接近するといってもよいであろう。例えば、「熱交換機の設計」から「流体の流れと熱伝達」と一般化する。「流体力学」から「ニュートン力学」へ、「素粒子論」と「ビッグバン」から「統一原理」へと一般化していく。一般化による知識の生成はサイエンスの本質でもある。

特殊化と一般化による知識の生成は、知識生成の両面である。特殊化すると限られた場での実用性は上がるが汎用性を失う。一般化が進めば現場での実用性を失う。特殊化と一般化を行きつ戻りつ、知識は増大していく。二つのモデルの適切なバランスが、科学技術の健全な発展をもたらす。優秀な研究開発者はこの二つの使い分けがうまい。

Structuring
知識環境の理解

14 融合と組合せによる新知識の生成

　私はずいぶん長く「知識の構造化」の問題を考えている。手元には透明用紙に鉛筆手書きの資料が今でも残っている。これは、研究室セミナー用の湿式複写の原稿だから、20年近く以前のものだということになる。その後、確か、立花隆氏が文藝春秋に教養教育の再構築と関連して知識の構造化と書いていた。思うところは比較的近いなと感じたのを記憶している。

　しかし、はるか昔に同じようなことを考えた人がいる。ディドロー、ダランベールら百科全書派と呼ばれる人達は、知識を組み合わせれば新しい知識が生まれると考え、構造化を意識して全書を編纂したらしい。そして、その考えの源はベーコンだそうだ。そう考えていたのだが、僧籍にある友人から、知識の構造化の原点は曼陀羅にあると聞いた。当時の知識を過不足なく図示したものが曼陀羅だというのだ。そうなるといよいよ、知識の構造化というのは、人類共通のテーマである。

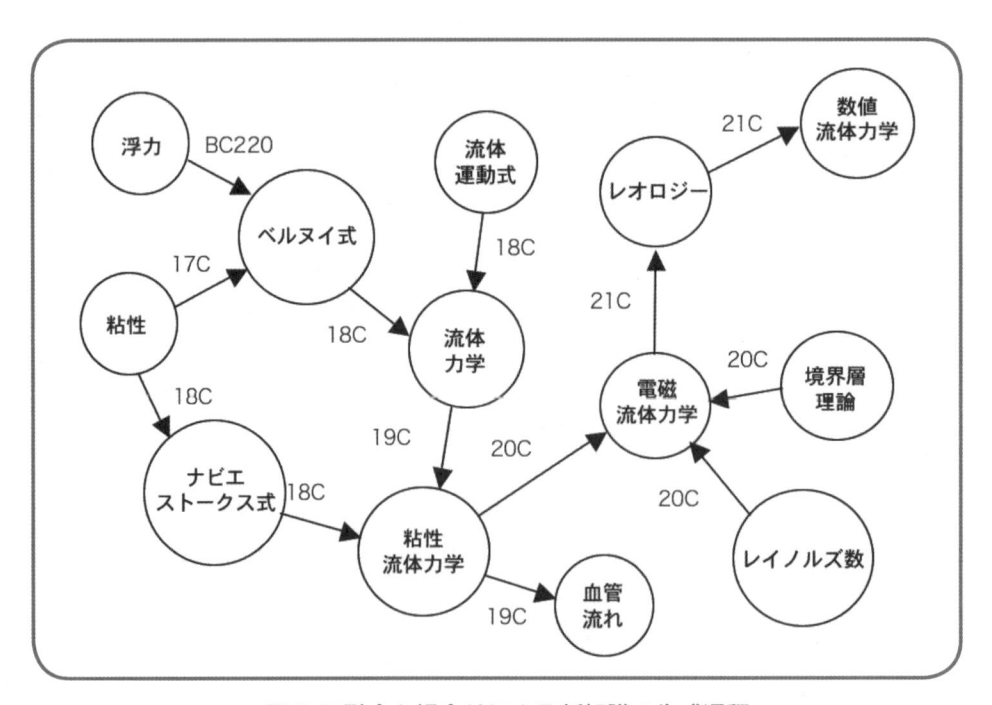

図2-7 融合と組合せによる新知識の生成過程

Knowledge

　私の専門分野である「化学工学」は、「化学」と「機械学」の融合によって誕生した。偶然誕生したわけではない。20世紀の初頭に、MIT化学系の教授数人と一人の化学企業の社長とが協力して、目的をもって作ったのである。目的は、それまで硫酸はこうしてつくる、石けんはああしてつくるというのが化学産業の知識であったのが、化学物質の数が増えてきてああつくるこうつくるという経験の蓄積では対応できなくなった、そういう状況の解として新たな工学領域を作ることであった。

　知識融合による新知識の生成は極めて普遍的な知識生成のパターンである。ノーベル賞に代表されるような新たな知識が生成されると、それを鍵として既存の知識と融合し多くの新知識が生まれる。20世紀のゲノムと量子力学は代表例であろう。その影響の大きさは計り知れず、影響の範囲は人の知識分野全体にわたると言っても良いだろう。知識が融合する様子を、知識のフュージョンと呼ぶ人もいる。幾つかの知識が溶けて一体化し、元の知識の姿はなくなる。これが、融合による知識誕生のイメージである。

　知識の組合せによる新知識の誕生というパターンもある。各知識はそれぞれ元の姿を維持しているが、結合によって新しい知識が生まれる場合である。

　大学が、学科や専攻の連合によって新たな展開を図る場合がある。東京大学でも、学科の特徴は維持しながら、幾つかの学科が連合して教育や研究を行うケースがある。例えば工学部の化学生命系は、応用化学、化学システム工学、化学生命工学の三つの専攻が協力して運営している。連合しつつ、各々の学科は独自の特徴を活かした教育と研究を続けている。化学生命系の他に、機械系、電気系なども複数の学科が連合している。学科の連合によって、融合や結合による新しい知識の生成が期待できる。

　知識の生成を論理的に実現しようとする試みは昔からあった。例えば、正反合や三段論法などはそのための方法論として知られている。最近は、膨大なデータベースから因果関係などを究明して知識を生成しようとする試みが盛んに行われている。特に学習による論理展開は、ロボットなどの人工物に知能を与えて、人の介入が極端に制限される状況で任務を達成するための知識として期待されている。地雷など危険物の除去、火事や地震の際の救援活動などがイメージである。しかし、融合による知識の生成が論理展開だけでうまくいくとは到底思えない。化学工学誕生の経緯にみるように、人による深い思索と強い意志が必要なのであろう。

Structuring
知識環境の理解

15 新知識の不連続的な形成

　平成16年、国のエネルギー需給計画が改定された。2030年までの長期的視野を示し、省エネルギーを第一の旗がしらとし、原子力発電を現実的予測に近づけた。この計画は私の考えと全く一致するわけではないが、改訂前よりは良くなったと思う。しかし、この計画はいつ再改訂するのだろう。例えばもし、来年新技術がポンと出て状況が変わったらどうするのだろう。燃料電池など、理論的に効率は高いが現実的にはまだだめといったものには、画期的技術が出てくる可能性がある。また、そういうものの萌芽が学術誌に発表され、数年後の急展開が予測される可能性がある。計画の前提が変化する可能性が常にあるのだ。日本はフロントランナーである。それは、相手の背中を見て走るのではなく、意志で走ることだ。自ら予測して決断する、そういう体制を作る必要がある。

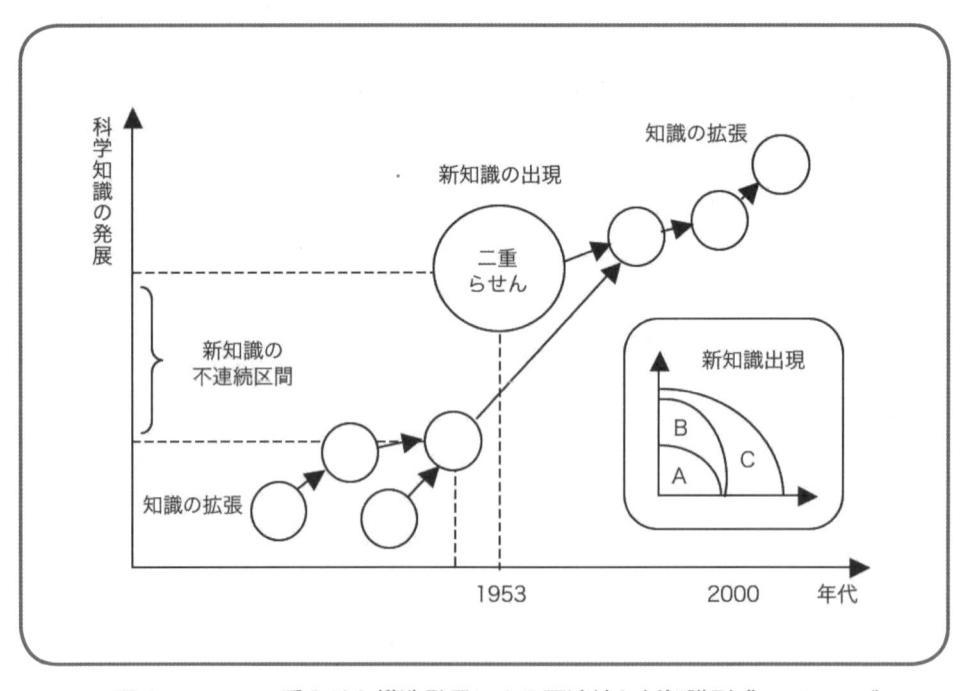

図2-8 DNA二重らせん構造発見による不連続な新知識形成のイメージ

Knowledge

　DNAの二重らせん構造は1953年に発見された。これによって、知識間の新しい関連付けが活発に起こり、関連学問に大きな影響を及ぼすことになった。酵素学と林学が、珊瑚の研究と医療がDNAを通じて関係づけられつつあるのだ。二重らせんのような画期的な新知識は時間経過に比例して出現するものではない。集中して出現する時期もあるが、長い間出現しないこともある。画期的な新知識の生成には不連続区間があるという経験則がある。

　左ページの図は、科学知識の発展の時間経過のイメージを示す。原点に近い所で、知識は関連付けによって増大を続ける。この状態では革新的な発展はなく、関連付けによって緩慢に増大する。突如DNA二重らせんのような新知識が出現することによって、関連知識は一気に増大する。それからは、また関連付けによって徐々に増大する。画期的な新知識の不連続区間は一定ではなく、時間にも比例しない。

　知識生成の経年パターンを、左ページのABC領域に示した。A領域では、時間に比例して新知識が生成する。安定的な知識拡大の領域である。研究開発による日常的な知識の生成と、それらと既存知識との関連付けによって着実に知識が生成する領域である。B領域では、短期間に急速に知識が出現する。DNA二重らせん構造に象徴されるようなブレークスルーにより知識生成が加速される。C領域では、時間が経過しても新知識は期待通りには出現しない。短期間で革新的な発展を示すB領域を称してイノベーションと呼ぶ人もいる。C領域のように知識間の関連付けが充分になされない場合は、突然のブレークスルーを期待することすらできない。すなわち、革新的な科学発展をイノベーションと呼んでそれを実現したいのであれば、まず既存の知識間の関連付けに注力すべきである。革新的知識の生成を座して待つのに比べて、人や組織によって制御できる可能性が高いからだ。

　DNA二重らせんの発見のような場合、新知識と既存知識間の関連付けが新たなブレークスルーをもたらす。しかし、新知識が革新的であればあるほど、既存知識との関連付けは容易ではない。遺伝子組み換え技術の確立がDNA二重らせんという知識の価値を誰の目にも明らかにさせたように、社会は、既存知識との関連付けができて始めて新知識の価値を評価するのである。

　専門家は、新知識と自分の領域内の既存知識との関連付けは容易に行うことができる。革新的なのかどうか、判断できるのは自らの領域内に限られるわけだ。この事実と領域の細分化とがあいまって、知識の革新性の判断を困難で時間を要する作業にさせている。アインシュタインの時代ですら、相対性理論が評価を確立するには時間を要した。

Structuring
知識環境の理解

16　形式知と暗黙知

　それぞれの分野にはそれぞれ独特のセンスがある。センスをいかにして育てるかというのは、教育における永久の課題だ。答えの一つは、「オンザジョブトレイニング（OJT）」と「構造化教育」の繰り返しだろう。例えば、企業と大学を行き来するというのは具体的イメージである。具体的な仕事の中で鍛えられるのがOJTで、仕事だから必死だし相性があえば面白い。

　大学の授業は体系だから、よほど教員が上手でないと面白くない。しかし、面白いからといってOJTだけだと、千夜一夜物語のようなもので、文脈のない単語カードがばらばらと、下手をすると頭が知識のゴミ箱状態になる。ここに大学教育が加わることで知識が構造化され、人の知的世界が変わるのだ。社会人が大学に戻って博士号を取得するという文化が定着すると、日本は変わるだろう。

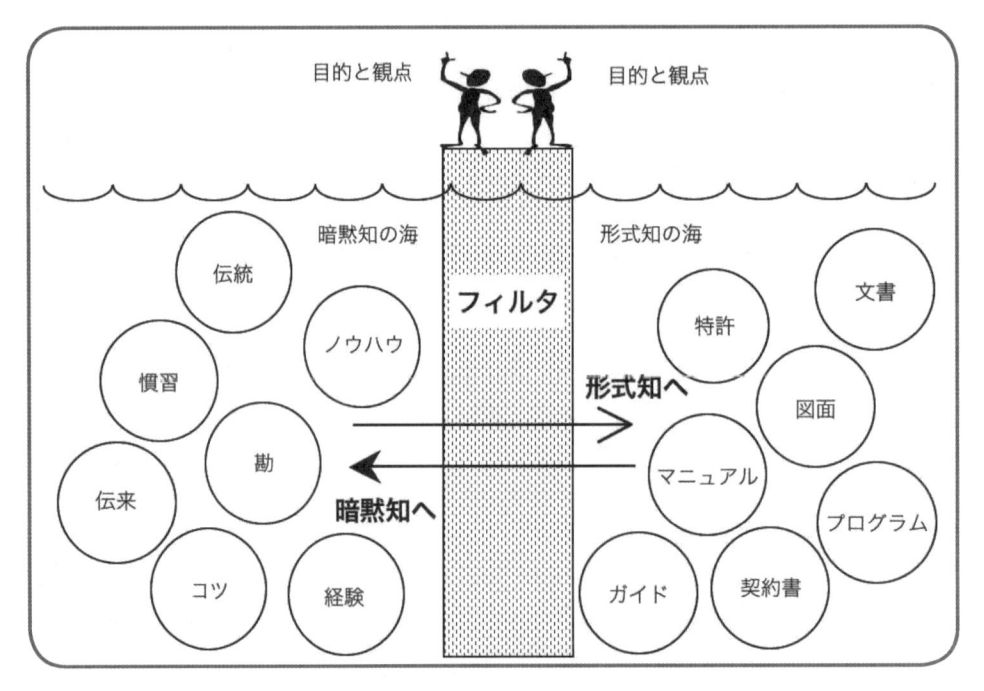

図2-9　フィルタを通す暗黙知と形式知の交流

Knowledge

　意識しようとすまいと知識は膨大に存在する。ある知識を意識したとき、人はそれを表現しようと思う。表現には、文字、数字、音楽、絵、シンボル、記号など様々な方法が使われる。表現することによって、知識は利用されるようになる。しかし、知識の中にはうまく表現できないものもある。表現できる知識を「形式知」と呼ぶのに対して、表現しにくいものを「暗黙知」と呼ぶ。知識を形式知と暗黙知に分けることは、特にシステム開発において意味がある。形式知は表現が明確なのでシステムの実装が容易である。組織内部での共有も可能になる。一方、暗黙知は、同一組織内でも解釈が異なってくるし、システムによる支援に利用するにも困難がともなう。

　利用という観点からは、形式知と暗黙知に区分するよりも、知識間の関連付けを考える方が効率的ではないだろうか。暗黙知であっても、知識間の関連付けを行うことができれば利用可能になるし、逆に形式知であっても孤立しているならその利用価値は低いからだ。すべての知識を明確に定義して形式知に表現するのは不可能に近い。また、すべての知識を形式知として表現したとしても、それだけで新知識の生成を期待できるわけではない。特殊化や一般化、融合や組合せといった生成プロセスに利用できないと意味がないわけである。

　知識をその表現可能性によって形式知と暗黙知に分類する場合、表現可能性は人に依存する。例えば、A氏にとっての暗黙知を、B氏は完璧に表現できるかもしれない。結局、形式知と暗黙知を表現可能性で区分することは、知識の本質ではなく、個人や組織に依存することになる。重要なのは知識の本質である。形式知とできない知識の本質を表現するために、他の知識との関連を利用するという方法があり得るだろう。その知識自体は表現できなくても、関連付けられる知識からその本質を推測するということだ。

　暗黙知としてよく挙げられる例として、伝統、慣習、ノウハウ、感などといったものがある。確かにこれらを直接表現することは容易ではない。しかし、他の知識との関連付けができるだろう。例えば、ノウハウは個人のノウハウや組織のノウハウのように言われているが、そのノウハウと関連する知識を集めて相互の関連付けを行うと、ノウハウの本質が表現できる。知識の本質が表現できれば、他分野へ展開できる。

Structuring
知識環境の理解

17 知識統合の世紀へ

　エネルギー保存則というのは、たいていの人は聞いたことはあるし、理系の人なら何度も習ったはずだ。しかし、その本質を理解している人がどれくらいいるだろうか。「先生はエネルギーが保存されるといわれるが、電気は消えてしまうのではないのですか？」市民大学で講義をした後のご老人の率直な質問が、私に「分かる」と言うことの意味をいっぺんにクリアにさせてくれた。

　そうだ、電気というエネルギーは消えるじゃないか。掃除機も、テレビも、冷蔵庫も、電気はなくなるのに、エネルギーが保存される。消えないとはどういう意味なのか？エネルギー保存則が理解できるというのは、こういう事が分かることなのだ。「教えることは教えられることだ」というのはこういうことなのだ。老人の質問への答えは、「掃除機に使った電気は、風という空気の運動エネルギーとなり、風が止んだときほんの少し部屋の温度が上昇する。使った電気と空気の温度上昇のエネルギー量は同じ」

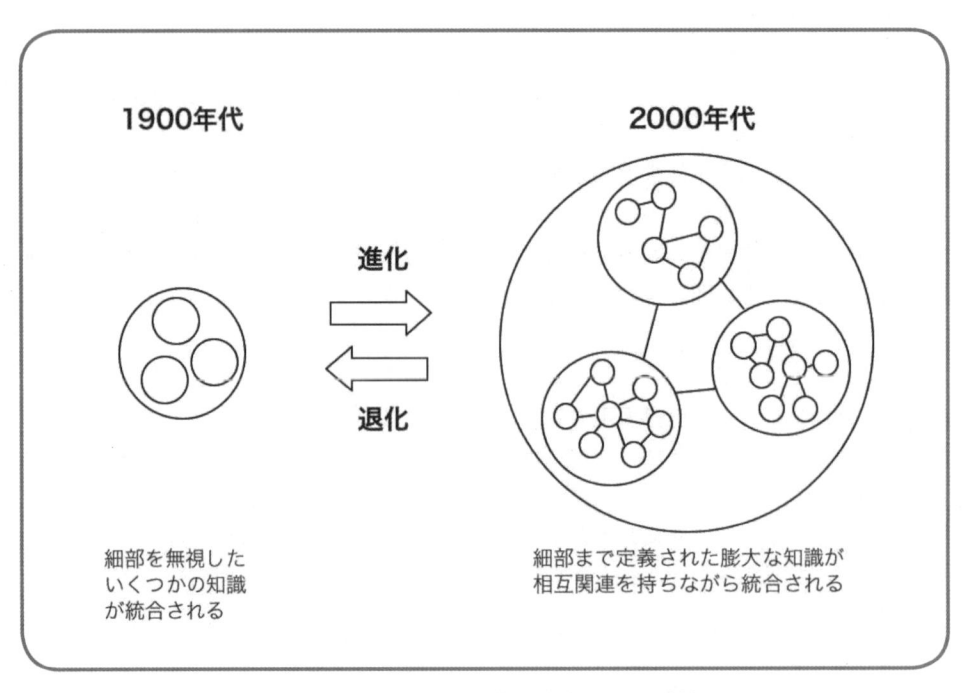

図2-10 膨大な知識が統合される時代

Knowledge

　西洋のアナリシスと東洋のシンセシス、あるいは、西洋の要素還元論と東洋の統一論といった比較がしばしばなされる。西洋では物事を要素に分割して再構成しようとするのに対して、東洋では俯瞰的に全貌の理解を図るということであろう。例えば百年前アメリカで、フォード社は自動車組立作業を細かく分類し、作業者一人当たりの作業時間を標準時間で規制した。一方、東洋では座禅や問答によりある種直感で全貌を把握しようとしてきた。

　現実には、還元論的運動と統一論的運動が並行しつつ知識は発展する。つまり、知識は細分化され非常に狭い領域が孤立的に発展する一方で、たとえばナノテクノロジーといった巨大領域の形成に向けて統合される。しかし、２０世紀における統合は知識の細部を無視して行われたきらいがあった。爆発的に増大した知識の細部を無視した統合は、進歩なのか退歩なのか分からない。アリストテレスの時代に向けて逆行するようにすら思える。また、融合はもちろん組合せといっても単に知識を集めることではない。２１世紀には、膨大な知識を細部まで相互関連を持たせながら巨大な統合に向かう必要がある。

　知識の融合と組合せにより、ナノテクノロジーといった新知識が生成される。しかし、構成要素である一つひとつの知識は、例えば固体物性論あるいは微細加工技術といったように、それぞれが膨大な知識で構成される。つまり、それぞれの知識は巨大な内部構造を有し、知識間は詳細な内部構造に至るまで関連している。この状況をインターネットによってイメージするのも良いだろう。今、世界中のほとんどの知識資源がインターネットにつながって、世界のどこからでも知識を閲覧し交換することができる。しかし、統合されているインターネット環境ではあるが、つながっているそれぞれの知識資源は、他の知識との関連付けが合理的になされていないし、形式も異なる。つながっているとは言っても、有効に知識資源を処理できる環境とはいえない。

　知識処理と一口に言っても、その内容は知識の獲得、表現、保存、閲覧、加工、交換、再利用、廃棄などまで大変広い。また、知識は相互関連を持っているので、膨大な知識を対象にする処理には、いままでなかった新しい方法論が必要である。本書の主題である「知識の構造化」は、この方法論を提示するための新しいパラダイムである。知識の構造化は、知識をデザインして処理するための具体論である。本書には、知識の構造化の背景、実現方法、知識の構造化を目指すプロジェクトの例など、具体的な内容が記述されている。

第3章
知識の構造化の提案

Structuring
知識の構造化の提案

18 人類共通資産としての知識遺産

　ぶらりと入ると、本が整然と並んでいて、独特のにおいがする。ゆっくり手にとって眺め、ときどき気に入りそうなのがあると懐具合とも相談してまた次の機会にと帰宅して、やっぱり欲しくなるとそのうち買う。若い頃の休日、本屋は純喫茶と並び、高尚な気分の時の時間つぶしに格好な場所であった。いまでもそれは変わらないのだが、大型書店に入っても落ち着かない。本が多すぎるのと、かかっている音楽も大抵気に入らない。何より違うのは、その日に買わないと、多くの本は姿を消してしまう。かわりに新しい本が山と積んである。本が多すぎて、どれがよいのか選べない。

　それは、図書館も同じ事だ。東大の図書館長でもある私が感じる最近の図書館には、昔のような高尚な気分より、単に資料を探すという軽い雰囲気がする。

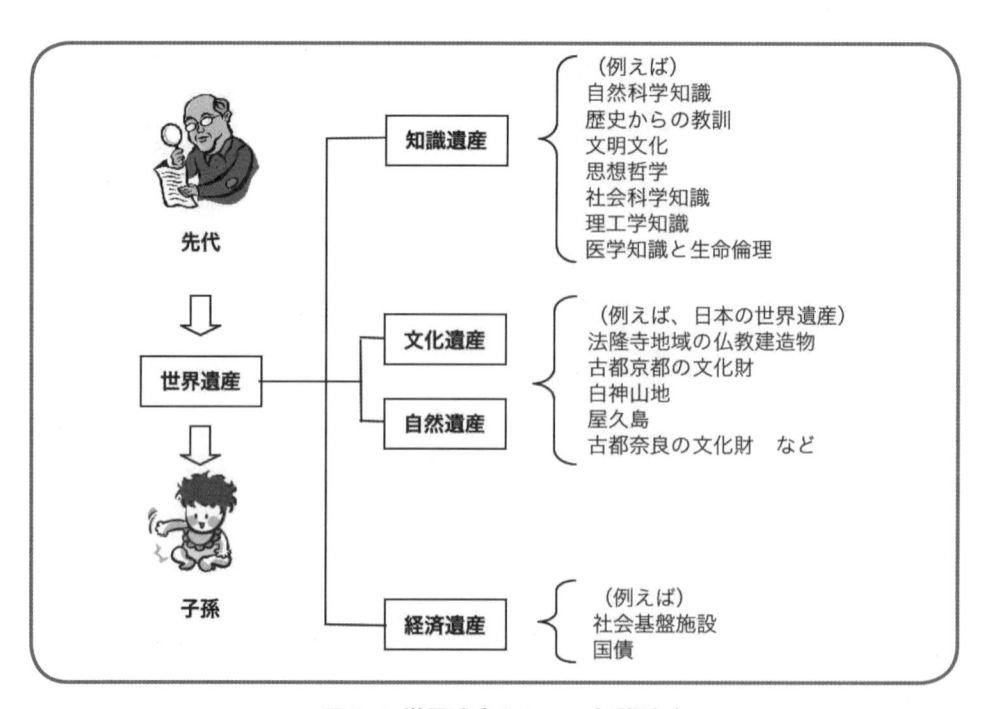

図3-1 世界遺産としての知識遺産

Knowledge

　先祖代々引き継がれるものに文化遺産や自然遺産がある。1972年のユネスコ総会で決議されて、その後、世界各地からきわだった文化遺産と自然遺産が世界遺産として指定されるようになった。日本でも、法隆寺地域の仏教建造物、古都京都や奈良の文化財、白神山地、屋久島などが、ユネスコから世界遺産に指定されている。

　先代からの遺産には経済遺産もある。例えば、社会基盤施設や国債などは、国家単位での遺産になる。一般家庭でもそうだが、経済遺産は子孫が社会人になって社会活動をするための資産になる。経済遺産が負債だとすれば、子孫は出発からハンディキャップを負うことになる。

　文化遺産、自然遺産、経済遺産も重要であるが、人類が持続的に成長するためには、知識遺産が不可欠である。現在の生活は先代からの知識遺産を活用して、我々がその上に積み上げた知識に支えられている。我々はこの知識を子孫に継承する義務がある。知識遺産は、自然科学法則、歴史からの教訓、文明、文化、思想、哲学、社会科学知識、理工学知識、医学知識などさまざまである。これらの知識遺産は、白神山地と屋久島といったようにそれぞれ独立ではなく、全体が関連を持って存在している。

　先代から受け継いだ知識遺産と比べると、我々から子孫へ継承する知識遺産の量ははるかに膨大になる。なぜなら、20世紀に知識が爆発的に増加したからである。しかし、知識は複雑な相互関係を持って存在しているにもかかわらず、現状は知識の断片が膨大な都市ごみ集積場状態におかれている。子孫に引き継ぐには何とも恥ずかしいような状況にある。遺産としての継承のためには、知識を統合するための具体論が必要である。これまで、アナリシスからシンセシスへの転換の必要性、あるいは西欧的要素還元論から東洋的統一論への発想転換の必要性などが強調された。こうした発想転換の必要性は明らかだが、知識爆発の時代に、いったいどのようにしてそれを行うというのだ。重要なのは具体論の提案である。

　知識遺産は、本や紙を媒体として継承されることがこれまで一般的であった。古典や歴史記録に書かれている内容を見て、先代は何を考え何を行ったかを把握することができる。そこから得た知識はまた我々の生活に反映される。温故知新である。我々が子孫にどの知識をどのように継承するか。それは、一国家の課題ではない。持続的成長のために不可欠な人類の課題でもある。

Structuring
知識の構造化の提案

19 知識社会と知識価値の変遷

　明治以降、日本人は必死で欧米を追いかけた。科学技術ばかりではなく、議会制度、政府組織、警察制度、郵便制度、教育制度など社会制度そのものを導入した。そしていつの間にか、経済と科学技術に関しては先頭に立った。絶頂は80年代からバブル崩壊までで、ジャパンアズナンバーワンなどといった本が米国人によって書かれた。この当時の日本人、特にビジネスマンの多くは、何をやっても世界一といった様子で、傲慢そのもので醜かった。

　しかし、また世界は変わる。バブル崩壊でがらりと変わり、経済も科学技術も雇用制度もすべてだめだと、見るも無惨なしょげようだ。少し景気が回復して、現在、論調はまたまた勇ましくなってきた。そんなに振れるのはよそう。人口7位の国である日本は、イギリス・ドイツ・フランスを合わせたのと同じ規模の経済を擁する。企業の技術力が高く経営力は弱いことなど、その間大きくは変わっていない。実態を遙かに超えて論調が振れている。

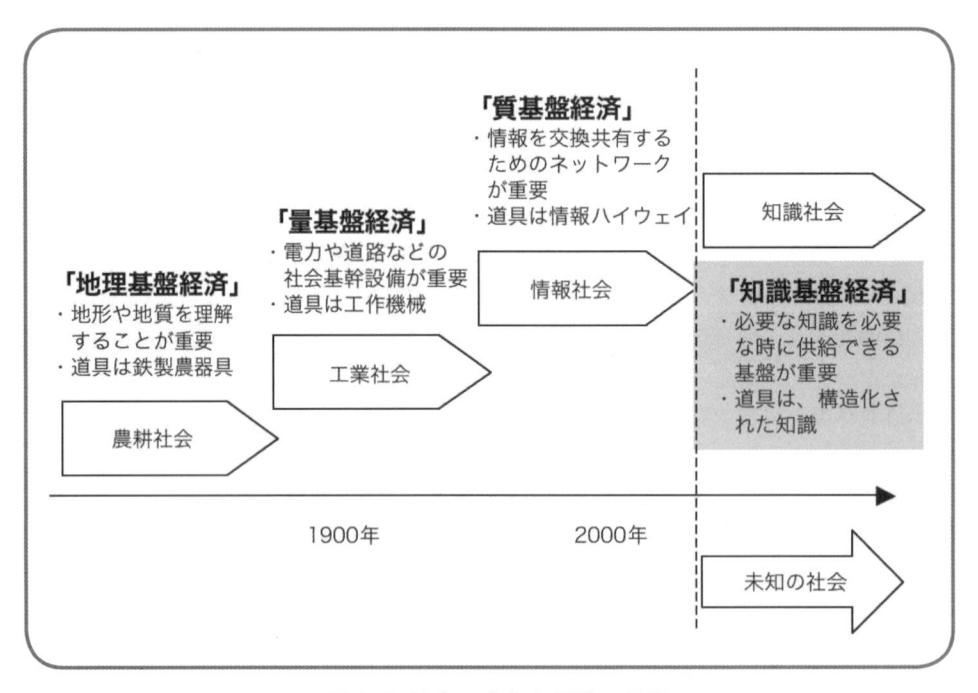

図3-2 社会の変化と経済の特徴

Knowledge

　文明は、農耕社会、工業社会、情報社会という順で発展してきた。それぞれを経済基盤という観点から見てみよう。人類が一定地域に定着して発展をとげ始めた農耕社会では、経済は土地などの地勢を基盤にした。当時の経済視点は、地形や地質を理解し適切な種苗を使って最大の収穫を得るのが最重要課題であった。生産性を上げるためにはその年の天候の情報が重要であり、生産機器は鉄製農器具が中心であった。

　工業社会は、大量生産・大量消費を基本とする量を基盤とする経済である。そこでは、電力や道路など社会インフラが重要である。また、機械を生産する工作機械が道具として使われる。ベルトコンベヤによる分業方式や8時間3交代による24時間作業など、大量の生産物を確保するための様々な生産方式が開発された。作業は分業化され、だれがやっても同じ時間で同じ作業が実施できるように標準作業と標準時間が適用された。人間も生産量を確保するための重要な資源として考えられた。トヨタ生産方式の、必要な部品を必要なときに必要な人に渡すという発想が、効率の高い生産システムとして世界の製造業に大きな影響を及ぼしている。

　情報社会の経済は質を基盤にする。経済環境としては、情報を交換共有するためのネットワークが重要である。経済成長の道具は情報ハイウェイであると考えられ、各国政府は超高速網を導入することによる経済成長を目論んでいる。

　しかし、ネットワークで何を行うのかが不明である。この点にこそ、情報社会の後には知識社会が到来するであろうと考える所以がある。未来予測は難しいが、知識基盤経済では、扱う商品によって差はあろうが、必要な知識を必要な時に必要な人に供給できる知識基盤が重要となることは確実であろう。その際の知識とは、構造化された知識である。構造化された知識とは他の知識と関連付けることの可能な知識であり、全体像を俯瞰し得るものである。

　知識社会が到来しても、農耕社会、工業社会、情報社会からの伝統や知識は継承される。これは、人類遺産として先代から我々に継承されたものであり、現在の経済活動もこれらの遺産に基づいて行われている。知識社会で主役を担うのは我々の子孫である。次世代のために優れた知識基盤を伝承しないといけない。これが、知識を伝承するための具体的な方法論と手段が必要な理由である。

Structuring
知識の構造化の提案

20 プロセスのマニュアル化

　アマゾン地帯の開発で樹木の伐採が進み、それに伴って降水量が減少しつつあるという報告がなされた。それは大変だと、多くの人が心配している。一方で私たちは、西オーストラリアで大規模な植林をすると降水量が増えるということを示した。それは面白い、どうして分かったのですかと質問される。数値計算ですと答えると、「計算ですか」とがっかりする。こちらはもっとがっかりだ。

　人は実験だというと信じる。しかし、あまり騒がれると、実験をした本人は、実験誤差とか論理展開の近似だとかやましいところもないではないので、だんだん心配になってくる。アマゾンの報告にしても伐採と降水量の因果をデータで証明するのは容易ではない。実験はすべての人が信用するが、本人だけが信じない。計算はだれも信用しないが、本人だけは信じている。これは必ずしもジョークではない。

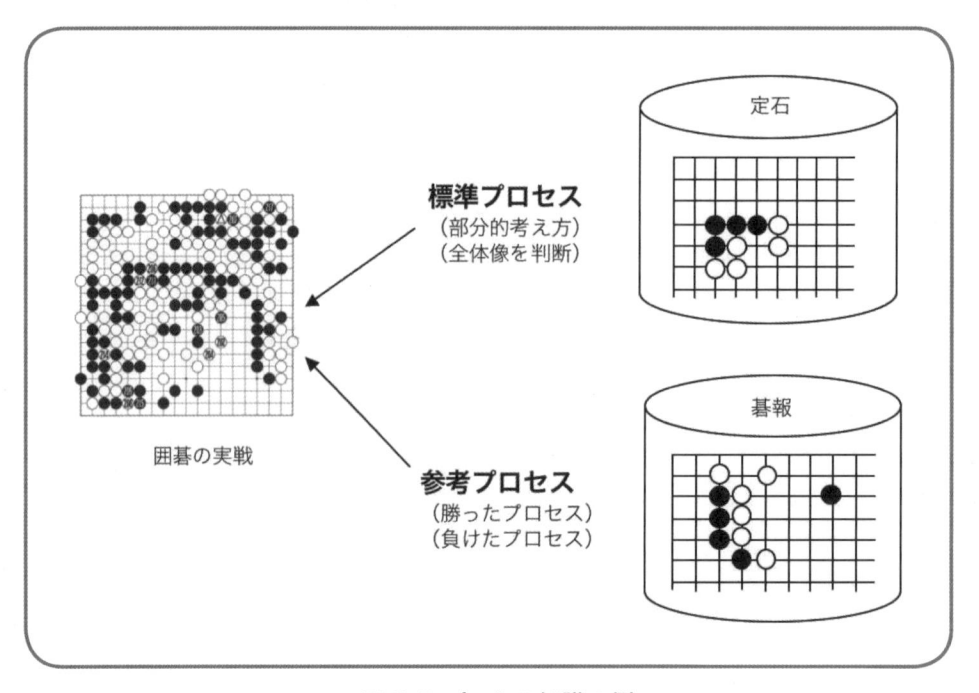

図3-3 プロセス知識の例

Knowledge

　100年ほど前から製造業に標準化の概念が導入された。作業内容を標準化して、作業時間も標準時間で実施する。作業に関するすべての内容は作業マニュアルに記録されているので、初心者でもマニュアル通りに行えば経験者と同じ作業ができる。この概念に忠実な企業として、マクドナルドの例がよく紹介される。アルバイトする人が変わっても、世界中のマクドナルドチェーンからは同じハンバーガが同じ時間で提供できる。これは、すべての作業がマニュアル化されているためである。

　自動車の組み立てラインも、作業マニュアルにしたがって作業する典型的な例である。自動車の本体がコンベヤに乗って標準時間で移動すると、作業者は作業マニュアルに書かれている標準作業を標準時間で実施する。その結果、同じ自動車は同じ時間で同じ品質で生産されるのである。

　マクドナルドでも自動車でも、必要な知識は保存され、再利用される。これを、囲碁の場合と比較してみよう。囲碁でまったく同じ対局というのはまず起こらない。それほど複雑な知的活動である。したがって、囲碁のすべてを標準作業マニュアルのように記録して保存することはできない。しかし、囲碁の全過程を分析すると、幾つかの標準作業のようなケースがある。これらを集めて教材にしているのが、いわゆる「定石」である。定石は初心者はもちろんプロにとっても、大変重要な知識資産である。知識は保存し再利用すべきである。しかし、強い碁打ちは多くの定石を知っているが、逆は真ならず。古来、定石読みの囲碁知らずとも言う。これは、高度の知的活動である囲碁と、単に標準作業を反復するだけの自動車の組み立てラインとの差である。21世紀には、マクドナルド型から囲碁型へと社会は変わるだろう。

　高度の推論が必要になる囲碁のようなプロセスは、簡単にマニュアル化することができない。そのため、囲碁の全プロセスをいくつかの部分プロセスに細分化して、そのプロセスが持つ意味やチェックポイントなどを記述する。一つのプロセスには深い意味が数多くあるので、プロセスに関連する知識をすべて表現することは不可能である。その結果、一つのプロセスをマニュアルのように記述する時には、観点と目的を限定することが多い。例えば、一つの囲碁プロセスに数多い意味や解釈がある場合でも、生存確率が一番高いプロセスや、次のプロセスに一番有利な展開などに限定してマニュアル化する。

Structuring
知識の構造化の提案

21 特定プロセスで使った知識の保存と再利用

　話せば分かる、分からないのは説明が悪いからだ、というのは誤りだと思う。上手な説明と下手な説明があるのはもちろんだが、うまく話しても分からない場合は少なくない。「体験」は自分の周りに起こったことで、それを自らの知恵として身につけたものを「経験」と呼ぶという論がある。そういう意味での「経験と想像力」が、分かる力なのではないだろうか。失恋の経験がある人なら、失恋の痛手を分かってくれるだろう。失恋を体験していても経験としてなにも残らない人もいるから、そういう人には話しても無駄だ。恋愛を経験した人で想像力があれば、失恋の経験はなくても十分良い聞き手になってくれるだろう。しかし、恋愛すら知らない人に想像力を働かせろといってもおそらく難しい。しかし、それらをすべてばかの壁と称して切り捨てるのは少し気になる。

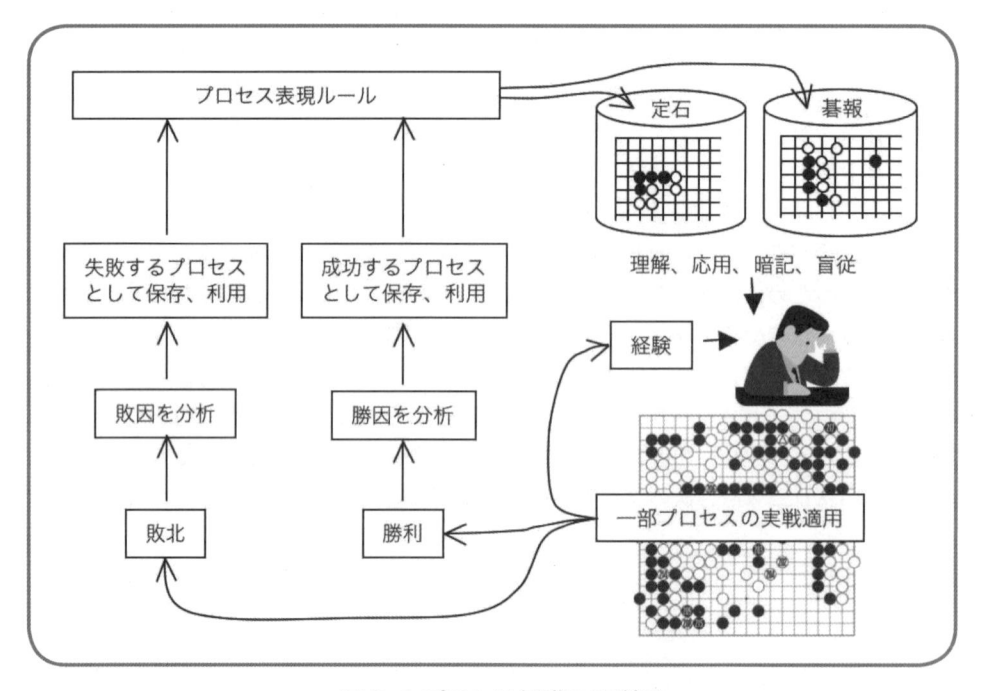

図3-4 プロセス知識の再利用

Knowledge

　囲碁の全プロセスを細分化し、その一部に当たる部分プロセスをマニュアルとして記述し、そのマニュアルに含まれる意味を解釈しながら勉強する。この勉強法はアマチュアもプロも同じである。両者の差は、思索の深さである。プロセスの表面だけを見るか裏面まで見るか、単に覚えるか自分独特の別のプロセスを作りだすかにある。

　自動車の組み立てラインでも同じことが言える。初心者はもっぱら作業マニュアルに依存して作業を進める。初心者はもっぱらマニュアルを目で確認して手で実行するのだ。しかし、経験者は違う。マニュアルに書かれている内容だけではなく、なぜここにこの内容が書かれているのかを考える。経験者は、マニュアルの内容を目と自分の知識から確認して、手で実行する。マニュアルを自分の知識から確認できる人は、その作業の改善もできる。日本の製造業における改善活動が高効率である理由は、作業マニュアルの裏面にある内容を、作業者が自分の知識に基づいて考えるからである。

　マニュアルに対する発想は、日本を含めた東洋と欧米では大きく異なる。東洋では、すべての知識をマニュアルに表現することは不可能だという前提に立つ。マニュアルには関連知識の一部しか書かれていないと思い、その裏面にある関連する知識が何であるかを自分で考える。「行間を読め」という表現は東洋思想だから理解できるのである。欧米では、すべての知識が表現されていないのは作業マニュアルではないと考える。またすべての作業は作業マニュアルに書かれている内容だけに依存して実施する。もし作業マニュアル通りに作業して不良品が出たり、あるいは事故があっても、それは作業者の責任ではない。

　保存されず、再利用できないものは知識とは呼ばない。そのため、知識を保存する方法と再利用する方法は古くから研究された。その成果の一つであるマニュアルに対する考え方が、東洋と西洋で基本的に異なる。定石読みの囲碁知らず。定石のようなマニュアルをいくら熟読してみても、囲碁のような作業全体のことは何も分からない。作業者は部分的な作業に忠実であればよいという発想と、作業者に全体を分かって欲しいという発想は、作業に対する根本的な差である。この発想が異なると、当然、マニュアルに対する考え方も異なる。マニュアルが組織内部で知識を継承する方法として使われるか、あるいは単に作業の順番とやり方だけを記録すれば良いかに関しては組織によって異論がある。しかし、いずれにしても、マニュアルにはできる限り関連知識を正確に表現して、再利用性を高くすることが重要である。

Structuring
知識の構造化の提案

22 知識の収集による問題解決方式

　伝言ゲームというのは、今やってもなかなか面白い。2チーム、それぞれ5人から10人くらいが、「5月5日の子供の日に、タイガースがジャイアンツを3対2で破った」といった文章を、そっと耳打ちで、順次伝えていって、最後の人がどのくらい正確に再現できるかを競う。聞き返してはいけない。最後の人が発表すると、たとえば、母の日にジャイアンツが勝っていたり、3月3日のひなまつりになったり、ヴェルディがアントラーズを破ったと、野球がサッカーになってしまったりする。伝言ゲームをやったことがあれば、大臣や学長が指令をだすと、組織全体が設計通りに動き出すなどというのが、あまりに現実離れした前提だということに気づくはずなのだが。

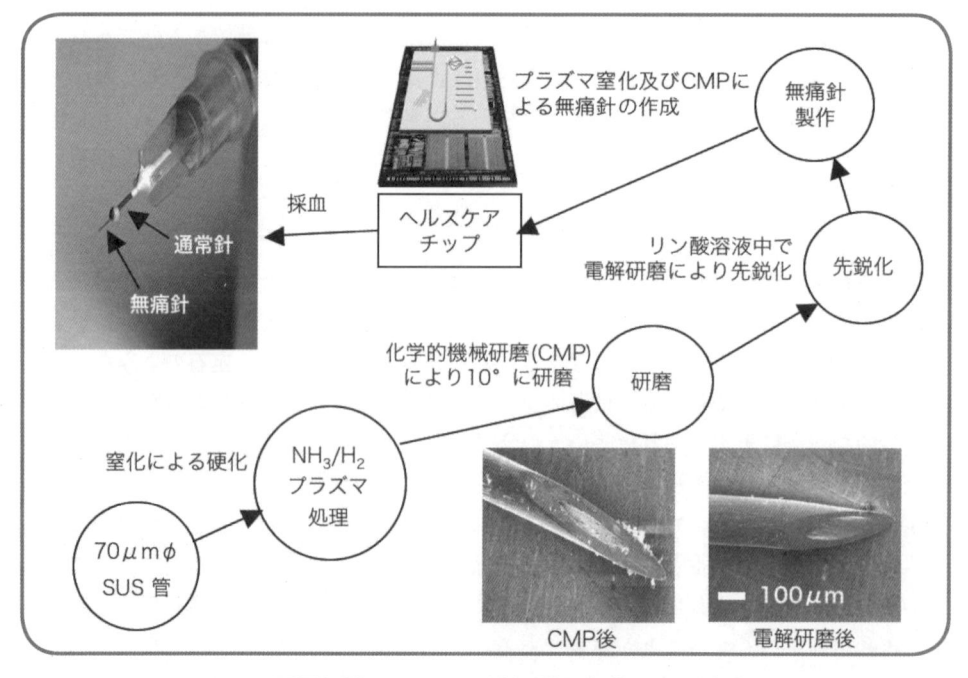

図3-5 問題解決のために関連知識を収集して総合化する

Knowledge

　問題が複雑になってくると、答えを考えるプロセス自体が必要な知識になる。例えば、5W1H（What, When, Where, Who, Why, How）で状況を記述する、PDCA（Plan、Do、Check、Action）のサイクルで改善活動を行う、問題の制約条件と目的関数を定義する、事故をFTA（Failure Tree Analysis）で予測し対策を考えるなど、複雑な問題に効率良く対処するための手法が数多く提案されている。これらの手法に共通なのは、まずは関連知識を収集することである。

　どのような知識がどこにあるかKnow Whereを知るのも大切な知識である。以前は知識源が限られていたという理由でKnow Whereは重要であった。最近はインターネットによってあまりに膨大な知識が公開されているからかえって、必要な知識を選別して収集するのが難しい。しかし、必要な知識を収集して統合することによって、難しいと思われた問題を解決するケースが今後増えるであろう。個別の研究内容を収集し関連付けることによって、新しい知識を生成する仮想例を紹介しよう。スティーブン・クレインス東大助教授の作である。

　「アリスは、米国の自動車会社で燃料電池のライフサイクルアナリシス（LCA）の仕事をしていたが、その実用化はまだまだ先のことだと発表した。アントンは、北海道大学の触媒研究者で高活性な酸化触媒を発見したが、共同研究先の化学企業では用途が見つからなかった。スーザンは、MITの薄膜研究者で、高密度膜の生成が目的であるが、実験では多孔性膜が生成されて困っていた。ジョージは、ケンブリッジ大学の流体力学の研究者で、最近細い管に低抵抗で液体を流す機構を見いだした。上記の研究は相互に何も関連がなく、お互いに相手の研究成果を自分の研究と関連付けることはなかった。これらの研究に対して、東京大学のスティーブンは、アントンの触媒をスーザンの方法で加工した。それから、ジョージの流路を熱除去に適用することに思い至り、アリスのLCAを適用してみたところ、燃料電池の性能は桁違いに改良され実用可能であることを発見した。その新知識をベースに起業した。現在、燃料電池自動車が環境問題に大いなる寄与をする時代が来ると期待されている」

　上記は、知識の収集と統合による問題解決の例である。適切な知識を適切に動員することは複雑な問題解決の鍵である。しかし、単に知識を収集して統合すれば新知識が生成される訳ではない。ここで利用される思想と方法論が、知識の構造化である。知識を構造化して問題解決に成功した例は、様々な分野で報告され始めている。知識の構造化が、大学のアカデミックな問題から産業界の現実的な問題まで幅広く適用されるようになるであろう。

Structuring
知識の構造化の提案

23 知識の関連付けによる問題解決方式

　私が子供の頃のお医者さんには、どれくらいの数の薬があったのだろう。切傷は赤チンで消毒して白い薬を塗ってくれた。おなかを壊すと苦い胃薬、打ち身やねんざにはゼノール湿布、風邪だとアスピリン、咳には漢方だろうか大きめのビンに入った甘みのある飲み薬。これだけではなかっただろうが、ごく限られた数しかなかったのは確かだ。

　薬の数が少なかったし、注射すらそんなに普通ではなかった。だから医療事故は滅多におこらなかったし、薬はそんなに効かなかったから事故が起きてもたいしたことにはならなかった。お医者さんも、楽だったろう。この50年の間に、薬の種類はいったいどれくらい増えたのだろうか。注射や点滴や手術法や麻酔や、医療の方法もずいぶんと多様になった。昔と同じにやっていれば事故は起こるのだ。

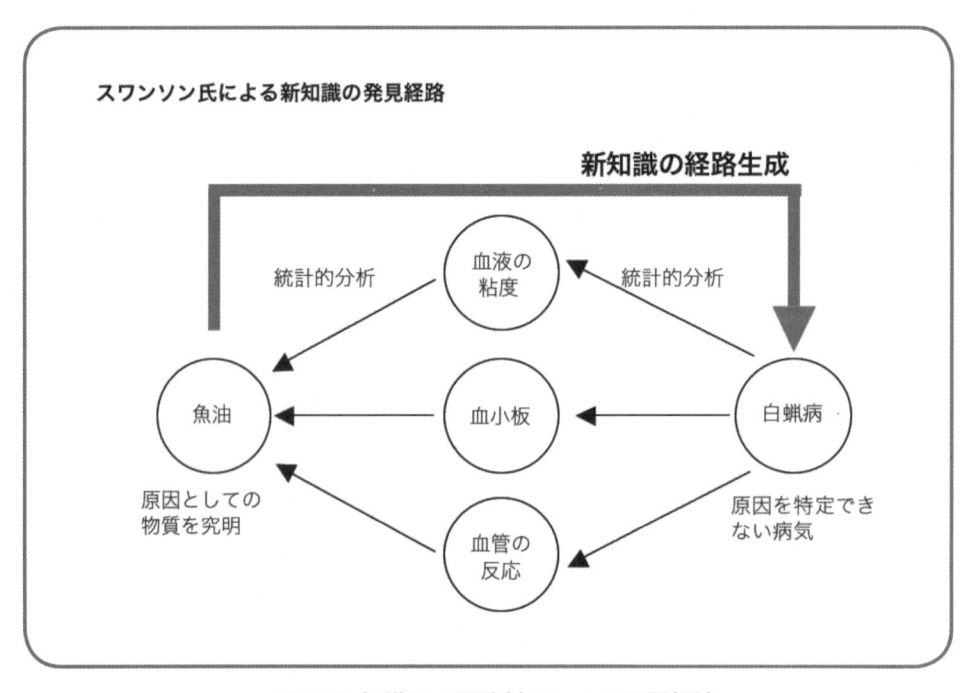

図3-6 知識間の関連付けによる問題解決

Knowledge

　知識に関するひとつの仮説は、すべての知識間には何らかの関連があり、単独で存在している知識はないということである。学術論文や新商品といった形でほとんど毎日のように新知識が発表されているが、それらは以前のものがあったから生まれたものである。ライト兄弟の飛行機があったから今日の超音速機や人工衛星がある。まったく知られなかった知識がある日突然登場することはまずない。そうだとすれば、すでに公開されている知識から新しい知識を生成する方法として、知識間の関連を見直すことが考えられるだろう。

　白蝋病の例をみてみよう。かつて白蝋病は、原因不明の奇病と考えられていた。その証拠に、この病気の人を主人公にした悲しい小説や詩が数多く発表されている。スワンソン氏は、白蝋病を中心にして、他の知識との関連を見直すことにした。その結果、白蝋病が血液の粘度などと関係があることを発見した。一方では、魚油の摂取量に関する知識を専門学術誌の論文から得て、血液の粘度との関連を見つけた。スワンソン氏は、これらの二つの知識から、白蝋病の原因は魚油の摂取にあると結論づけた。数学的に表現すれば、A＝BでB＝Cであることから、A＝Cという論理を展開した。その後、スワンソン氏の発見は、様々な実験によって検証された。既存の知識間の関連付けによって新知識が生成された例である。
　このように既存の知識間に新しい関連を見いだすことによって新知識が生成される場合も多い。ピサの斜塔から石を落としたら、小さな石と大きな石が同時に落ちた。ところが、霧雨は夕立の雨粒よりゆっくり落ちる。一見矛盾する二つの事実を、空気の抵抗で理由付けを行う。これが関連付けであり「空気抵抗をともなう落下」という新たな知識が生まれる。

　科学においては、知識間の関連付けには科学的な理由付けが必要である。しかし、世の中にはそうはいかない部分が多くある。企業では、科学、技術、商品、経済、方針、戦略など、様々な観点から知識を関連付ける。美術や音楽などの芸術行動は、希望、想像、思い出などによって関連付けるのであろう。関連付けは数学の証明のような硬い手続きによるよりも、むしろ自由な発想を優先しながら、その発想の理由を明確にする方が有効な場合も多い。また関連付けられる知識の種類は、二つの単独な知識の場合、知識とデータの場合、データとデータの場合、知識とデータの固まりと別の知識の場合など、さまざまである。新知識の誕生といっても、ゲノムの発見といったほぼ独立な新知識の誕生という場合より、新たな関連付けの発見や発明を意味することの方が圧倒的に多いのである。

Structuring
知識の構造化の提案

24　構造化知識とオーダーメード検索

　学生時代、伊豆に遊びに行ったときのこと。やすを片手にベラという魚を突いていて、たこを見つけた。しかし、素人身には怖い。海面に浮いて数呼吸、意を決して再び潜ったが、同じ景色さえ見つからなかった。同じ場所なのに。

　探し物は、なかなか見つからないのが常だ。日曜日に読んだ本に確かに書いてあったのだが、どのページだったか探しても見つからない。新聞を読んでいて面白い記事を見つけて、翌日人に見せたいと思ってもみつからない。あるときふと、いくつかの知識を組み合わせれば面白いことができるとアイディアが浮かぶ。しかし、昨日の新聞でもこのような有様だから、とても探しだせない。アメリカ企業で全く新しい高密度メモリーの開発をしているグループのリーダーがいる。最先端の研究開発をしている彼も、探すのが苦手である。どこかにあるに違いない知識がみつからず、I am always frustrated!（いつもフラストレーションだ！）といっていたのを思い出す。

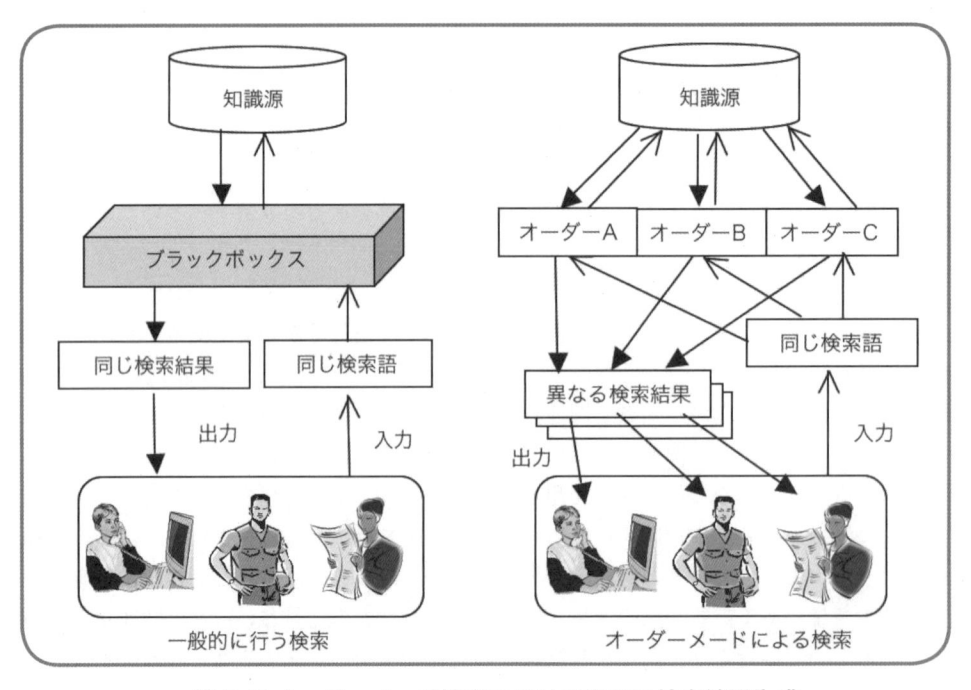

図3-7 オーダーメード検索における異なる検索結果生成

Knowledge

　同じ知識源に同じ言葉を入力すると同じ結果が検索される。これが知識システムの現状である。入力した人がその分野の専門家でも、言葉の意味すら分からない素人であっても、入力された言葉を含む文書が提示される。だから、もし検索する主体によって異なる結果が提示されたとすると、そのシステムは誤作動したのだ。しかし少し考えて見れば、長島茂雄と入力したとしても、生涯打率をイチローと比較したいのか、彼を月夜の猛ノックで鍛え上げたといわれる立教時代の監督の名前を忘れたのか、それとも病気の回復具合を知りたいのか、目的は十人十色に違いない。

　入力と出力が一対一なのは、単語を記号として使っているからである。知識の検索は海釣りのイメージである。海という知識源から、キーワードをエサとして魚という知識を釣る。同じエサでいつも同じ魚を釣るように、同じ言葉なら同じ知識が検索される。同じ海でも、網を使えば様々な魚がかかる。ビーズを格子点に配したレースのネットが知識の網だ。ビーズは知識で真ん中の赤いビーズがキーワード、レースがビーズ間を関連づける。このビーズネットを使って知識を検索する。赤いビーズは共通でも、まわりのビーズとレースが意図を表現するので、目的や視点に応じた検索ができる。
　社長と担当者が燃料電池をキーワードとして検索すると仮定しよう。知識源が同じであるから、二人に提示される内容も同じになるのが現在の知識システムである。しかし、担当者は自分が開発している燃料電池の化学反応を知りたいのだが、社長は、他社の開発状況とマーケットの大きさを知りたいのだ。キーワードとそれに関連する言葉とを関連付けたビーズネットを入力として使えば、オーダーメードの検索が可能になる。
　もうひとつは、釣りを適切なポイントで行っているかどうかだ。知識源が適切かどうかだ。小さなふぐや鰯がたくさんいる雑魚場で鯛を釣ろうと思っても無理な相談だ。ここに知識の構造化が登場する。構造化された知識源とはいったいどんなイメージだろう。私のイメージは、大小さまざまなおびただしい数のビーズネットがトポロジカルに絡み合った構造である。

　進化という視点で人という赤いビーズを引き上げると、チンパンジー、カモノハシからアメーバまでのビーズネットが顕れる。社会という視点で蜂という赤いビーズを引き上げれば、女王蜂、働き蜂から蜜のビーズまで含んだネットだ。蜂という赤いビーズは、進化と人のビーズネットの一つのビーズと共通である。糖という視点で化学反応を引き上げれば、どこかに蜜のビーズを含んだネットが顕れる。巨大なビーズネットのトポロジカル構造を知識源とし、視点とキーワードの小さなビーズネットを入力として検索すれば、鯛が釣れる。これが、知識の構造化時代のオーダーメード検索である。

Structuring
知識の構造化の提案

25 知識構造化の定義

　英国のケンブリッジ大学から講演を頼まれたときのことである。講演内容としては、具体的なものよりは学術環境や社会状況といった一般的なものがよいという。そうなると話したいのは「知識の構造化」なので、そう言ったのだが、英語でうまく中身を伝えられない。それはそうだ。日本語でもはっきりしていない概念なのだから、私の英語力ではおぼつかない。それでも話すうちに大変興味をもってくれ、英語の講演タイトルをどうしようかという話になった。

　実は、それ以前にMITの親しい友人と知識の構造化の英語訳を議論し、Structurization of Knowledge とか、いろいろ考えていた。しかし、この英語表現に、ケンブリッジ大学の英国人はなかなか納得しない。そこで、ある日本料理店でお酒を飲みながら第二ラウンドに入った。その結果の講演タイトルが、structuring knowledge and the knowledge infrastructure である。知識の構造化の英語訳について色々おっしゃる方がおられるのだが、「Structuring Knowledge」は、由緒正しい英語だと密かに確信している。

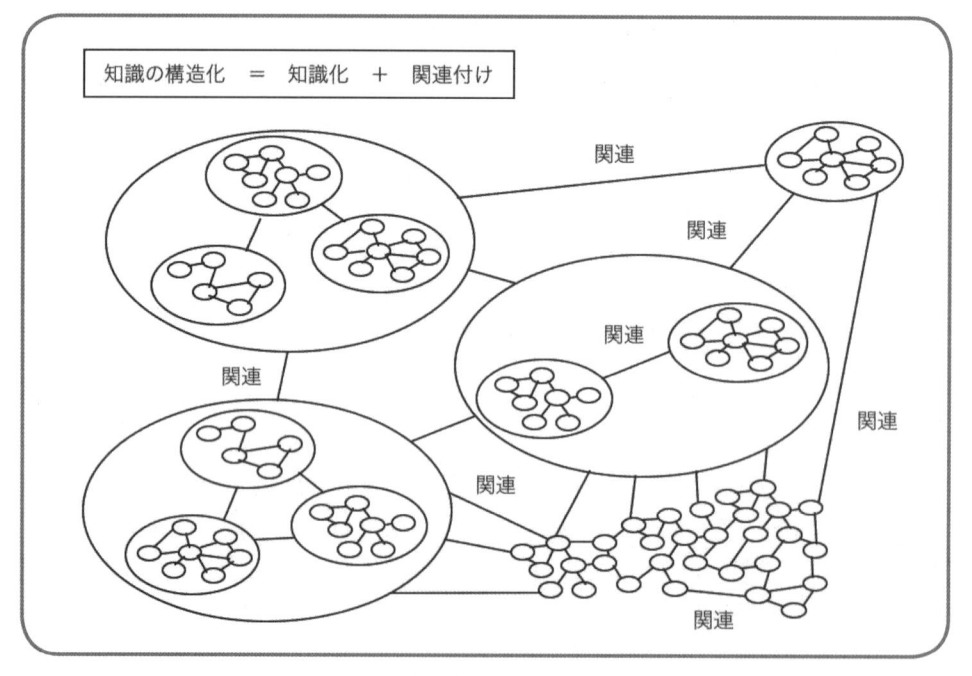

図3-8 知識構造化のイメージ

Knowledge

　知識の構造化を「構造化知識、人、ITおよびこれらの相乗効果によって、知識の膨大化に適応可能な、優れた知識環境を構築すること」と定義する。

　知識の時代にまもなく入ることを、すでに多くの人や組織が認識している。しかし、膨大化したままゴミ廃棄場状態に置かれた知識を背景とする具体的対応は準備されていない。そのための方法論として提案するのが「知識の構造化」である。

　構造化知識は関連づけられた知識群である。人は何らかの領域の専門家であって、構造化された領域知識を頭の中に持っている。ITシステムでは実現不可能な、高度で柔軟な構造化を具現するのが人である。ITはスピードと容量と規模で人を凌駕する。

　「構造化知識と人とIT」を併用すると相乗作用が働く。人とITでは、ヤフーやグーグルに代表される現在の検索の域をでない。構造化知識と人だけでは、百科事典の域をでない。構造化知識はITで自動的に作れるものではなく、人の直感や俯瞰能力が欠かせない。構造化された知識がITで実装されていると、それを使う人の頭の構造化領域が拡がり、茫洋とした構造もより明確になり、構造化知識の充実に寄与できる。例えばこのような相乗効果を、意識的に誘起することが肝要である。

　知識の構造化は、全体像の俯瞰と知識構造の理解を可能とする。全体像とは、特定の目的を達成するために必要な知識を、特定の観点から見たときの全体構造である。飛行機から俯瞰すると、日本という全体像が見える。その中に、北海道、本州、四国、九州という構造、群馬、埼玉、東京という細分化構造、さらに細分化された構造が見える。しかし、俯瞰できるのは地理に限られ、上空を飛んでも日本の歴史は見えない。そこに構造化知識がなければ俯瞰はできないのだ。

　構造化知識をビーズネットのトポロジカル構造でイメージする。一方構造化で構築する知識環境のイメージは、サイバースペースの図書館である。人類は知識を本に表した。ある視点から領域知識を構造化したものが本だ。本は一枚のビーズネットである。本を分類し保管したのが図書館であるから、長く最良の知識インフラであった。知識の爆発が顕在化させた図書館の欠点が二つある。第一に、和書と洋書、あいうえお順、内容別など、限られた数の視点でしか分類できない。視点が多様化した現在これは重大だ。第二に、この本のこの知識と、あの本のあの章と、その本のその段落を並べれば新しい本ができる。つまり知識の再構成が必要なのにそれができない。知識の組合せや融合が新たな知識を生む原動力である時代に、これは致命的な欠点だ。構造化知識と人とITが寄与するサイバー図書館なら、この二つを同時に達成できる。

第4章

知識の構造化の利用

Structuring
知識の構造化の利用

26 生命科学統合のための俯瞰像の例

　強いサッカーチームには優れたゲームメーカーがいる。日本なら、中田や小野だ。彼らのプレーには、みるものをはっとさせる場面が少なからずある。思わぬところにスルーパスを出したり、後ろの選手にパスを出したり。特にスルーパスというのは、芸術的ですらある。敵のディフェンス選手の間隙にボールをけり込み、ミスキックか？と思うと味方の選手が間を抜け、彼がボールに追いつくともうゴールまでにキーパーしかいない。中田には、11人の選手全部の動きが感じられるのだろう。しかし、ゲームメーカーだけでは勝てない。体を張るディフェンスも、俊足のウィングも、闘志あふれるキーパーも、そしてゴール以外は見ようともしないポイントゲッターも不可欠だ。また、優れたチームには、ムードメーカーもいる。彼は、チーム全体の雰囲気を活性化させ、一つの目標に向かうことを助ける。サッカーは、個人能力とチームバランスの調和による勝負である。

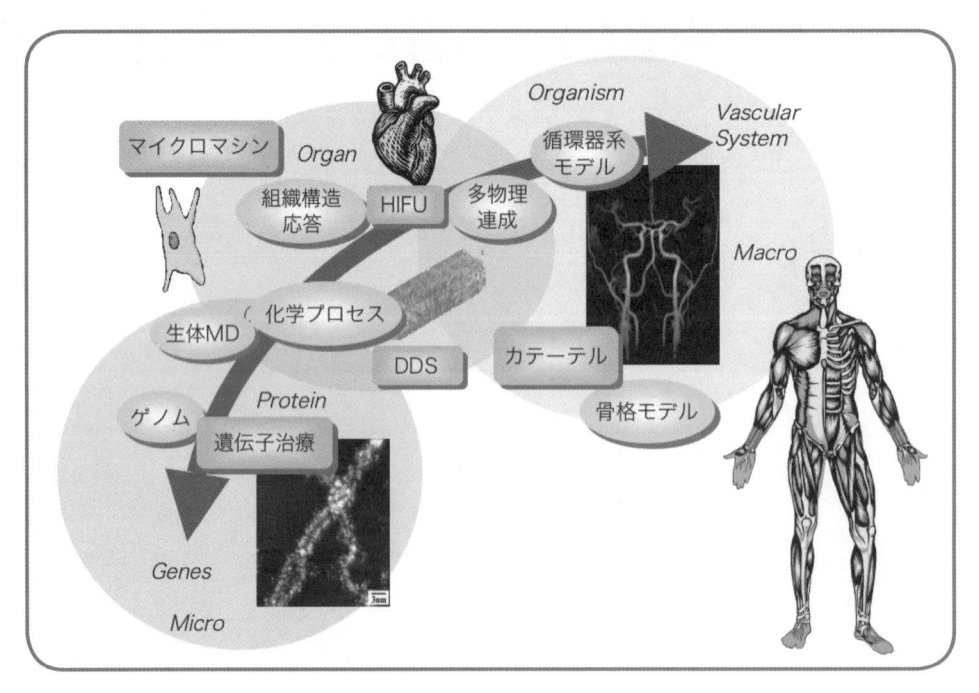

図4-1 生命科学における関連知識の俯瞰

Knowledge

　生活に余裕が出ると、物欲や食欲から福祉や健康に興味が移る。こうした生活の質的向上にも、科学技術の貢献が欠かせない。事実、最近の科学技術は、生活の質を支援する多くの機器を実現させている。とりわけ今後著しい発展を遂げそうなのが、生命体である人の俯瞰と関連科学技術の統合による健康・医療技術の展開である。前ページの図は、人の俯瞰の試みである。

　ワトソン・クリックの発見以来、生命科学の発展は著しい。例えば、ゲノム情報のテーラーメード医療への応用、ゲノムからタンパク質さらにその集合システムの情報を得てテーラーメード医療へ応用するなど、これまで想像もできなかったさまざまな可能性が語られている。また、こうした演繹的なアプローチに加え、個人のゲノムの特徴と処方の効果との間に統計的相関を発見して、その結果をテーラーメード医療に反映しようといった、異なるアプローチも期待されている。

　生命科学の目を見張るほどの発展のゆえに、その医療への適用は文明そのものに対する問いを投げかけている。例えば、遺伝子治療や人間複製などの話題には、医学、工学、法学、倫理学、哲学、経済学など、ほとんどすべての知識が関わってくる。そのなかで一つでも十分な検討ができなければ生命科学の調和ある発展が崩れる。これからはこうした学問が再び融合されて、以前のように、すべて哲学の領域に統一される時代へ回帰する必要も生じている。

　20世紀に科学は飛躍的に発展した。物理学、化学、生命科学、情報科学など多くの科学分野に本質的な進歩があった。しかし、これらを活用するためには、学術の統合化が必要である。もっとも単純な統合化技術はコンピュータによるシミュレーションである。シミュレーションには、常に処理時間の問題がつきまとう。例えば、地球の動きすべてをシミュレーションするには、その処理に何百年も掛かる。それは不可能だが、最近のコンピュータ技術は相当の事を可能にしている。世界最高速のコンピュータは地球シミュレータと呼ばれ日本にあり、現在地球温暖化の最高精度での予測が行われている。しかしそれでも、地球の営みは複雑すぎて、海から陸から空からすべての物理現象や化学現象を同時に解くことはとてもできない。さらに高速のコンピュータを作ろうと多くの研究者が挑戦している。また、地球上にある膨大なコンピュータをネットワークでつないで分散処理しようとする研究者群もいる。超複雑系でも、系を構成する個々の現象はかなりの精度で解くことができる。それらを繋いで全体像のシミュレーションを試みることは、全体像を俯瞰する有力な方法である。前図はその一例である。

Structuring
知識の構造化の利用

27 医療システムに向けた知識構造化の例

　日本人はマラソンが好きだ。駅伝からオリンピックのマラソンまで、テレビ視聴率もかなり高い。マラソンの終盤で二人の競り合いになると、解説者がこの後は気力の勝負ですね、根性ですねと話すのをよく耳にする。また、期待された選手が遅れ出すと、気力でがんばって欲しいですねという。解説者は、自分の経験に照らして本当にそう思っているのだろうか。

　私も運動部の経験があるが、体力の残っている方に気力がでるのだと思う。ここからはどちらに体力が残っているかですねでは面白くないかもしれないが、自分の頭で考えた発言とは思えない。人がよくいうから彼もそういっているのだろう。サッカーの中田選手が敗戦の後、面白いことをいっていた。「僕は根性とか和とかそういうことが嫌いで避けてきたが、このチームには最低限のそうしたものがない。これでは勝てない」と。彼は少なくも自分の頭で考えたことを話している。

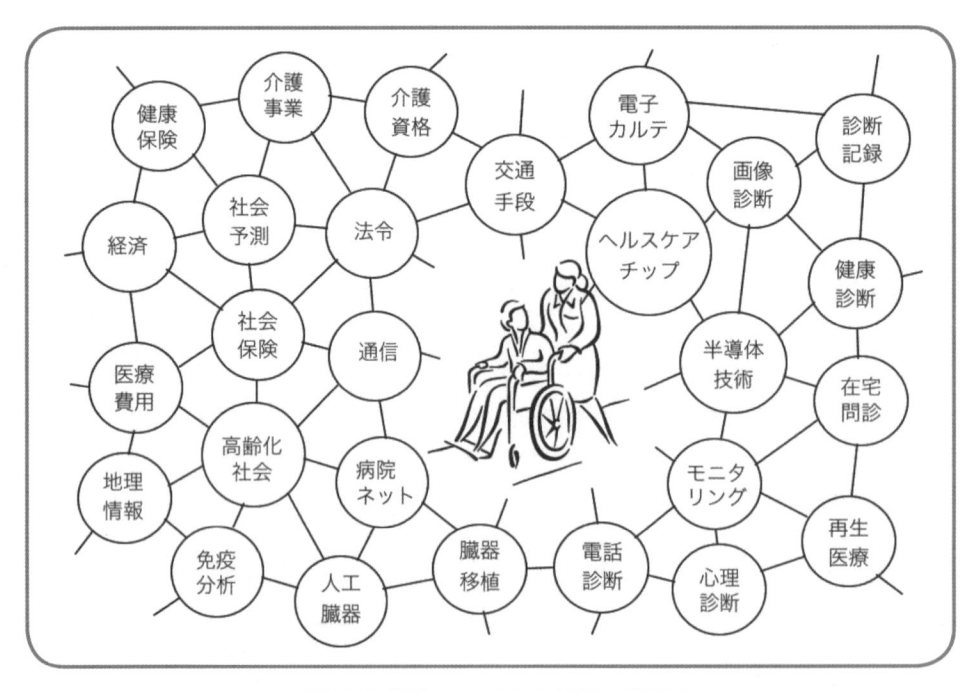

図4-2 医療システムと知識の構造化

Knowledge

　かつて、一つの村に一つの病院がありすべての村人はそこで治療を受けるという時代があった。しかし今や医療は競争環境に入った。良い病院と評判を得ると全国から患者が殺到するし、逆の場合倒産も珍しくない。ここで問題になるのが医療システムにおける知識の構造化である。

　医療システムを構成しているのは医療行為そのものだけではない。健康保険、経済経営、介護事業、社会予測、社会保険、医療費用、高齢化社会、地理情報、免疫分析、人工臓器、病院ネット、通信手段、関連法令、介護資格、交通手段、臓器移植、電子カルテ、ヘルスケアチップ、半導体技術、モニタリング、電話診断、心理診断、診断記録、画像診断、健康診断、在宅問診、再生医療、などなど、医療システムを取り巻く事項は極めて多様である。しかも、これらすべてが病院経営にとってないがしろにはできない問題である。関連して最近注目されているのが、医療ビジネスである。医療ビジネスには、入院していない在宅の患者や老弱者のための介護ビジネス、大手保険会社の商品を買うことのできない障害者のための医療保険システム、病院と老人介護の機能が混在した施設など、様々なビジネスモデルが登場している。これらは、既存の医療知識に新たな知識を関連付けることによって生まれたビジネスモデルである。特に、医療知識に経営知識を関連付けると、新しい医療システムが誕生する可能性が高い。

　医療知識は膨大であるため、人が全体像を把握して医師となるまでには長期にわたる教育訓練が課せられている。しかし、新たな治療法の発見や感染症の出現など、医療を取り巻く環境の変化は激しく速い。一介の医師の努力のみではどうにもならない状況にすでに陥っているのだ。医療知識を構造化することによって、少なくも医師や看護士など医療関係者による全体像の把握を支援しなければ、医療の安全も効率化も図ることができない状況に私たちは追い込まれているのだ。

　医療知識をルール化し、コンピュータプログラムによるエキスパートシステムとして実装しようという試みは、20年前にすでにあった。しかし、単純なif-thenルールで表現し何らかの論理機構で推論するだけでは、多様な疾病と人とを対象にする医療行為には使いものにならない。必要なのはまず、膨大な医療知識を相互に関連付け、こうした関連の背景にある医学的根拠を表現することである。ITで実装された構造化知識システムの支援を受けつつ、領域専門家である医師が具体的な診療行為を行うというのが、知識爆発の時代における現実的な医療の姿であろう。医療は、人の体と心を対象にするから知的活動の中で最も複雑な行為に属する。こうした対象にこそ、知識の構造化が威力を発揮する。

Structuring
知識の構造化の利用

28 砂漠緑化と研究開発プラットフォームの例

　東大図書館では、図書の購買を効率化しようと、集中購入システムを導入した。その結果、大学は、人手が省ける。本屋さんも、これまで多数の研究室を相手にしていたのが、集中管理室とだけ決済を行えばよくなるから、値引きすることができるわけだ。しかし、たったこれだけのことでも、大きな組織の中で実行に移すのは大変なことだ。

　うまくやるこつは、全部を集中化するなどと考えず、80％位を狙うことだ。教員の中には、古文書など特殊な本を特殊な本屋さんから買っているなど、様々な事情がある。また、理由はよく分からないがなぜか反対していて説得するのがとても疲れるといった人も組織には必ずいるものだ。そういうところを除いてスタートし、やがて入ってくるのを待つ。つまりこっちの水は甘いよと見せるのである。正方形とそれに内接する円の面積の比が$\pi/4$であって約0.8である。正方形を対象にしても、実行には円の面積あたりが狙い所である。これが、$\pi/4$の法則である。

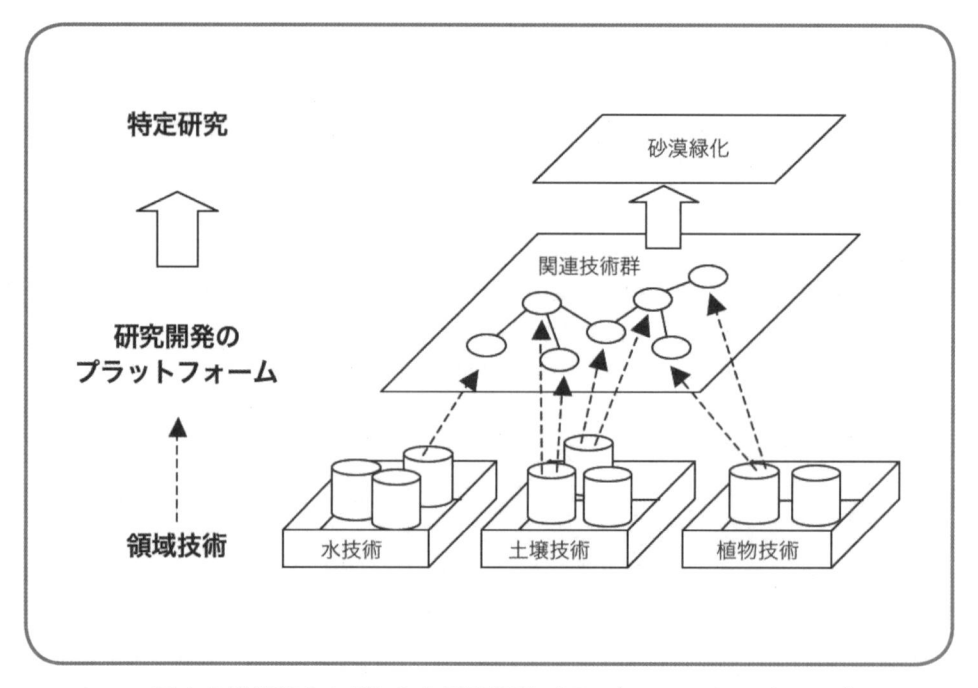

図4-3 砂漠緑化を例にした研究開発プラットフォームのイメージ

Knowledge

　知識は、生成し、細分化し、融合しつつ膨張を続ける。20世紀における爆発的な膨張の結果、ある対象を定めたとき、その全貌を俯瞰することが困難になっている。しかし知識の構造化により、知識を対象に向けて統合することが可能になる。

　一例として、砂漠緑化プラットフォームを紹介しよう。砂漠を緑化するためには、水、土壌、大気、植物など様々な領域の基盤的知識が必要になる。また、遺伝子技術による耐乾性植物の開発、地球規模大気モデルによる気象シミュレーション、水循環モデルによる土壌水分布の推算、降雨増進型持続的植林研究など、急速に新たな知識が生成されつつある。一人の人がこれらすべてを把握することなど思いもよらない。砂漠緑化プラットフォームは、必要な知識の一覧を可能にする。例えば、水の知識は砂漠緑化のためには不可欠である。しかし、水の知識すべてが必要な訳ではない。水が土壌をどのように流れるかは必要であるが、おいしい水の分子構造などは必要ない。つまり、特定の目的に必要な知識は、一つの分野全体のごく一部なのである。必要な知識を選んで、それらを構造化することによって、特定の問題に効率よく対応する知識のプラットフォームを構築することができる。知識が新たに生成された際には、プラットフォームに逐次加えていけばよい。

　科学者は自らの好奇心に基づいて研究を行う。ノーベル賞に代表されるように、文明の基盤に係るほどの大発見や大発明の多くは、優れた科学者の知的好奇心によって生まれる。しかし、だからといって科学者の判断に任せて研究費をばらまくというのでは国家予算がもたない。自立分散的な科学者と、目的指向の社会との間をつなぐのが統合化の科学技術である。

　統合化の科学技術のキーとなるのが、知識の構造化である。これを特定問題に対して具体化するのがプラットフォームである。構造化知識が、ビーズネットの巨大なトポロジカル構造であるとすれば、特定目的の一枚のビーズネットがプラットフォームだ。ナノテクノロジープラットフォームやバイオテクノロジープラットフォームなど、専用のビーズネットを作ることができる。しかし、プラットフォームをいくらたくさん増やしても、元になるトポロジカル構造を変える必要はない。科学は対象とする領域を定義する。その結果、科学の発展は必然的に細分化をもたらす。一方で、社会のニーズは統合化を指向するから、工学などの実学は統合を目指す。こうして知識は、細分化と統合化の運動を繰り返しつつ膨張を続ける。その結果、知識の全貌を俯瞰することが困難になってきている。この困難に対する解として、目的に応じたプラットフォームの構築が有効であろう。特に巨大な研究開発プログラムでは、研究資源の効率化のために不可欠なのである。

Structuring
知識の構造化の利用

29 医療ミス防止のための医療プロセス解析の例

　「CAD」という言葉を聞いて、技術屋なら「computer-aided design」を思い浮かべるだろう。しかし、アメリカ人と話をしていて、彼がいうキャッドというのはどうも高級自動車「キャデラック」のことらしいと途中でようやく気がついたことがある。経済分野の友人が「cash against document」のことだというので、意味を聞いたがよくわからなかった。そもそも、「CAD」にはごろつきという意味がある。「cats and dogs（どしゃぶり）」のことだという人もいたが、あれはきっとジョークだろう。

　少し分野が違うグループに入ると、ともかく言葉がわからなくて困る。特に、アメリカの若くて有能そうな人たちがひどい。早く話すこと、自分を売り込むこと、お金を稼ぐことが良いことだと信じ込んでいるのだから困ったものだ。私のように大学で標準的な知識を教える教員には、意味が分からない。日本でも、最近は「渋谷語」とかがある。渋谷に集まる若者が、自分らだけの世界で使う言葉である。同じ日本人なのに、対話するには辞書が要る。

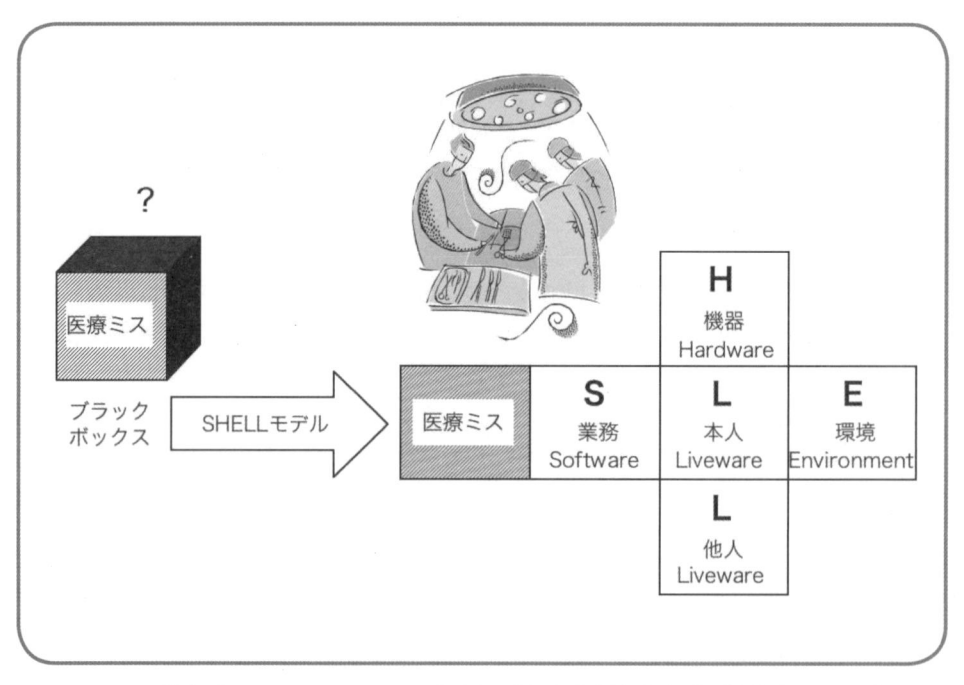

図4-4 医療プロセスにおけるミス解析 （東京大学　飯塚悦功教授　より引用）

Knowledge

　生きている人が対象であるから、医療には最大細心の注意が払われている。しかし、医薬も設備も装置も選択肢が増えているし、対象に応じて総合的に判断しないと対応を誤る可能性がある。いくら注意しても医療事故は起こり、最近では裁判に持ち込まれるケースも増えている。同じ医療行為に対して、病院側と患者側で解釈の差が生じるからであろう。疑いなく、医療は知識の構造化が必要な典型例である。

　ささいなミスが重大な結果をもたらしかねない医療行為では、多様な観点からの検討が必要である。しかし、これまで十分な分析や解析の対象となっておらず、そもそも行為の客観性ある表現すら不十分だったきらいがある。そこで問題を限定して、医療行為の結果が生命に重大な影響を及ぼしたと思われる、重大な医療ミスを分析した結果から、医療ミス問題を五つの観点から把握する方法が提案されている。観点は、業務、機器、環境、本人、他人であり、英語の頭文字からSHELLモデルと呼んでいる。前ページにその概略を示す。

　特定の観点から医療ミスをみれば、ひとつの説明ができる。しかし、同じ医療行為をみる観点は多様だろう。医療ミスに対するSHELLモデルを知識の構造化の立場から考えると、医療ミスの原因と結果を説明するための知識を関連付けて、その理由を五つの観点から説明しようと試みているのである。例えば製造業では知識を科学技術や経営の観点から関連付けるのに対して、医療ミスの場合は上記五つの観点から知識を関連付けている。

　SHELLモデルによる分析の結果、病院側と患者側でどこに判断の違いがあるのかを解明できる。医療ミスは繰り返される可能性がある。再発防止のために、ミスの因果関係は徹底的に究明されるべきである。究明する方法論が、知識の構造化であり、その具体例がSHELLモデルである。

　ミスが起こるからといって医療行為をやめることはできない。しかし、ミスは繰り返される可能性がある。ミスから得た知識を構造化し、共有することができれば、同じミスを繰り返す可能性は減る。ミスの原因は、複合的かも知れない。ひとつの行為が原因の場合もあれば、一連の行為の組み合わせが原因なのかも知れない。これらを分析し構造化すれば、医療ミスを減じることができるだろう。同様にして裁判を減らすことができるだろうし、裁判官の判断を支援することが可能になるだろう。

Structuring
知識の構造化の利用

30 海洋の炭素循環の例

　議論は問題に対する視野を広げるから重要である。そうした会議の人数は5人くらいが最適だと思う。少なすぎると視点の多様性が不十分になるし、10人を越えると、一人あたりの発言時間が短くて反論などできなくなる。意見開陳会はできるが、議論はできない。言いっぱなしの会はフラストレーションがたまる。

　ここ20年以上国の委員会に出ていて、例えば教育論で新しい視点を聞いたことはないが、得々と持論を展開されるのを聞いたのは多くある。たまらない。私の話もそう思われているのかなと思うと、たまらない。視点を出し合い、集めるべき必要なデータの分担を決めたら会議は終わり、データが集まって具体案を練る段階になったら、泊まり込みで結論まで出す、というやり方が、これまでのところ成功率が高い。

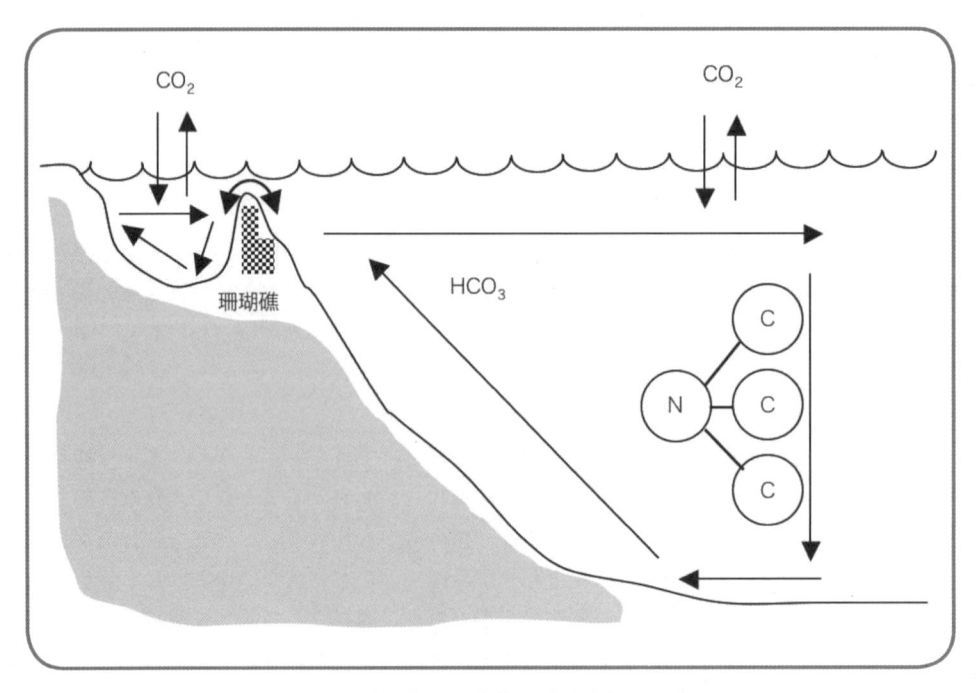

図4-5 海洋の二酸化炭素の循環モデル

Knowledge

　サンゴは地球温暖化問題にどのような役割を果たしているのだろうか。サンゴは不思議な動物である。体内に褐虫藻という植物を共生させている。褐虫藻が光合成するために二酸化炭素を固定するが、サンゴ自身は動物だから呼吸で二酸化炭素を放出する。いったい、サンゴは温暖化問題において善玉か悪玉か。

　私たちは、動物学者、生態系研究者と組んで、宮古島保良湾のサンゴ礁を対象に研究を始めた。動物学者は、直径2メートルほどの塊状サンゴに大きなビニール袋をかぶせて海水の組成変化を測りサンゴの生理を測定する。生態系学者は、サンゴ礁はサンゴだけではない、生態系全体を評価する必要があると、潜水を繰り返して海底生物を採取し分類する。私たちは、全体像は海水中の二酸化炭素濃度の湾内分布に反映されるはずだと考え、船で海水を採取分析した。3グループの結果を持ち寄ることで、サンゴ、他の生態系という部分構造を反映した保良湾サンゴ礁の全体像を明らかにすることができた。サンゴ礁は二酸化炭素を固定していた。

　しかし話は終わらない。保良湾には海流が出入りし、海流に乗ってサンゴ礁が生成した有機物が排出される。外洋では、海洋学者が二酸化炭素の研究を行っている。彼らは、海洋表面での植物性プランクトンの光合成に始まる海の垂直方向の二酸化炭素の移動が温暖化における本質だろうと考えている。保良湾から排出された有機物は外洋表層での光合成による有機物に加わるはずだ。その結果どうなるのだろう。海洋学者は無視している。サンゴ礁研究者も言及しない。この問題の真の答えはまだ得られていない。サンゴの生理や遺伝子なら独立で研究することも可能だろう。しかし、地球温暖化問題におけるサンゴ礁の役割となるとそうはいかないのだ。このようにおなじサンゴの研究でも、目的と視点によって状況は一変する。

　海は有限である。技術者なら、地球規模でシミュレーションをすればよいと考える人がいるかも知れない。しかし、海全体の二酸化炭素のシミュレーションは不可能である。理由はふたつ。第一に、コンピュータの性能の限界。第二は、保良湾から排出された有機物が海流中でどう流れるか、それを魚類は食べるのかどうかといった要素知識とそれらのモデル化が不十分であること。第一に関しては、高速コンピュータやインターネットを利用した分散型計算技術など、高速大容量計算技術の進歩が著しい。第二の要素知識とそのモデル化は知識の構造化の問題だ。やがて、必要とする精度で、サンゴ礁の温暖化における真の役割がシミュレーションによって明らかにされる時代がくるであろう。

Structuring
知識の構造化の利用

31 全体像の俯瞰と人の活用

　「リコピー」というのを知っている人もおそらく少数派になった。薬液をくぐらせるから正式には湿式コピーという。死語になったガリ版と鉄筆の時代に登場したリコピーは、研究室のセミナー用資料を作成する新兵器だった。ところがリコピーで作った資料は、強い光に当てると脱色し、暗所でも10年もたつと読めなくなってしまう。研究も10年くらいで意味がなくなるのだというのが、私たちの自嘲的ギャグであった。

　今、多くの研究室には、修士論文や博士論文がずらりと並んでいる。こちらは印刷物なので消えたりはしないが、読む人はほとんどいない。若者がそれぞれの青春を捧げて作り上げた知が眠っている。これはもったいないことだ。

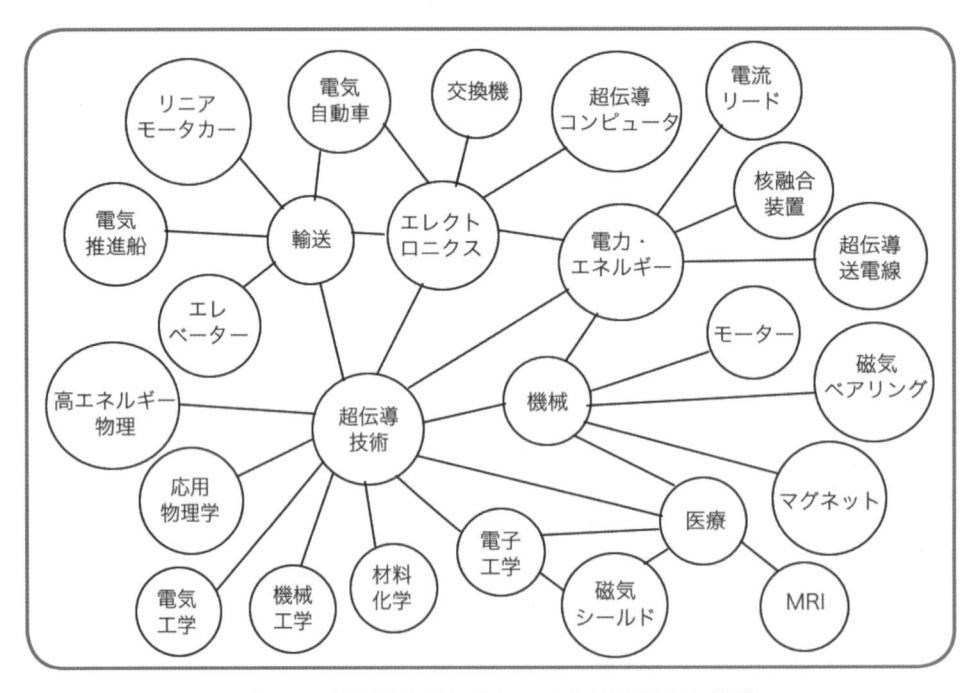

図4-6 超伝導技術を中心にする関連研究の俯瞰

Knowledge

「これまでどのような研究がなされたか、現在分かったことと分かっていないことは何か、何ができて何ができないのか、そういう状況でこれからやろうとすることは何か」これらの質問に答えられないとしたら、もし博士論文の審査であれば失格である。研究の位置づけができていないということであるから。

答えは、全体像を描き、その中で自分の研究を他の知識と関連付ければ得られる。自分の研究を赤いビーズとしてビーズネットを作る、知識の構造化を行えばよいのである。学術論文なら、必ず緒論に明確に記述してある。これがないと、いったいこの論文は何を言いたいのか、読者は分からない。

自動車を運転して未知の道路を走るときに、ナビゲータは強力である。初めての道でも自分がどこを走っているかが分かる。自分の位置が分かれば、次の目標地点を予測できる。予め幾つかの目印を決め、それらを確認しながら走れば、目標とする地点まで確実に着ける。研究における位置付けと自動車における位置付けは本質的には同じである。地図の中の位置を知ることによって、未来の行動を予測するのだ。

大学の研究会などでよく見る風景がある。学生が自分の研究内容を一所懸命説明すると、ベテランの教授が研究の次の展開を予測して助言する。学生は先生の先見性に大いに驚く。なぜそんな予見ができるのか、自分は研究者の素質がないのではないだろうか、と落ち込む学生もでる。心配はいらない。経験の差だ。教授の頭の中には、長年の経験で培った、関連付けられた知識を満載した全体像がある。学生の研究をその中に位置付けることによって、今後の展開を予測しているのである。つまり教授はナビゲータを持っているのだ。その結果、自分で直接やったことがない研究に関しても、しばしば適切な議論ができるのだ。

知識の構造化では、知識の関連付けとITによる実装に加え、人の活用を三つ目の要素としている。その理由は、人の頭にはすでに自分の仕事と関連する知識が構造化されているからである。人によってビーズネットの大きさは異なる。ある人は、ビーズ間のレースにほころびがあったり、はじめからあちこち虫食いだらけであったりする。有能な人のビーズネットは大きく、レースが太く充実している。人の頭の中にあるそうした構造化知識を活用できれば、知識の利用性は極端に高まる。具体化の方法はさまざまあろうが、知識の構造化が人の関与を重視する理由は、頭の中のビーズネットの活用にある。

Structuring
知識の構造化の利用

32 知識基盤産業の創出

　プロジェクトXという人気番組がある。襟裳岬の海岸に植林をして海をよみがえらせたり、初めての国産乗用車を作ったり、特許の網をかいくぐってコピー機市場に参入したり、感動的な物語だ。日本には確固たる意志と卓抜した先見性を持った個人がたくさんいるということが確信でき、具体的な目的を共有した日本のチームは世界最強であることが納得できるので、私は大好きである。

　学生にこの話をすると、なんでもジョークの種にする彼らは笑い飛ばす。しかし、内心は彼らも好きなのだ。主役のほとんどは技術者や職人であり、経営者や政府は概して頼りがない。プロジェクトXは日本人の遺伝子を表現しているのではないだろうか。

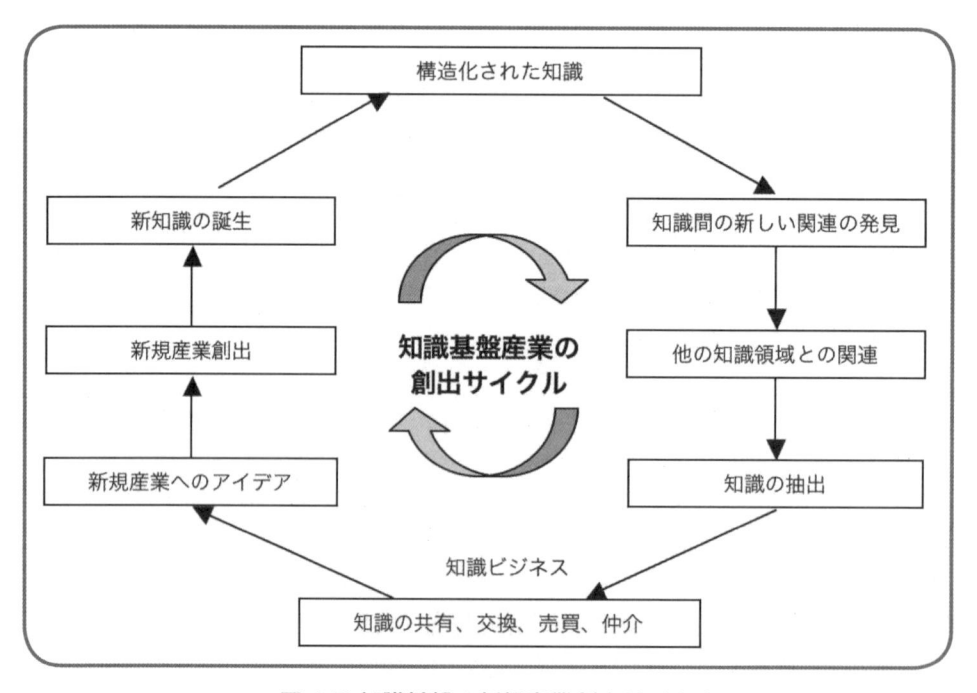

図4-7 知識基盤の新規産業創出サイクル

Knowledge

　これからは知識を基盤にする時代に突入すると言われる。しかし、知識を基盤にするとはどのようなことか分からない人も多いのではないか。たしかに、知識基盤経済の具体的な姿が何か説明は難しいし、イメージも茫洋としている。ただ、私が考えている知識基盤経済が、構造化知識を中心にしている点は強調しておきたい。知識が構造化されると、知識間には関連付けがなされる。関連は視点によって変わるので、新しい商品といった視点が生ずれば知識間に新しい関連付けがなされ新知識が生成する。構造化知識と新知識を共有、交換、売買、仲介の対象にする。それが知識基盤経済の私のイメージだ。

　経済活動は、人、物、サービスなどの変換と移動によって価値を生む活動である。これからは、構造化された知識を対象にして、知識の変換と移動による価値の生成を目指す。知識基盤経済が扱う商品は知識だけではない。人や物、サービスがこれまでと同じように売買されるのだが、その場合も知識が同時に売買される。知識の方が価値が高い場合が増えてくる。携帯電話はただでも売買が成立する状況はすでに起こっている。

　製造業も変わるだろう。生産設備から知識へと、競争力の源泉がすでにシフトしつつある。生産設備が基盤であれば、その企業の競争力は設備から推測できる。例えばある企業には何万トンのプレスがある、ある企業は何十万キロワットの発電設備を持っている、ある企業は生産ラインが二つあるといったことが重要な基準になる。競争企業が高性能設備を導入すれば、競争は激化する。価格と納期の過当競争にもなりかねない。

　知識基盤の製造業では、創造性を生む知識環境が重要な基準になる。最近すでに工場を持たない製造業が数多く登場している。設備を持たない製造業が設備を持つ製造業に太刀打ちできるのは、知識にポイントがある。例えば特定機能を実現できる半導体が欲しいがその仕様が分からないというユーザに、独創的で効率高い半導体を設計する企業がある。この企業は製造業ではあるが、自分のところでは企画と設計だけをして、生産は世界中どこでもよい他企業の工場を利用して行う。イメージとしては東京本社で設計して、東南アジアにある工場で製作する企業とまったく同じである。設計と生産の企業名が違うだけである。

　知識基盤産業の成功は、知識の構造化にかかっている。すべての知識を完全に構造化することは到底できない。したがって、何を構造化する知識として選ぶか、構造化をどの程度まで進めるか、その判断が肝要である。

Structuring
知識の構造化の利用

33 人や組織の関係の構造化

　戦前まで、日本は大家族家父長制をとってきた。大きな家に、三代四代の家族が住み、家長がいる。家長は男である。彼は家を維持する責任を負い、財産や家人の結婚やすべてを決定する権限をもつ。戦後は、夫婦が単位となり、核家族化が進んだ。戦前は集中系、戦後は分散系である。子供夫婦が金銭的に親に頼ったりしなければ、自律分散系である。祖父祖母の家族、親の家族、兄弟の家族などが、自律分散しているが、仲が良く、必要なときには助け合うというのが、自律分散協調系である。分散系を作るのは簡単、自律分散系は各人の親離れ子離れが必要、そして、自律分散協調系は権利義務の意識や和の意識が不可欠になる。最近は、結婚しない、結婚しても子供を生まない人が増えた。日本の人口も減る。家族単位も「個人」になる。少し寂しい。

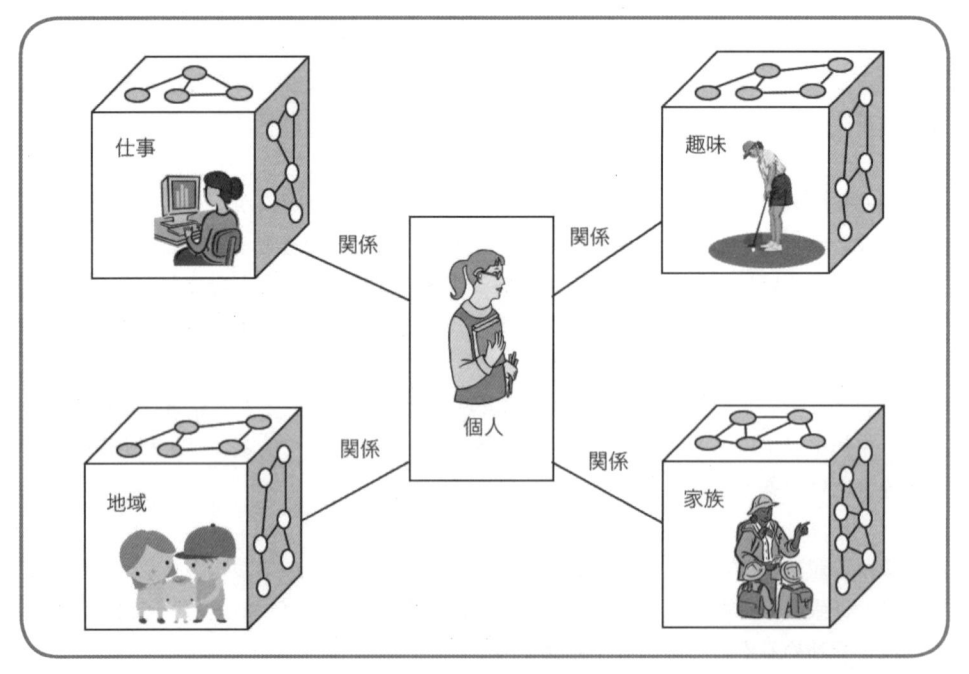

図4-8 個人を中心にして作られる様々なネットワーク

Knowledge

　社会は人のネットワークで構成されている。科学者の世界も例外ではない。ある実験によると、二人の科学者の間に6人の科学者を介在させれば、すべての科学者をネットワーク状につなぐことができると言う。これは、学術論文の著者は二人以上になることが多いことから、共同著者になっている科学者間をネットワークで表現すると、ほとんどの科学者が7人以内でいわば姻戚関係も持つということである。

　研究者のネットワーク分析は研究資源の配分にも利用できる。たとえば、日本では、国立大学や独立行政法人などの研究開発費の多くが国家から支出されている。資金を貰った研究者を中心に人のネットワークを作って見ると面白いだろう。ほとんどの分野には中心になる研究者がいて、その人を中心に人のネットワークが広がる。しかし、このネットワークに研究資金と研究成果の情報を加えると、ネットワークの解釈が変わるかも知れない。例えば、同じ研究室に学び共同論文もある研究者同士が、研究資金に関しては別のネットワークに属しているかも知れない。研究資源配分においては、研究者間競争という視点と、ネットワーク間競争という視点を併用するという考え方もあるだろう。

　インターネットで集まる顔を知らない人のネットワークを分析して、人が集まる所に一つの社会が生成されたと認める研究もある。この研究では、例えば掲示板のように人が集まる場所の交信の流れを分析して、ネットワークの生成とそのネットワークのハブになる中心人物までを把握する。また、ネットワークを有向グラフにすることによって、人同士の力関係までが推測できる。

　昔、財閥と呼ばれた企業群はいまでも資金出資などの関係を維持している場合が多い。その関係を把握するためによく使うのが、組織間の有向グラフである。例えば、A企業がB企業に100を出資した場合は、AからBへ向かう線を引いて、その上に100と書くか、あるいは100に相当する太さの線を引く。全企業に対してこの作業を行うと、特定の企業群や特定の産業界における企業間の関係を簡単に把握できる。

　姉妹大学や研究協力大学などの協定によって、大学が海外とのネットワークを広げることも頻繁に行われるようになった。学生や研究者の交換、授業交換などに限らず、協力関係は学校運営にまで及んでいる。こうしたネットワークの大きさを影響力の尺度と考えることも可能だろう。ハブやターミナルの分析は戦略策定の根拠のひとつとなりうる。

Structuring
知識の構造化の利用

34 科学技術のイノベーションの支援

　バッティング練習場に行くと、ケージによってボールのスピードが異なっている。たいていは一番遅いのが90キロ、10キロずつ速くなって、最速は150キロまであるところもある。一番遅い球で目を慣らして速いボールに挑戦するというのは、よくやるオーソドックスな考え方である。しかし、90キロでも結構速くて、そんなにパカスカ打てるものでもない。100キロに上げる気にもならないで意気消沈して帰ってきたりする。しかし、逆の考え方もある。思い切って、130キロ位を打ってみるのだ。やっぱりたまにしか当たらないが、90キロのときとそんなに変わらないということにもなる。それから、100キロを打ってみると、面白いほど打てる。物事何でも、一歩一歩下から着実にやっていくのがよいとは限らないのだ。

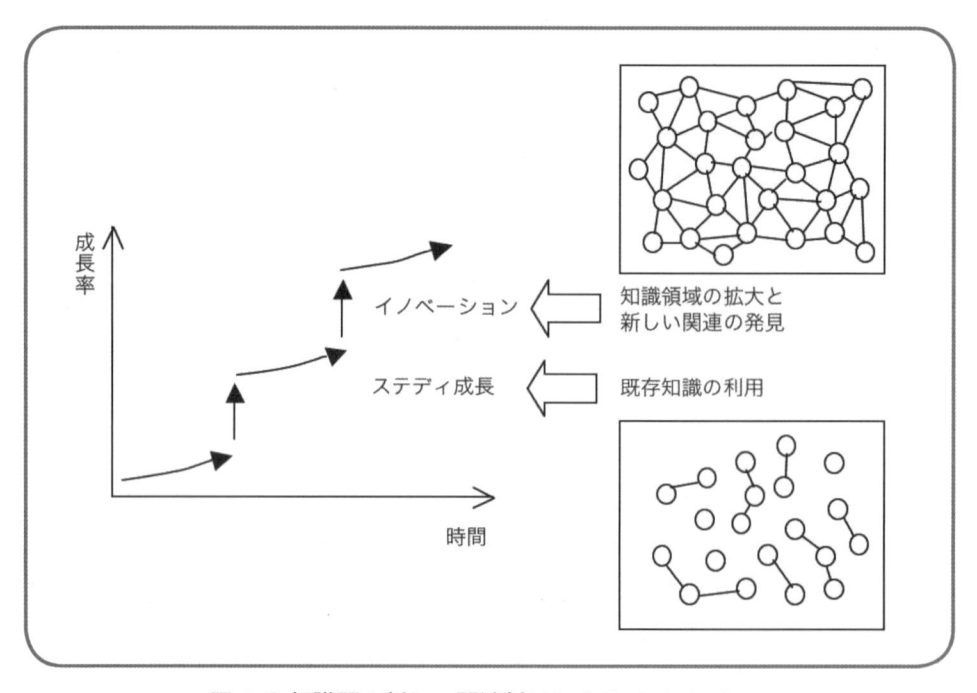

図4-9 知識間の新しい関連付けによるイノベーション

Knowledge

　科学技術は時の経過とともに単調に発展するものではない。歴史を振り返ってみても、科学技術が一気に花開いたルネッサンス時代もあれば、何百年間もほとんど停滞した暗黒の時代もある。大学の研究室も然りである。企業でも、ある時期には技術開発やアイデア商品が続々出現するが、技術の発展もなく商品開発も進まないという時期もある。

　生物の進化のパターンに突然変異がある。人類史上にも突然変異のような人が出現する。彼らは、ある場合には天才として科学技術に貢献し、ある場合には独裁者として人類に不幸をもたらす。そういう人が経営者になると、企業はめざましい発展を遂げることもあるが、下手をすると倒産する。

　科学技術にも、突然変異のように急激な発展と、ほとんど誰も気づかぬまま徐々に進行する発展とがある。これをイメージしたのが、左ページの図である。時間経過とともに、徐々に進歩するが、ある時期突然に不連続的に発展する。その後はまたゆっくりと発展して、また再び急な発展が起こる。時間間隔や発展の幅は異なるが、こうしたサイクルを反復しながら科学技術は発展を続けるのである。

　科学技術の進歩がゆっくりと連続的に行われるとき、知識間の関連付けは概して進まない。細分化されつつ知識が生成し、それぞれの知識は単独に利用されて、ある知識から別の知識への関連付けは明確にはならない。こうした状況での特徴は、同じ場面でも人によって使う知識が異なるということである。人は関係しそうな知識を探し、利用できる知識があれば使うと、ただその繰り返しである。

　急速な発展時期には、知識間の新たな関連付けとそれによる関連知識の増大が起こる。例えばアルレニウスが、化学反応の温度と速度の間に関連を発見した。その結果、それまで莫大な断片に過ぎなかった化学反応のデータが、活性化エネルギーと頻度因子いう二つのパラメータで表現され、アンモニア合成が成功して肥料の大量生産を可能にするなど、この領域の科学技術は一気に発展する。新しい関連の発見が急激な発展をもたらし、アルレニウスはノーベル賞に輝いた。

　日本社会はイノベーションを必要としている。イノベーションは知識間の新しい関連付けによって知識領域を拡大するという見方もできる。日常的にイノベーションが起こり得る環境を醸成するためには、知識間の関連付けを意識的に実践することが有効であろう。

Structuring
知識の構造化の利用

35 専門家の意見が反映される政策立案

　大学1年生にはベテランの教授が教え、大学院生には若手が教えるのが良いと、かねて主張している。大学院生には、助手でもポスドクでもよい、研究の先端を走っている人が研究に近いことを話せばよい。将来の仕事にしようかと聞くほうの体勢もできているから、講義は楽だ。1年生にはベテランが広い視野から、学生の頭をおもんばかりつつ話す必要がある。

　私は教養学部でこれを実践してきたが、経営サイドの仕事が増えるにつれ負担になってきた。そこで一計を案じ、3回講義し、大学院生に1回演習をしてもらう。私は1回2人に1万円ほどの支払いで講義をさぼれ、学生は問題を解くことで講義の内容が身についてくる。一石二鳥だ。しかし予期せぬ効果があった。院生が、後輩になめられてはいけないと、必死で予習するのだ。そこで私自身の講義は2回に減らした。これがティーチングアシスタントの本質である。

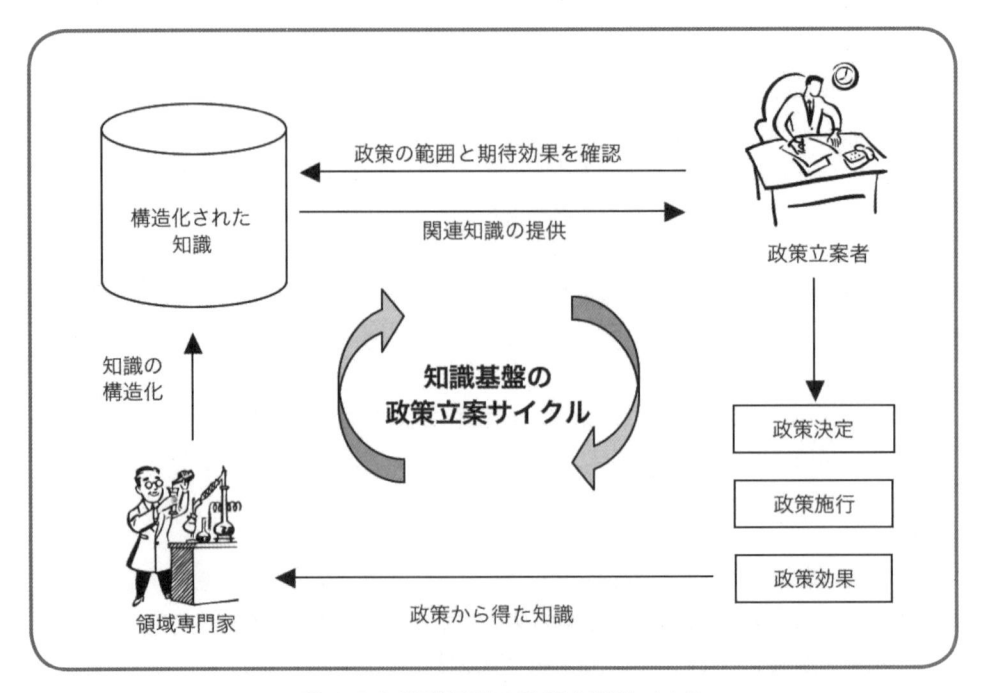

図4-10 知識基盤の政策立案サイクル

Knowledge

　科学技術立国が標榜されて久しい。天然資源がなく人口の多い日本が発展を続けるためには、科学技術に頼るしかない、だから国家次元でそれを支援しよう、そういう発想である。

　国立大学や独立行政法人の研究開発資金の多くが政府から支出される日本において、国の政策は研究開発の方向に重要な影響を与える。政府機関が技術政策を決めるにあたっては、委員会や審議会を発足させ、専門家の意見を収集して分析し、結果を政策に反映する。専門家の見識は政策の質の向上をもたらすと期待される。政策立案者は、専門家に意見を聞きながら、実に丹念にメモをとる。しかし、その貴重なメモは、たとえそのときの政策には反映されたとしても、その後ファイリングされ倉庫に保管され、結局放置されてしまうのが常だ。

　専門家と呼ばれる人が、専門に関わる特定政策に対して有意義な助言ができるのは当然である。しかしのみならず、その助言は他の政策に重要な手がかりを与える可能性があり、また新しい政策に使えるかも知れない。現状では、専門家の意見の価値が十分活用されているとはとても言えない。その原因の一つは、政策立案側に専門家の知識を構造化する仕組みがないことにある。

　例えばナノテクノロジーのように、多くの領域からの莫大な知識が融合され、全世界で使われる総予算が何十億ドルにも達するといった技術分野がある。当然それは日本にとっても重要であるから、さまざまな国内プロジェクトが実施されている。しかし、各々のプロジェクトは独立に実施され、一つのプロジェクトで得られた知識が別のプロジェクトで体系的に利用されることはない。また、あるプロジェクトに参加した専門家の知識が、プロジェクト完了後、次の政策に反映されることも期待できない。

　様々な領域の専門家の知識を構造化して、それを政策立案者がいつでも活用できるとすれば、技術政策のあり様は一変するだろう。構造化された専門家の知識は政策立案の貴重な資源となる。しかし、自らの研究成果や他人の学術論文から不断に新しい知識を吸収するがゆえに専門家と呼ばれるに値するのであるから、彼らの知識は時とともに変化する。したがって、政策立案のために構造化される知識は更新され続けなければならない。ある時点の構造化知識と新たな構造化知識を比較すれば、その専門家の知識の変化を把握することもできる。この変化の原因としては、特定領域における知識の増加、知識間の新しい関連付け、専門家本人の成長などが考えられる。こうした変化を政策に反映することによって、現実をより正確に反映した政策の立案が可能となろう。

Structuring
知識の構造化の利用

36 技術ロードマップの作成と共有

　駅伝、伝令などとして古代からあった郵便制度のエポックは、1680年、ロンドンのペニー郵便であろう。ロンドン郊外までなら、1ペニーで個別配達するというのが大ヒットした。それまで、高価で富裕層の独占であったものを、一気に庶民の通信手段と化したからだ。ところがペニー郵便は数年で禁止され、引き継いだ官営郵便が値上げを重ねて再び民営化された。この話も、現在の郵政民営化の議論と重ね合わせると面白い。

　日本では江戸時代に、東海道を6日で運行する月に3度の三度飛脚があったが、1870年、明治維新の3年後に前島密の建議により、郵便事業が始められた。そして、1877年に万国郵便連合に参加したのだが、これは切手などの規格化のために連合が設立されてわずか2年のことである。郵便事業ひとつにも、産業の歴史と維新後急速に追いつく日本という典型例を見ることができる。現在ある産業も、元を正せばすべてはベンチャーから始まった。ベンチャーに重要なのは、新しいビジョンである。

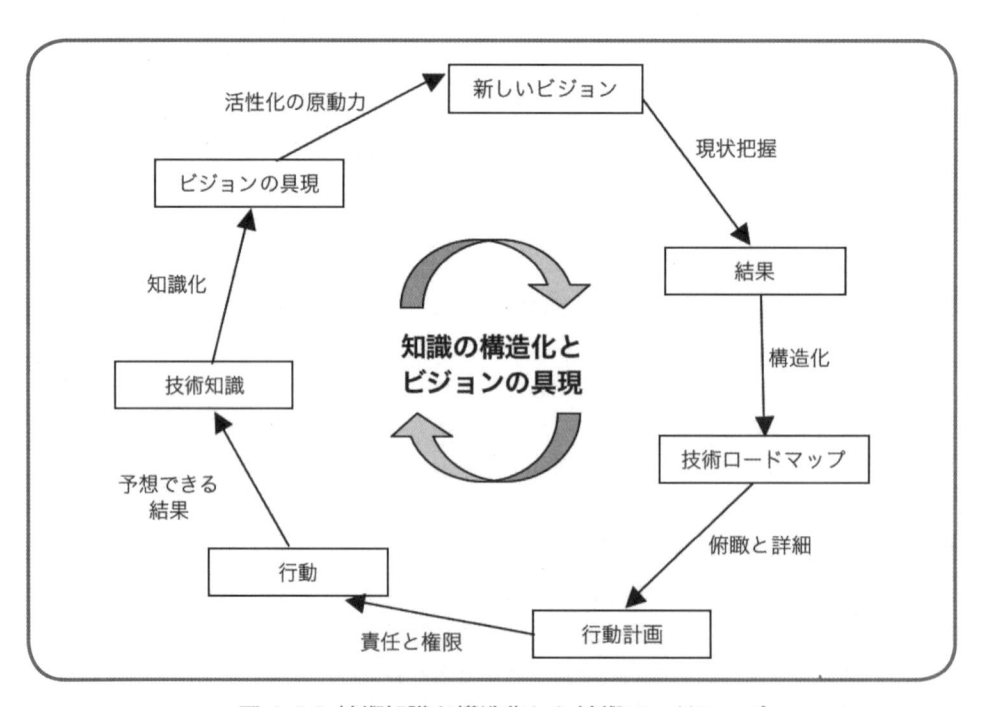

図4-11　技術知識を構造化した技術ロードマップ

Knowledge

　技術の発展に伴い領域が細分化されると、技術の全貌を俯瞰することが困難になる。しかし政府も企業も人も、俯瞰ができないと技術戦略や投資戦略を立案できない。そのため、国家の発展や企業の成長に重要な技術に関しては技術ロードマップを作り、その上で戦略を決めるという方法が一般的にとられる。

　技術ロードマップは、科学技術知識間の関連から、将来の目標や方向などを示す一種の未来予測地図である。しかし、地理を表す地図と異なる点は、技術ロードマップには目標や願望なども時間軸で含まれることである。また、地図は客観的でスカラーであるが、技術ロードマップは目的指向でベクトルである。

　ある領域の科学技術に関して構造化知識を有する可能性が高いのは専門家である。そのため、技術ロードマップの作成には専門家の参加が必要なことは言うまでもない。例えば、ある技術に対して専門家が考えている内容や気になる内容などを明確にして、特許や研究開発資金などと比較するのも面白い。また、同じ技術領域の専門家同士でも考えが異なるのが一般的であるので、専門家同士の考え方を比較分析するのも参考になろう。

　デルファイ法では、専門家の意見を収集して、その意見をフィードバックさせてから再び意見を収集する。すると、専門家は他の専門家の意見を参考にし、あるいは影響されて意見を修正する。この作業を繰り返すと、特定領域における専門家群のまとまった意見がでてくる。たとえば、国家や企業が委員会を構成し、委員に意見提出を求めデルファイ法を適用して、専門家の意見を集約することが行われている。これは、専門家の知識を構造化するための作業である。

　新エネルギー・産業技術総合開発機構（NEDO）では、こうした手法を動員してナノテクノロジー分野の専門家の知識を構造化し、その結果を技術ロードマップ作成に活用している。専門家は特定技術に関して自分が考える将来性や技術間の関連性などを明確に表現する。その内容は特許分析結果と比較される。比較結果は可視化され専門家にフィードバックされる。結果を見た専門家は再びなぜ自分はそう考えるのかを表現する。この過程で構造化された専門家の知識は、ナノカーボンチューブ技術とナノインプリント技術のロードマップ作成に反映された。しかし、こうしたプロセスで得られた結果が正しいのかどうか、それは神のみぞ知る。

Structuring
知識の構造化の利用

37 異業種間で共有できる異種の知識

　30年ほど前、米国の大学で研究していた頃のことだ。実験装置を作るためのビニールチューブをショップと呼ばれる配給室にもらいに行った。10メートルくれと言ったが、管理人から怒られた。ここはアメリカだ、おれはメートルなんか知らないと。結局、フィートに換算したことが今も記憶に新しい。彼とはすでに顔なじみで、パーティに呼んでもらったり、野球の試合に一緒に出たり親しくしていたので、大いに面食らったのだった。

　メートル制は19世紀頃から、紆余曲折を経て世界的に採用されてきた規格である。日本では、尺貫法をたいへんな苦労をして転換した。6尺2寸38貫の巨漢大関なんて言っても、もう若い世代には分からないだろう。イギリスの小説を読むと、体重が13ストーンなどとある。石で重さを測ったのだろう。そしてなんと、体重とバターと綿とでは、1ストーンの重さが違うのだそうだ。使った石が違うということか。

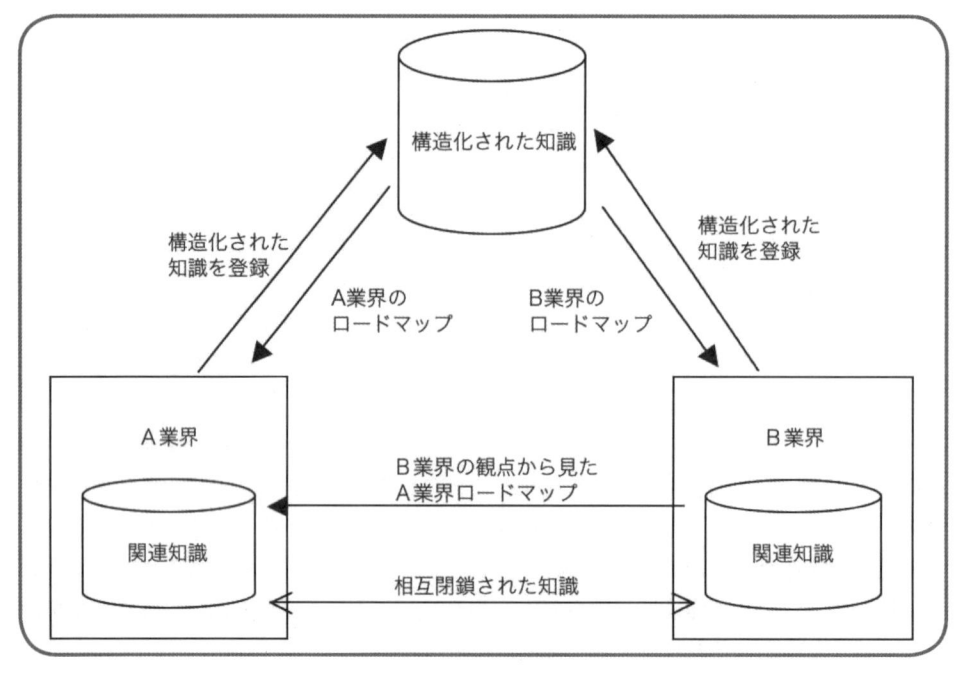

図4-12 公開的知識基盤を異種業界で共有する

Knowledge

　高校時代の同級生が、工学部と文学部に入学したとしよう。やがて二人の間には考え方や表現法に差が現れる。周囲の人々の視点と言葉の差が自然と反映するのであろう。たとえば、人、ロボット、宇宙といった同じ問題に対して工学部と文学部では視点が異なる。かたや、ゲノムやニューロンから医療の対象としての人を、かたや、いかに生きるかという視点から人を考える。使う言葉も、かたや観点と論理、かたや視座と文脈といったように異なる。言葉が違って視点が異なれば相互理解も困難になる。

　しかし、彼らが同じサークルで活動している場合、不思議と理解し合う。これは生活を共有して相手の言葉や表現に慣れており、相手が研究している領域知識をある程度理解しているからであろう。異領域の人との出会いに慣れた人は、そうでない人が抱く違和感をそれほど感じないものだ。若い時代のサークル活動はそうした経験を積む上でも大きな意義がある。

　業界にも固有の表現や視点がある。同じものに対する名称が業界毎にまちまちといった場合も少なくない。逆に、同じ言葉であっても意味が異なる場合もある。言葉や表現は思考法に反映する。その結果、同じような仕事でも業界によって異なる表現がなされ処理過程が異なるのをよく見かける。言葉の問題は異業種間の意思疎通の大きな障害ともなっている。

　異領域の知識を自らの成長の刺激にするために、多くの企業は異業種間の勉強会に参加する。勉強会に参加する企業はそれぞれ考え方も実践の方法論も異なる。それが貴重な刺激になり知識源となって、ビジネスモデルの改善を促し、新しいビジネスモデルを産み出す。

　異業種勉強会は効果的ではあるが、すべての業種から参加者を募るのは不可能だし、開催頻度にも物理的限界がある。そこで、各業種がそれぞれの知識を構造化し、それを公開し合うことが有効になる。そのためには、知識をその業種にとっては常識的な非競争部分と競争部分に分け、非競争部分を公開の対象とすればよい。A業種の構造化された知識、すなわちビーズネットAが公開されているとする。これをB業種の構造化知識、ビーズネットBと関連付ける。ビーズネットAとBの共通ビーズを合体させて、トポロジカルに統合するのである。これによって、ビーズネットは拡大し、どちらの知識ネットワークからも両者の知識まで達する事が可能になる。

　特定の企業が有する真に固有な知識は、もちろん公開すべきではない。公開された構造化知識に固有の知識を関連付ける。その結果が、真に差別化された知識となって競争力の源泉となる。この作業に参加したグループが競争を勝ち抜くのである。

Structuring
知識の構造化の利用

38 広さと深さを両立させる教育

　学生時代、先生から一所懸命勉強しろと言われた。講義内容、つまり先生の専門を学べということだ。一方メディアでは、専門バカはだめだ、ジェネラリストの時代だと言う。とても困った。T型になれとも言われた。Tの縦棒が専門知識の深さ、横が一般知識の幅で、要は深い専門と広い視野ということだ。しかし、一つの専門さえ難しいのに、やはりどうしてよいのか困る。

　今、学生にとって状況はさらに悪くなっているはずだ。ゲノムや量子力学が当たり前になっている上に、昔からある基礎分野も必要なのだから、もっと困っているはずだ。一時私は学生に、T型の専門知識を二つに増やしたπ型を目指せ、いや専門知識をもっと増やして、足が8本のタコ型を目指せ、などと言っていたが、無茶だったと反省している。最近は、専門家になれといっている。「ジェネラリストとは知識構造化の専門家」のことだと言っている。

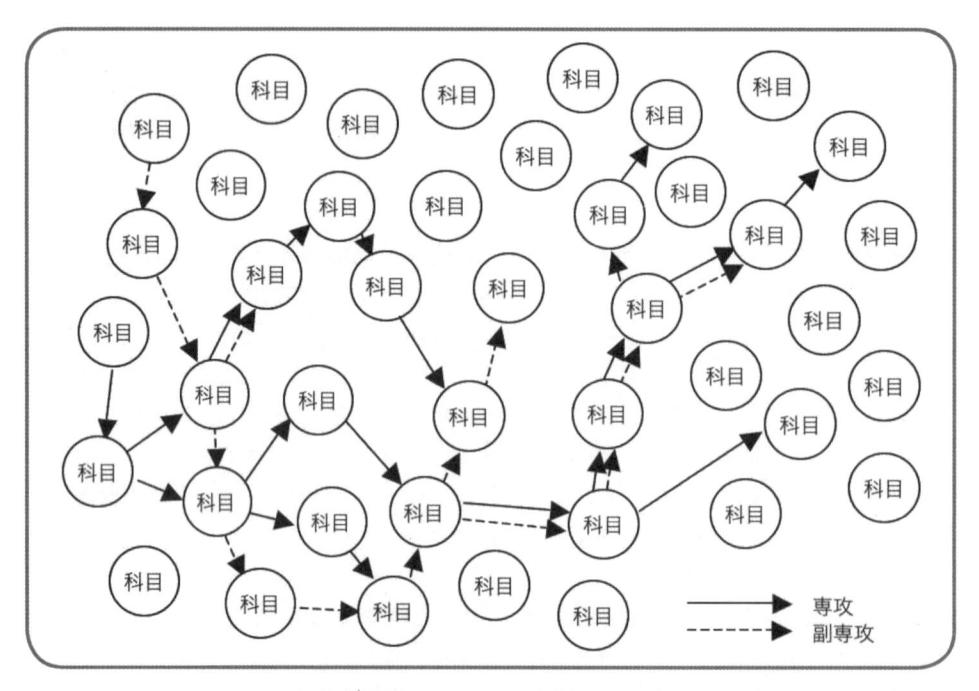

図4-13 大学の教科課程から専攻科目と副専攻科目を選択

Knowledge

　大学教育に関しては誰もが一家言を持っている。これまで多くの人から意見をうかがっているが、相当部分は広さと深さを両立させろということに集約される。社会は若者に、専門性を確立せよ、幅広い人間になれと難しい注文を突きつけているのだ。限られた時間を考慮すれば明らかに矛盾する要請であるにもかかわらず、実現のための説得力ある具体案を聞いたことはない。私が提案する答えが大学教育における知識の構造化である。

　大学教育における知識の構造化のイメージを具体化するために、たとえば、専攻と副専攻を実現できるシステムを考えてみよう。東京大学工学部で提供されている授業は現在950科目もあるが、それらから専攻分野と副専攻分野のカリキュラムを決める必要がある。漫然と950科目を眺めれば、ただ茫然とするのみである。一方、構造化された知識を利用すれば、専攻と副専攻を1 + 1 = 2の単位取得という発想ではなく、1 + 0.3 = 1.3の発想で実現できる。なぜなら、専攻と副専攻の間には重なる知識がかなりあり、構造化知識はそれを明示できるからである。現段階では工学部、理学部といった同じ専門学部内を想定している。もし専攻を化学工学、副専攻を表現芸術といった異なる学部にするとなれば容易ではないだろうが、やはり知識の構造化が鍵になる。

　2倍ではなく、1.3倍の単位で副専攻の取得を可能にさせ、二つの専門を獲得させる。それが、大学教育における知識の構造化の効果である。専攻と副専攻が比較的容易に取得できるとなれば、広く深くという一見矛盾する要求に応えることが可能になるだろう。またそれは、学問の構造的理解を可能にし、全体像の把握を可能にし、分かることの喜びを味あわせることができる。それが、1900年の時代の若者と比べて千倍に達する知識の洪水にさらされ途方に暮れている現代の若者に、学問に対する興味を喚起させることになる。

　最近、複数の大学間で授業を交換する動きが始まっている。しかし、単位交換をしようとする学生側から見れば、交換可能な授業名や授業単位がリストされているだけで、どこのどの授業を受けて、続いてどんな授業を受ければ、何ができるようになるのかといった情報はほとんどない。大学教育が構造化されていないから、学生に教育の全体像を見せることができない。授業交換など、その趣旨はよくても構造化知識がなければ、本来の目的を達成することができない。大学教育全体を構造化し、専攻と副専攻などテーラーメードのカリキュラムが簡単にでき、また他大学との授業交換なども有効にできる環境を整える必要がある。知識の構造化を大学間共同で実現できれば理想的であろう。

第5章
知識の構造化の要素

Structuring
知識の構造化の要素

39 知識の表現とメディア

　本が溢れていて一冊あたり売れる数がどんどん減っている。養老猛氏の「バカの壁」が350万部売れたなどは例外中の例外だ。科学技術関連の本だと、1万冊売れるのはヒットで、3千冊はまあまあである。専門書籍になると、はじめから千冊あるいは百冊くらいを予定しての出版も少なくない。

　英語だと、市場が世界になるからひと桁くらい部数が多くなる。日本語の本はそんなに売れないから、日本はこういう面でもハンディキャップが大きい、という人がいる。だが、そう思うのは外国というのはアメリカだと思っている人である。実は、自国語で科学技術書をどんどん出版できる国はそんなに多くないのだ。タイで私の専門分野である化学工学の本がタイ語で出版されていて感心したが、聞いてみると、国王の特別な配慮によるものだそうだ。自国語で出版できると、知識の裾野が拡がる。

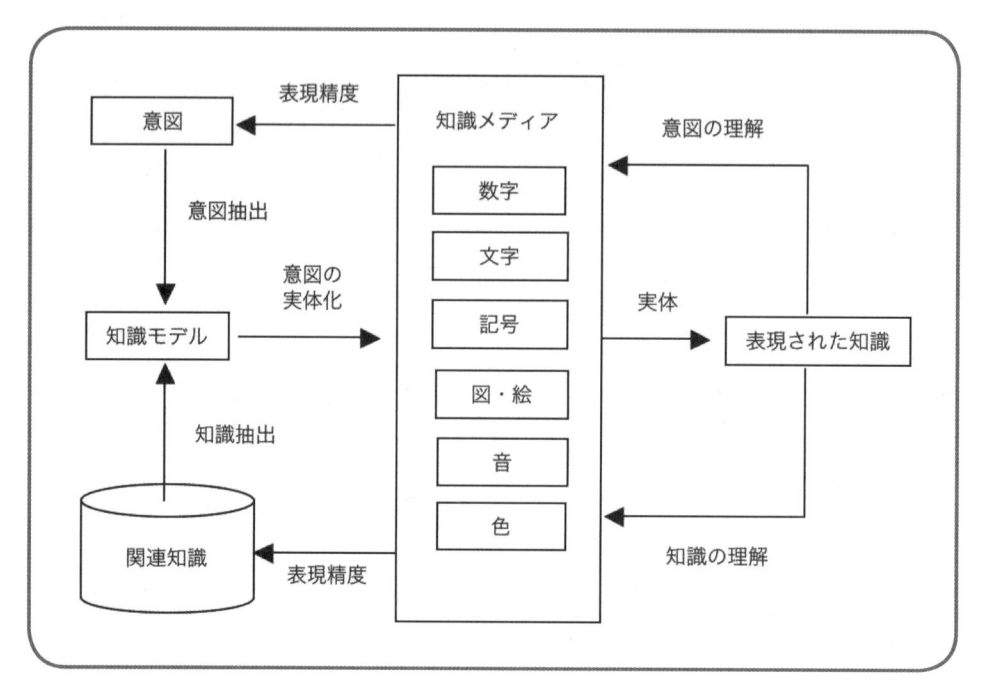

図5-1　知識の表現とメディア

Knowledge

　知識は表現する必要がある。一般には、文字、数字、記号、シンボル、図、絵、音、色などが用いられる。しかし、どのような方法を用いても知識を完璧に表現することはできない。そのため、表現には常にあいまいさがつきまとう。

　意識しようとすまいと、知識はだれでも使っている。しかし、それをうまく表現するためには教育や訓練が必要である。原始人は洞窟壁画に当時の生活模様を描き残している。このことは教育を受けなくても表現することが可能であることを示している。しかし、同じ壁画でも古代エジプトの遺跡に見られるものは、表現の深さと正確さが格段に優れる。その壁画はそのまま歴史教科書となるほどの内容である。エジプトではすでに教育が行われていたのだろうか。
　先進国においてはほとんどの人が教育を受けるので識字率は高い。例えば、日本ではほとんどすべての人が文字を読み書くことができる。しかし、読み書きのできる人は知識を適切に表現できるかというとそうではない。知識を表現する行動も、単にあることを記述するというレベルから、学術論文における科学技術知識の必要十分な表現、人を魅了する文学的な表現まで様々なレベルがある。企業の場合にも、業務と関連する知識をマニュアルなどで簡潔かつ正確に表現するといったものから、さまざまな知識領域を背景にもつ人々からなる役員会に事業計画を認めさせるための表現に至るまで、様々な種類がある。
　目的に応じて知識を適切に表現できる人は、表現力がある、あるいは、説得力があるなどといわれる。このような人には共通する特徴がある。それは、聞き手の知識との関連付けをおそらく無意識に行うことである。知識を伝える巧みな方法というのは、伝えたい知識を聞き手と共有するなんらかの俯瞰像に関連付けることなのである。それによって、聞き手は知識の本質をつかむことができる。
　学界にポスターセッションというのがある。発表を口頭でなく数枚のポスターで行うのだが、発表者はブースに貼り付けたポスターを前に、興味を持った聴衆のみとの間で濃密な議論ができる。それがポスターセッションの長所である。しかし、来客がないと話にならない。学界では、1分で自分のポスターの内容を紹介するワンミニッツトークセッションをポスター宣伝の場として催すことがある。1分ではとても話せない？たしかに多くの学者が不満をもらす。しかし、多くの聴衆を魅了し、自分のポスターに巧みに誘う学者もいる。その人は、自分の発表内容の本質をつかんでおり、それを聞き手と共有する俯瞰像の中に位置づけているのだ。例えば、人物のカリカチュアは、描き手が表現したいその人の特徴を際だたせることによって、人物を表現する技術である。ワンミニッツトークをうまくできる人は、いわば知識のカリカチュアが得意なのだ。

Structuring
知識の構造化の要素

40 知識の保存と関連要素

　ITのおかげで、絵をかいたり、動画を作ったりが楽になった。セールスマンは、すっかり小型化したプロジェクターとノートパソコンさえ持っていけば、絵と動画で顧客を魅了することができる。しかし、これはある種の詐欺にもなりうる。分かったのではなく、分かったような気にさせられるだけの事が多い。購入してしまってからアレッと言ってももう遅い。

　情報技術を駆使した教育に反対する教授も多い。これは見識である。絵と動画でスピード講義をされたら学生はたまったものではない。分かったような気にさせられるだけで何も残らない。先生が黒板に書いたものをノートにとる、これは、人が新しいことを理解するための優れた手順と適切な時間なのだ。しかし、黒板とチョークだけがベストだろうか。そうではないだろう。少なくも黒板に下手な絵を描く代わりにIT技術を使うのは親切だろう。文字と絵と動画のコンビネーションは、学生にとって、講義知識を保存する手段としても優れているだろう。

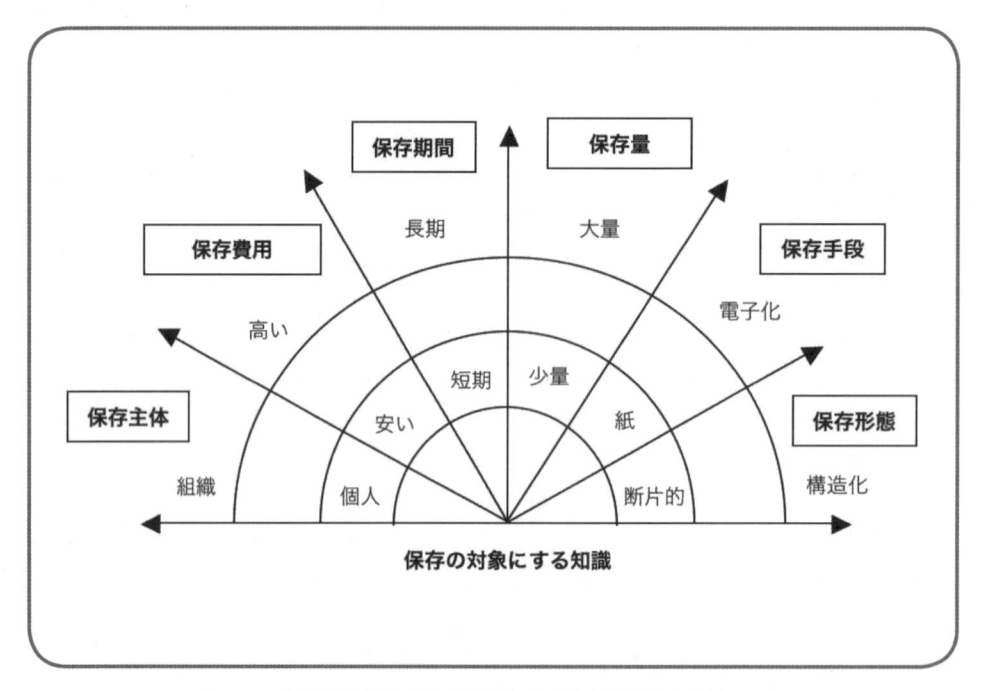

図5-2 知識保存の特徴を現す様々な要素

Knowledge

　知識は人から人へ、組織から組織へ、過去から未来へと保存され伝承される。知識保存の形態は、知識の取り扱いの重要な側面である。

　各国の歴史が、年代別に整理されディジタル化されており、そして各年代の地理情報もディジタル化されているとしよう。するとたとえば、イタリア、ギリシャ、トルコ、シリア、イラン、アフガニスタン、チベット、中国、日本の13世紀後半の部分を取り出してマルコポーロという横串を通し、地理情報と関連づけ、バーチャルリアリティの技術を組合せれば、マルコとともに東方を見聞することができるだろう。バスコダガマもジンギスカンも体験可能になるだろう。現在、莫大な知識のほとんどは断片として記録されている。例えば、歴史の記録のほとんどは、当時の状況を詳細に記述しているだけの古文書が一般的である。これらを構造化して保存すればその利用価値の向上は計り知れない。

　知識の保存に関する論点は多い。まず、保存する主体が組織か個人かという問題がある。組織の場合、保存対象となる知識は膨大になることが多い。そこで知識を保存するコストの多寡、それをだれが負担するかという問題が発生する。一般的には知識を保存する主体が費用も負担するが、例えば、人間文化財のように国家が費用の一部を負担するが、保存する主体は個人という場合もある。

　知識の保存期間は数日から数千年まで幅が広い。温故知新というのも、長く保存された知識があってこそである。一般企業の場合も、創業何百年といった老舗の場合、知識の保存も長期にわたるはずである。

　知識保存の量に関して、例えば、百科事典30冊分の知識は大量だろうか。自分が知らないことがたくさんあるという点からは大量だろうが、ITで記録する対象としては驚くほどの量ではない。紙は、現在でも重要な知識保存手段であるが、その電子化は必要である。政府機関や企業が紙に保存している膨大な知識を電子化するコストの問題は、当面経営者を悩ませることになる。どの知識を保存し何を捨てるか、様々な視点から判断する必要がある。同じ企業内でも、個人がノートに記す業務日誌と企業が電子化して保存する営業商談報告は、全く異なる特徴をもっている。国家においても、保存すべき知識を選別しなければいくらお金をかけても間に合わない。知識は過去から未来へ、長期にわたって伝承される。保存期間中には、文化や媒体などさまざまな変化が生じ得る。したがって、できる限り知識を構造化して保存しなければならない。

Structuring
知識の構造化の要素

4.1 知識の利用

「小宮山先生は、サリンを作れますか？」と、近所の老婦人から尋ねられたことがある。地下鉄サリン事件が起こった頃の話だ。私は、できませんと正直に答えたが、大学の化学の教授で化学工学会の会長が、サリンを作れないどころか、実はその化学構造式さえ知らないとは夢にも思われなかったと思う。

その無知を棚にあげていえば、私は、化学反応のための設備や安全性の観点から、一般家庭でサリンを作れないということは判断できる。また、その気になれば、情報を集めてサリンを作ることはできる。必要な情報の集め方も分かっている。教科書やハンドブックに参考書、設備の揃っている研究室、さらに、聞けば教えてくれる専門家も知っている。一人の専門家のカバーする範囲は極端に狭くなっているけれども、専門家の能力が落ちたと悲観する必要は決してない。問題は知識の構造化だ。

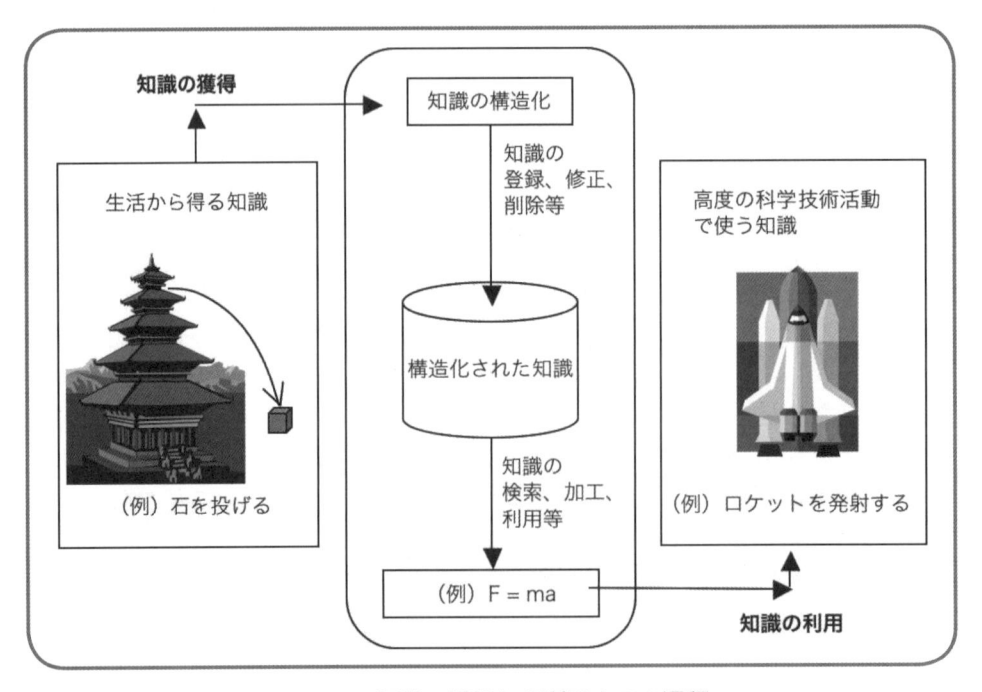

図5-3 知識の獲得から利用までの過程

Knowledge

　利用されなければ、知識とは呼べない。「孤立系のエントロピーは増大する」という熱力学の第二法則は、ほとんどの人にとって知識ではない。文書作成用のソフトウェアであるワードの場合、アメリカの調査では、普通の利用者はワードがもつ機能の2割しか使わないそうだ。しかし、2割利用するならたいしたものだ。残り8割を全く知らないとしても、ワードに関して知識を持っているといってよいだろう。ある人にあることに関する知識があると判断する基準は知識の利用度であろう。

　知識は何らかの形で表現しなければならない。通常、文字や数字などが用いられる。こうした文字や数字を利用するのが知識を利用するということである。しかし、例えば、ある知識を得るために、何千ページにもなる部厚い専門書を全部読む人はほとんどいないだろう。また、たとえ全部読んでも、適切なときに適切に利用できる保証はない。つまり、文字や数字による表現だけでは、知識の利用度は上がらない。

　知識の利用度を上げるために、私は知識の構造化を提案している。知識の構造化は、知識間の関連付け、人の活用、適切な表現方法によって実現できる。人類が蓄積した膨大な知識に対して、必要なときに必要な知識を利用できるようにする、それが知識の構造化の主要な目的である。

　例えば、高い塔から石を投げるとどうなるか、これはだれでも分かる。ガリレオは小さい石でも大きい石でも同じように落ちることを見つけた。しかし、こうした石の落下という現象から、ロケットを月に送り込むという高度な科学技術知識を作り出して利用できる人はまずいないだろう。しかし、$f=ma$というニュートンが発見した運動の法則を媒介とすれば、石をロケットに置き換えることができる。石の落下という知識を、あるいは情報分野の分類にしたがえば、石の落下というドメインのデータや情報を、ロケットを月に送り込むという知識に関連づけるためには、ニュートンの発見を媒介とする知識の構造化が必要であったのだ。

　構造化された知識を利用するためには、関連する知識を検索して加工する必要がある。しかし、知識があまりにも多いが故に、必要な知識を検索することがかえって難しい。それはそうだろう。家のゴミ箱からなら、まだ捨てた書類を探す気になるが、東京のゴミ廃棄場から探そうとする人はいない。死体を探すのだってテレビドラマのはぐれ刑事くらいのものだろう。

　知識が構造化されると、知識間には関連が付けられている。ゴミ廃棄場とは違う。できあがったジグソーパズルだ。そのため、ひとつの知識から関連をたどって、つぎつぎと他の知識を探索することが容易になる。その結果、必要な知識を検索して利用することが可能になる。

Structuring
知識の構造化の要素

42 論理の正反合

　何年か前、他大学の研究者との合同研究会に行ったときの話である。旅先の宿で友人と二人、夜の研究会まで半日時間があいてしまった。外は土砂降りの雨だったので、何をしようか少し迷った。学生時代囲碁部の彼は、碁打ちには珍しく将棋はコマの動かし方を知っている程度だという。私は、どっちももうすぐ初段程度。5目置かせてもらって碁をうってみたが、相手が強すぎて勝負にならず面白くない。駒の動かし方だけと言っている将棋も口でいうより強いのだろうと、将棋を指してみたがこっちは本当に全然だめ。碁と将棋で一時間ももたない。さてどうしようかとロビーに出てみると、なんと会合の相手に出会った。向こうも同宿していて、困っていたのだ。それじゃ研究会を始めましょうということになった。仕事が終わったから夕食では酒が飲めた。雨も上がって散策にでると、月がさえざえと美しかった。

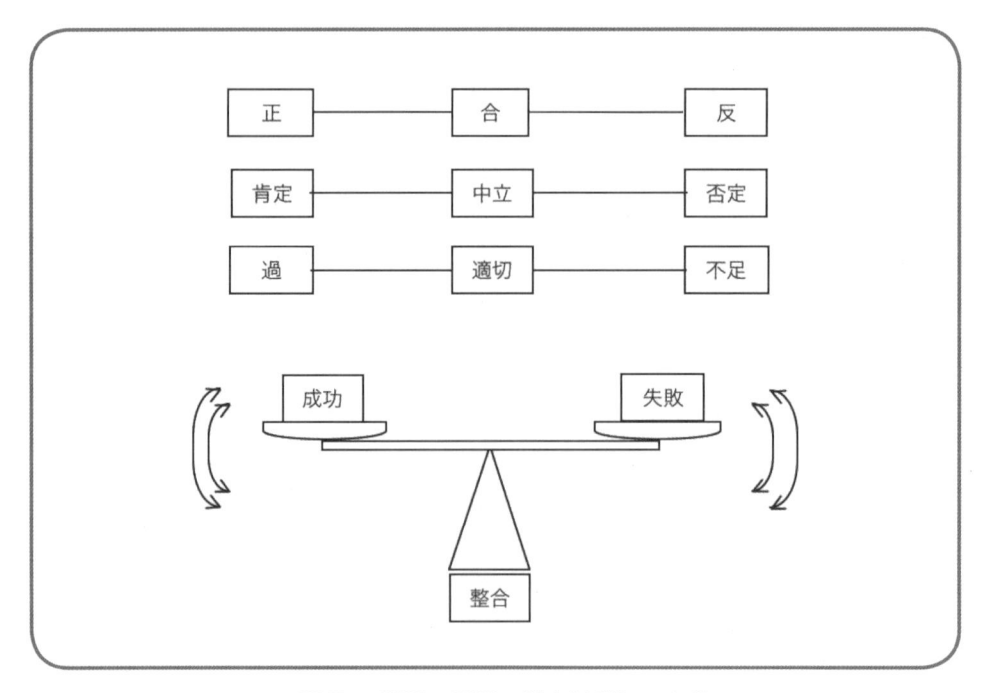

図5-4 論理の正反の重さは同じである

Knowledge

　論理の正反合は、二者択一の愚に陥らずブレークスルーを探求する考え方である。ある論題に対して偏見を持たずにバランスよく判断するための考え方といってもよいだろう。ドイツの哲学者であるカントによって提案されたこの発想は現在でも様々なところに影響を及ぼしている。知識の構造化では、この発想を実現するための方法論として、論理の正反合という面から人とシステムの調和を重要視する。すなわち、知識は人間による創造物であるので、知識を対象にする発想の中心に人があるのが当然である。しかし、知識の量があまりにも増加している現代には、知識の全貌を把握して何らかの処理をするためにはコンピュータシステムの利用が欠かせない。この時に、人とコンピュータシステムを調和させることが重要である。言い換えれば、知識を対象にする発想では、コンピュータシステムだけに依存して自動化システムを開発することは意味がない。

　ある問題に対して、関連する知識をいくら考えても答えが出ない場合は、正反合の観点から考えるのが有効である。例えば、ある問題に対して正反対の考え方を書いてみたり、正反対のプロセスを考えてみる。また、正反合ではないが、まずすべてを肯定的に考えて、次には同じ内容に対してすべて否定的に考えてみることも新しい知識の生成に有効である。例えば、まずは、もし知識の構造化が実現できれば新しい知識が創造できると考える。それから、もし知識の構造化が実現できなければ新しい知識の創造ができない、と考える。その後は、もし新しい知識を創造したいなら知識の構造化が必要である、と考える。ここで、知識の構造化をAにして、新しい知識の創造をBにすると、上記は命題Aと命題Bからなる論理の展開になる。AならBである。AでなければBではない。AができてもBはできない。AができなくてもBはできる。などなど、AとBに対して、肯定文と否定文を換えながら論理展開をする。これは、新しい知識の創造を支援するために重要な作業である。私たちはこれを思考遊戯としても楽しんでいる。

　研究開発は、いままで知られていない知識間の関連を見つける営みでもある。ひとつの実験から得られたデータだけから結論を出すことは危険である。これは、AならBである、だけの論理であり、正反合の観点から十分に検証されてないからである。大学での研究は、ある「正」に対して、「反」を考えて、結論としての「合」を導出することである。そのため、学生には、自分の研究に対して様々な立場の人と議論することや、学界などで発表して人の意見を聞くことを勧めている。

Structuring
知識の構造化の要素

43 知識の構造化における6シグマ思想

　仕事を1人にまかせるか、あるいは、2人に任せるかで悩むときがある。私は、責任感には $1/n^2$ の法則が成り立つと考えている。つまり、各人が感じる責任感の重さは、2人にまかせれば4分の1、3人なら9分の1、みんなにまかせればゼロに近くなる。これが、$1/n^2$ の法則である。

　「それでは、その方向で、皆さんで相談して決めてください」。こういう決定の仕方というのは一見民主主義的に見えるが、ほとんど実効が上がらない。逆のやり方は、「それでは、その方向で田中さんに決めてもらいましょう」。この方が、はるかに良いと思う。方向は決まっているのだから、だれかと相談するかしないか、それは田中さんが決めればよい。そして、原則的に田中さんの原案に従う。なぜなら、おそらく彼はいくつかの選択肢を想定して、その中から選んだ結果を原案として提案しているのだろうから。細かいことまでまた議論していてはきりがない。

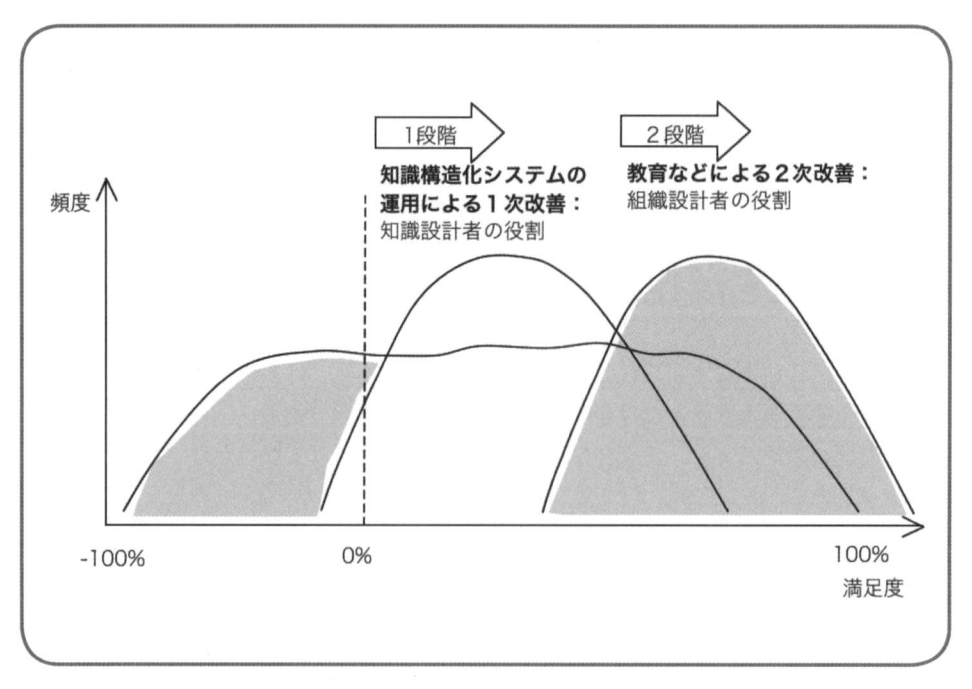

図5-5 知識構造化システムの構築における6シグマ思想

Knowledge

　コンピュータが本格的に導入され始めた当時、人の仕事をコンピュータが奪うのではないかと多くの人が懸念した。エキスパートシステムが流行った時代には、専門家の仕事がなくなってしまうと考えた人が大勢いた。しかし、そんなことにはならなかった。新しいものやシステムの導入期には、期待と不安が交錯するのが人の世の常である。

　知識システムの導入期にも二種類の誤解があった。人が持つすべての知識をコンピュータに入力し高速で推論させると、コンピュータは人間のように、あるいは人間以上に優れた知的活動ができる。このようなイメージから、知識システムを導入すれば組織の知的作業の効率が飛躍的に向上し、人がいなくても優れた意思決定ができると考えた人々がいた。これが第一種の誤解である。知識システムが人の知的活動をあくまで部分的に補助するに過ぎないというのは言うまでもない。それが明らかになると今度は逆に、知識システムは何の役にも立たないという第二種の誤解が発生した。

　製造業の生産を支援する6シグマという思想がある。ジェネラル・エレクトリック（GE）から始まった運動で、製品の不良率を100万個に3個の確率に抑えようというのが基本思想である。つまり、完璧ではないけれど、完璧に近い生産活動を目指すのである。6シグマ思想は2段階に分けて実践される。第一段階として、散漫に分散している不良品の発生頻度を、一定頻度に集中させる。第二段階として、集中された頻度を目標とする頻度まで向上させるのである。

　知識システムに6シグマ思想を適用すると、第一段階として、散漫に分散している満足度を一定満足度に集中させる。第二段階として、満足度を向上させるための活動を実施することになる。知識システムを導入する組織は、第一段階がその直接効果であることを理解する必要がある。第二段階は、知識システムそのものというより、それを媒介として、教育や文化に依存して実現する部分である。つまり、第一段階の活動だけは知識システムによる定型的処理でも一定の成果が期待できるのである。知識システム本来の成果は、第二段階として教育や組織文化によって始めて達成できる。同じ知識システムを導入しても、組織によって最終的成果に大きな差を生じる理由はここにある。第一段階は同じでも、第二段階の成果が異なるのだ。6シグマのプロセスをこのようにみてくると、知識システムに関する二種類の誤解に答えがだせるのではないだろうか。最後は人と文化の問題に帰するのだ。

Structuring
知識の構造化の要素

44 知識アーキテクト

　名選手必ずしも名監督ならずという。コーチも同様だろう。特に、天才型の名選手のコーチはたぶん問題なのだと思う。長島茂雄さんや青木功さんは、天才型の典型だろう。長島さんが少年達にバッティングコーチをしていたのをテレビで見たが、「ブワーッとね、ブワーだよ」。青木さんのショートアプローチのレッスンは、「こう、ね、こうだよ」。確かに、こうやって、青木さんのボールはカップに寄るのだが、見ている方にはなにも分からない。

　ノーベル賞学者が大学経営に向くわけではない。しかし、学者でなくても大学経営ができるのか、これは議論の必要なところだろう。学術の深さを理解しないと、学術の経営はできないと思う。そして、学術を理解するには、やはり、学術の経験が必要なのではないか。スポーツのコーチは、大選手ではなくても、間違いなく経験を積んだ選手だ。

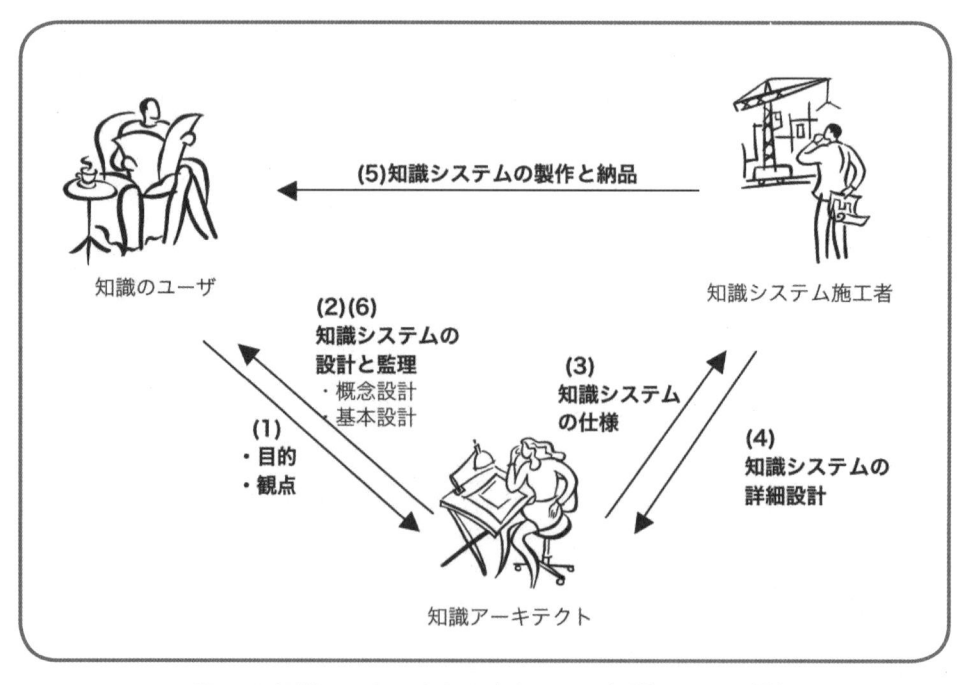

図5-6 知識アーキテクトを中心にする知識システム構築

Knowledge

　ビルを建設する場合、ユーザと建設業者と建築士が関与し、場合によっては監理を担当する建築士が別途いる場合もある。ユーザが希望を建築士に説明すると、建築士はそれを建築図面と仕様書として表現する。図面と仕様書があればどの建設業者でも同じ建物を建設する。建築士には、ユーザが言葉で表現できない部分までも図面と仕様書の形に表現する能力が要求される。よい建築士と相談できるユーザは、希望よりも優れた建物を作ってもらえる可能性が高い。建築士を介さず、ユーザが建設業者と直接相談しても期待どおりの建物にはなり難いのだ。しかしもちろん、無能な建築士に出会ってしまったユーザは気の毒なもので、さまざまな不満の種を抱えることになる。

　知識システムにおいても建築と同じ発想が必要である。ユーザは自分が何をしたいかを決める。ユーザの希望を聞いて、知識システムを設計するのが知識アーキテクトである。知識アーキテクトはユーザの希望を尊重しながらも、ユーザが表現できなかった部分までも把握する。例えば、ユーザが知らない法規制や技術進歩の可能性などへの対応も含んで設計する。知識アーキテクトが知識システムを設計した結果は、システム設計とシステム仕様として知識システム施行者に渡す。建築の模型のように、知識アーキテクトはプロトタイプを作って、設計と仕様をより具体的に指定することが望ましい。施行者はシステムインテグレータやソフトウェア開発会社など、知識システムをソフトウェアとして作って実装する組織である。知識システムの施行者は、知識システムを実装するためのソフトウェアやハードウェアなどを詳細に設計する。知識アーキテクトはこの詳細設計を検討して、基本設計と仕様を満足しているか、プロトタイプで指定した全体の流れを満たしているかを検討する。満足した場合は、施行者は実装作業を開始する。

　実装作業と最終成果物としての知識システムに対する監理は知識アーキテクトが担当する。この作業は、単にユーザの代わりとしての作業ではない。知識システムの設計、仕様、模型を作って知識システム全体を創案した責任から、すべてが要求条件通りになっているかを検討する。これまでの知識システム開発においては、ユーザと施行者が直接相談するか、あるいは、ユーザが自ら開発する場合がよくあった。しかし、知識システムの開発に知識アーキテクトを活用することによって、ユーザには希望に沿うシステムを、施行者には実装できる設計と仕様が提供できる。また、建築模型のようにプロトタイプを作って双方に説明することにより、システム開発の初期段階から、何を開発しているのか関係者は理解を共有できる。

Structuring
知識の構造化の要素

45 知識のパターン化

　炭素原子60個がサッカーボールのように丸くなった分子をフラーレンと呼ぶ。炭素の固体は、ダイヤモンドとグラファイトと黒鉛しかないと考えられてきたので、発見した学者はノーベル賞を取った。同じようにチューブ状になったカーボンナノチューブを発見した飯島博士や遠藤博士がノーベル賞をもらわないのはおかしいという人がいる。私もそう思う。

　それはそれとして、フラーレンもナノチューブも、これまで存在していなかったのだろうか。きっと存在はしたのだと思う。というのは、比較的簡単に合成できるようになってみると、ダイヤモンドやグラファイトを合成しようとしていた方法とそんなに違わない。だから、きっとそうした実験の際にもできていたのだと思う。そんなものがあると思っていなかったから、見ようとしなかったから見えなかったのだ。私の研究室でもそうだったに違いない。

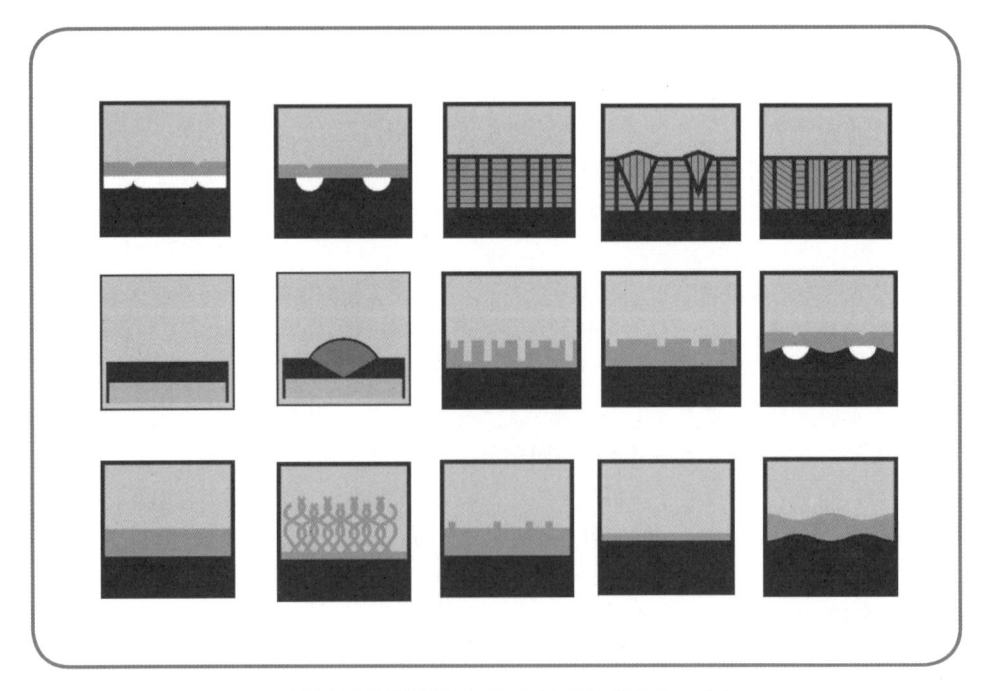

図5-7 薄膜プロセスで現れる構造の一部

Knowledge

　人は初めて遭遇するものでもパターン認識によって本質を把握しようとする。優秀な経営者は初めて経験する経営状況に対して、過去や他社の類似な事例を思い起こして最適な対処案を考える。ロボットが物体を認識して反応するのも、アクセスする人の行動を予測して最適なホームページの構成を提示するのも、パターン認識という発想が基本になっている。パターンに分けて考えるのは、膨大な知識や未知の状況への対応に有効である。

　筆者がリーダーとなったプロジェクトに、日本学術振興会の未来開拓学術研究推進事業の一つ「材料プロセスにおける異常成長の制御」がある。材料プロセスでは、平滑な薄膜を得たいのに表面に凹凸が生じたり、球形粒子が欲しいのにとげがはえたり、思い通りのものができない場合が多い。実は多くの技術者が苦労しているのだが、こうしたいわば失敗例は報告されない。なんとか克服してしまうと、異常が生じる機構など分析もされない。そのため、実験ノートや社内日誌にデータとして記録されるのみで知識として利用されないのだ。

　私たちは、700の異常成長の事例を収集し、それらを類似の形態毎に分類した。表面凹凸、ドーム状異常、樹林状異常、空隙発生等々、異常をパターンに分類したのである。ドーム状異常や樹林状異常など、いくつかのパターンの発生メカニズムは理論的に解明することができた。そうでないものは、発生状況を整理し分類した。つまり一部は形式知とし、一部は他の知識に関連づけ、すべてをパターン化したわけである。

　発生メカニズムの理論的解明はプロジェクト内で行ったばかりではない。よく調べてみると、樹林状異常の発生などは過去に解明されており論文としても発表されていた。ただ、利用されていなかっただけである。同じ薄膜研究者でも実験家は理論家の論文を読んでいる暇がない。さらに同じ実験家でもシリコン組や化合物組やアモルファス組などに細分化していて、一つの組で発表されていても他の組には伝えられない。

　半導体やナノテクなど先進的材料プロセスにおいては、微細構造形成の速度、形態、均一性などを同時に満たす必要がある。異常成長の原因を現象論的また階層的にパターン化しソフトウェア化したことにより、こうした場で使われる知識の利用度が一気に高まったのだ。パターン化の効果には予測機能も含まれる。支配法則が知られていないプロセスの場合、既知の結果を幾つかのパターンの集合で表現できれば、新奇な実験の結果を予測することができる。

第6章

知識の構造化の評価基準

Structuring
知識の構造化の評価基準

46 知識構造化システム構築における七つの要素

東大の安田講堂で行われたシンポジウムでのことである。日産のゴーン社長に講演をして頂いた。ゴーン氏は質疑討論が好きでまた大変上手な方である。30分講演、30分質疑で、はじめはおそるおそるだった学生も、答えが魅力的だから手を挙げるものが引きもきらない。「フランスと日本と風土がまったく違うところで、今までの経験は役に立つのですか？」に対する答えは、「基本は同じです。具体化の仕方は違うのです。基本は、目標、戦略、プラン、実装で、それらに関して全員の共通認識を醸成すること。得意不得意はあります。フランスだと、戦略の考え方などで議論が沸騰します。実装段階は下手です。日本は、実装段階にはいるとそれは素晴らしい力を発揮します。だから、具体化の仕方は違うのです。違うから日産とルノーの合併はうまくいったのです。私はどちらも尊敬しています」。達者なものだ。

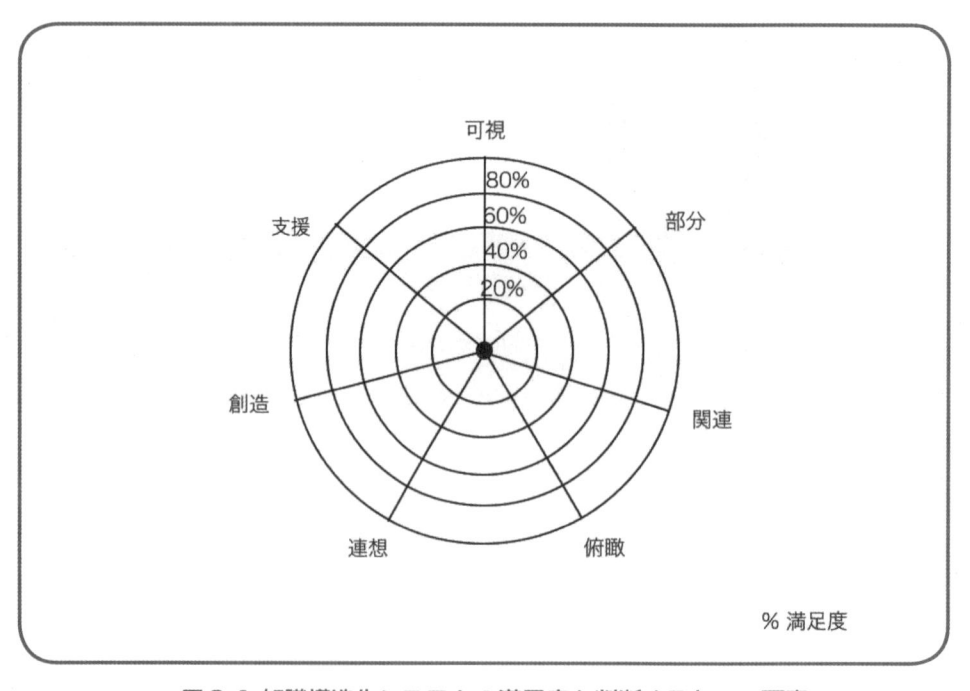

図6-1 知識構造化システムの満足度を判断する七つの要素

Knowledge

　知識は存在しているが、目には見えない。知識は扱う対象になるが、形がない。知識はだれでも使うが、各人考える深さや範囲が異なる。知識を管理すると言うが、いったい何をどう管理すれば良いのか不明確である。このような思いから、知識をデザインして扱うための新しいパラダイムとして知識の構造化を提案している。

　知識を構造化する処理過程と知識を利用する環境は、コンピュータシステムによるIT技術によって実現される。そのため、知識の構造化を支援するシステムを開発する際には、設計仕様を明確にしなければいけない。例えば高層ビルであってもその設計仕様は、何らかの観点と目的から決められた具体的な要求が必要であるのと同じだ。知識構造化システムは、ソフトウェアとハードウェアから構成される情報システムになるから、その仕様も、ソフトウェアの仕様とハードウェアの仕様に分けて定義することができる。

　知識に関する明確で唯一の定義がないため、それを扱う知識システムに対しても様々な評価基準が考えられる。知識システムへの評価基準は、知識に対する評価基準、システムに対する評価基準、ユーザに対する評価基準に区分できる。また、どの組織でも共通で使われる評価基準、組織別に詳細に決められた評価基準、業務別の評価基準などにも区分できる。これらの状況から、知識システムを評価する基準として、可視、部分、関連、俯瞰、連想、創造、支援の7項目を提案する。各基準の詳細に関しては、例題を使って後述する。

　7つの基準は絶対基準としても、知識システムを比較するための相対基準としても利用できる。また、各基準の幅と深さを、知識システムを利用するユーザの職位、業務、権限、期間、予算などと連動して調整することもできる。また、基準への満足度は、絶対値にこだわらず、相対値を使って評価するのがいい。なぜならば、知識とユーザに対する評価は、絶対値での表現は困難だし意味がない場合が多いからである。しかし、システムに対する評価は、数字で評価できるところはその方が明確である。

　知識システムの評価基準は、システムを構築する前に明確にして、システムの設計仕様に反映するのが望ましい。しかし、すでに知識管理システムなどを運用している組織が、既存のシステムをすべて改造するのは難しい。そのときには、まず、既存のシステムを7つの基準から評価して、何が不足かを把握する。自分の弱点を理解していない組織も多い。百戦百勝のためには、まず、彼を知り己を知ることである。

Structuring
知識の構造化の評価基準

47 可視：システムの動きは目に見えるか

　自転車のライトをつけると、こぐのが重くなる。つまり、発電するとブレーキになるのだ。電車に乗っていて、止まるときにキーッという高い音をたてる場合が増えてきた。これは省エネタイプの電車で、惰性で発電機を回して発電すると同時にブレーキをかける、発電機が回転するときに出る音だ。かつてはすべて、金属板を車輪に押しつけて、ブレーキとしていた。それでも確かに電車は止まるが、惰性のエネルギーは摩擦熱となって大気に放散してしまう。

　ハイブリッド自動車も、省エネ電車と同じ原理で、発電を兼ねてブレーキを働かせている。省エネルギー型のバスでは、高温ではなくブワーと低い音がする。これも原理は同じだ。自転車という身近な例で理解し、それを同じ原理の現象に拡張していく。こうした思考方法をアナロジーという。

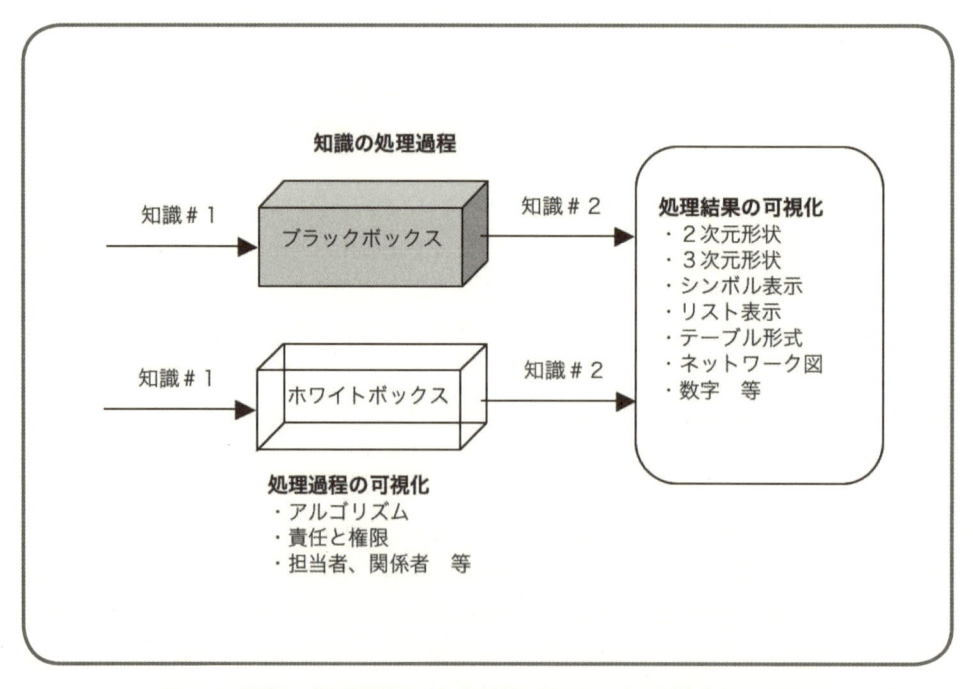

図6-2 可視：処理過程と処理結果が見える知識構造化システム

Knowledge

　百聞は一見に如かず。人間の知的処理能力を向上させるためには、見て判断できるようにすることが大変重要である。また、見えないことは不安に思うし、信頼しない人も多い。

　見せる方法については、工業製品や店でもいろいろなアイデアが考えられている。コンピュータハードウェアの外部を透明プラスチックで作って、内部の部品などがすべて見えるようにしているのがある。時計でも文字盤をなくして、時計内部のムーブメントがすべて見えるようにしているものがある。カフェでも壁の替わりにガラスにして、室内の風景がすべて外から見えるようにしているところが増えている。ボルボは街なかの工場の壁をガラスにしている。

　知識、考え方、処理プロセス、歴史、音声、意見、風などを目に見えるようにすることは難しい。工学でも可視化という研究テーマでは、様々な内容を見せる方法論の開発を目的にする。見ることによって人の理解を深く広くできる。

　知識システムの場合も、見えることは成果を極大化するために重要である。しかし何をいつどう見せるか、方法は知識システムの目的に依存する。一般的に言って、知識システムにおける可視化の対象になるのは、知識システムの処理過程と処理結果である。知識システムの処理過程は、処理アルゴリズム、利用者の責任と権限範囲、処理の担当者と関係者等がある。また、処理結果の可視化には、2次元形状、3次元形状、シンボル表示、リスト表示、テーブル形式、ネットワーク図、数字等の方法が考えられる。

　知識システムの処理過程と処理結果を可視化すると、利用者は安心してシステムを利用できる。一方これらが全く見えない場合、利用者は知識システムを信頼しようとはしない。エキスパートシステムがあまり使われていないのは、システムの働きが一種のブラックボックスになっているため、ユーザに処理過程が見えないことにも一因がある。システムの分類において、自動化システムと支援システムに分けることがある。しかし、反復的な処理を自動化するシステムでも、人間の意思決定を支援するシステムでも、処理過程と処理結果が可視化されていないと多くの人は信用しない。同じ機能の知識システムであっても、可視化すると利用度が格段に上がる。中身は変わらない、表現だけの問題だといっても、表現は本質的に重要なのだ。

Structuring
知識の構造化の評価基準

48 部分：システムの構成はモジュールの集合か

　英語が分からないとき、聞けていないのか、単語を知らないのか、システムが分からないのか、それが分からない。たとえば、電話をかけて、hold on か hang up か、交換手がいうのを私は聞き分けられるのだが、あれは、どっちかをいうと分かっているから分かるので、知らずに両者を聞き分ける耳は私にはない。つまり、システムと単語を知っているから分かるのだ。そうだとすれば、まず、システムを知り、単語を知り、それから耳を鍛えるという英語学習の方向があるはずだろう。日本でも、電車に乗っていて、次の駅の名前とか、お忘れ物のないよう前の人に続いて急いで降りろとか、何を言っているか知っているから分かる、という種類の日本語の会話も多いではないか。

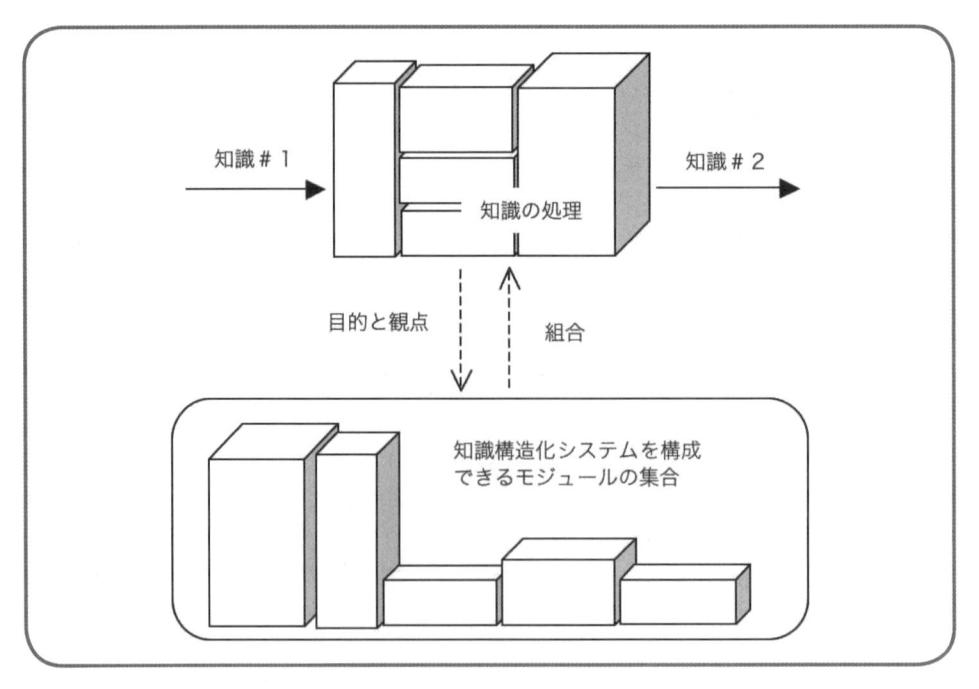

図6-3 部分：モジュールの組合として構成される知識構造化システム

Knowledge

　知識システムを開発するときにすべてを一括して行う場合と、いくつかの機能のモジュールに分けて開発する場合がある。どちらが良いかは対象にも利用目的にもよる。しかしはっきりしているのは、モジュール単位で開発された知識システムは、変更が容易で、他のシステムでの再利用ができるということである。

　知識システムをモジュールに分ける基準を考えてみよう。まず処理機能によって分ける方法がある。例えば、知識の獲得、表現、保存、検索、閲覧、交換、加工などの機能で区分する方法である。また、使う対象のライフサイクルなどを基準にして区分する方法がある。例えば製造業では、設計、生産準備、調達、生産、検査、出荷、販売、使用、アフターサービス、リサイクル、廃棄といった活動で区分する方法である。もし一つの知識システムを複数の組織がそれぞれ一時的限定的に使う場合は、組織や利用主体で区分する方法も考えられる。例えば、コンソーシアムなどで複数の企業が何ヶ月間か集まって一つのプロジェクトを実施する場合は、企業A、企業Bなどに区分する方法である。

　知識システムをモジュールの集合として開発するときには、モジュール間の境界を明確にしなければならない。モジュールを区分する方法にもよるが、一般的に境界が不明確になる場合がよくある。これは、機能、活動、組織など、どの基準で分けてもしばしば起こる問題である。モジュールの区分が不明確な結果、複数のモジュールが同じ情報に異なる結果を与えて不具合が起きたり、逆にどこにも含まれず欠損情報が生じる場合が発生する。こうした不具合を避けるために、モジュールを均等に分ける、モジュールを標準部品の集合にする、モジュール間のインタフェースを検証するなど、様々な解決策が提案されている。

　知識システムをモジュールの集合として開発する利点には、経済性、安定性も含まれる。既存の安いモジュールがあればそれを購入することによってコストを削減できるし、有効性が検証されたモジュールによって安定なシステムを構成できることである。

　モジュール化は優れたコンセプトである。しかし留意点も多い。特に、モジュール間の対話の健全性に留意する必要がある。表現形式やアルゴリズムが異なると処理結果が変わる。データの表現形式が異なると基本演算の結果すら異なる可能性があるのだ。

Structuring
知識の構造化の評価基準

49 俯瞰：知識の全体像が見えるか

　知識の構造化とは、全体像を表現し、そこに含まれる知識どうしを関係づけ、人と情報技術を駆使して理解しやすく使いやすくすることである。全体像とは、目的に必要な知識の全体構造である。

　本の題目と目次は、その本の目的と知識構造を表現している。題目は目的の表現であり、目次の大項目は大きな粒度での内容表現である。上空から日本を俯瞰したとき、本州、四国、北海道、九州が大項目、群馬、埼玉、東京、千葉が中項目、世田谷区、千代田区が小項目で、さらに細分化される。

　上空から俯瞰できるのは地理に限られる。環境問題やナノテクノロジーの俯瞰ができない理由は、そこに構造化されていないからである。知識の構造化がなされないと全体像の俯瞰はできない。

　ヤフーやグーグルなど、優れた検索エンジンとデータベースが開発されているが、知識の構造化はなされていない。ジグソーパズルのピースをばらまいた状態から検索を行っているのが現状だ。

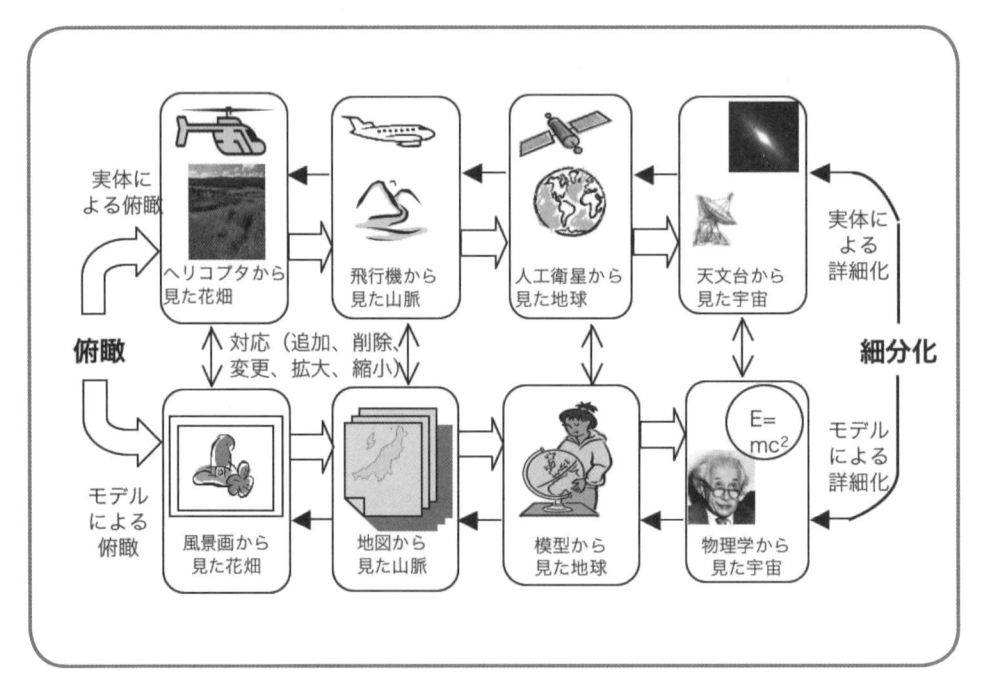

図6-4 俯瞰：全体が見える知識構造化システム

Knowledge

　人は自分が所属している社会や行っている仕事の全体像が分かると、自らの立場と目指すべき方向をよりよく判断できる。全体像の理解を支援することは、知識の構造化の最も重要な目的の一つである。

　全体像とは何で、部分像とは何だろう。それは人が決める目的による。例えば、ある人が花畑を観光に利用したいとする。彼が全体像をつかむには、花畑を歩いてみれば良いだろう。それは、客が見る像でもあるから。しかし、もしヘリコプターで見てみると視点が変わるかも知れない。そのとき、彼は、大観覧車を作って花畑から九十九里浜の海岸を含めた海浜花畑というビジネスモデルを発想するかも知れない。それは、彼がより大きな全体像を持ったと言うことである。そのときかつて彼の全体像であった花畑は海浜花畑の部分像となる。

　俯瞰には、実体による俯瞰とモデルによる俯瞰とがある。モデルはある視点からみた実体の再現である。モデルによる俯瞰の長所は、実体に対して追加、削除、変更、拡大、縮小する処理によって、特定の目的と観点に集中することができる。花畑の場合は、実体による俯瞰は、ヘリコプタから飛行機へ、飛行機から人工衛星へ、また宇宙へと、高度を上げながら俯瞰することができる。モデルによる俯瞰は、風景画、地図、模型、物理式など、様々なモデルを導入することによって全体像を俯瞰できる。どちらも有効で、組み合わせれば強力だ。

　モデルによる俯瞰は、部分像の拡大と縮小、部分像間の演算、部分像の集合など自在にできる。部分像の拡大と縮小は、カメラのズームレンズのイメージだ。部分像間の演算は、複数個の部分像に対してある部分像には＋加重値を、ある部分像には－加重値を与えて全体像を俯瞰する。これは、複雑な現像から特定の部分だけを抽出して俯瞰するときに有効である。部分像の集合は、単に関連する部分像を集めて俯瞰することを意味する。

　部分像をどのように扱うかによって、俯瞰される全体像が変わる。例えば、ある部分像を拡大するか縮小するかによって全体の印象は変わる。部分像間の演算の場合も加重値に依存する。部分像の集合では部分像の集め方による。経済現象にしても政治にしても、いわゆる専門家の意見は十人十色である。それは、部分像の処理がそれぞれ違うためである。大学に対する印象が、学生、教官、外部機関によって違うのもこうした理由による。

Structuring
知識の構造化の評価基準

50 連想：ある知識から別の知識に辿りつけるか

　20年前の米国留学中のことである。現地の学生から私はファインマンとあだ名された。ファインマンはきわめて著名な物理学者だから名誉なことかというとそうではない。How are you? とあいさつされたとき、必ず Fine, thank you and you? と答えるからなのだそうだ。しかし、そう習ったではないか。その後、彼らがどんなあいさつを交わすのか注意してみた。How are you? はほとんど常套語だが、確かに、答えはいろいろだ。Not too bad. So so. あたりは比較的普通で、I had a huge amount of math homework last night, so I'm very tired. とか、ともかくいろいろである。確かにいつも fine であるはずもないので、いろいろ言うように心がけるようにした。最近またばかばかしくなってきて、たいていは Fine, thank you and you? ですませることにしている。歳だろうか。

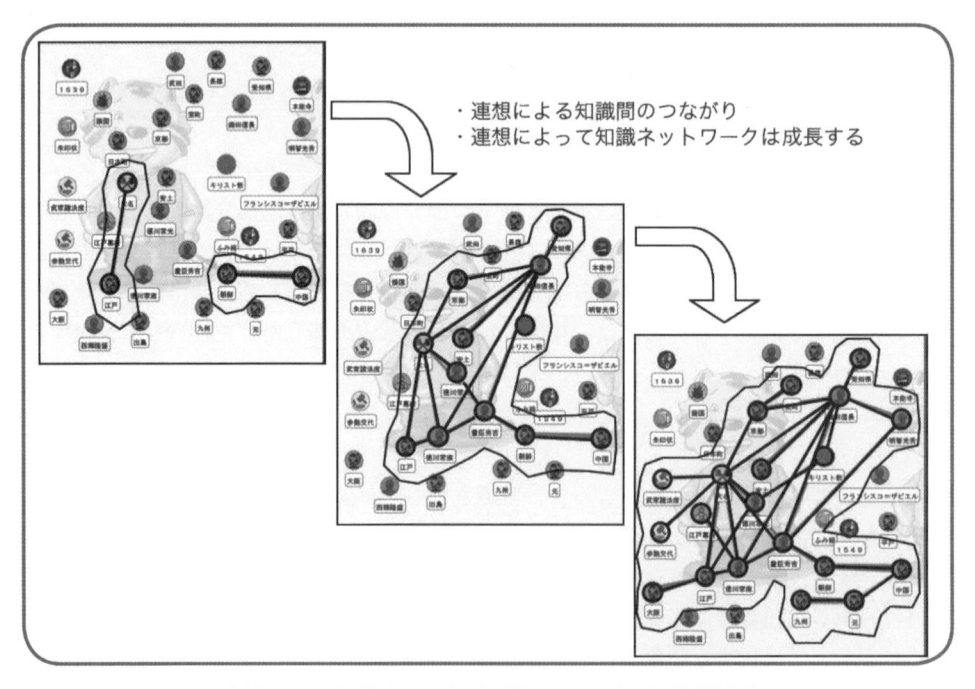

図6-5 連想：ある知識から別の知識へつながる知識構造化システム

Knowledge

　あることを思いつくと、人は関連する別のことを思う。この過程を連想というなら、連想が活発な人ほど創造性が高いともいえそうだ。創造は想像から生まれるといったごろあわせも似たような意味合いだ。ある知識から別の知識が連想される背景には、二つの知識は何らかの関係があるという事実がある。経済的な理由、科学的な理由、希望や目標からの理由など理由はさまざまであろう。いずれにしても多くの場合、知識間の関係を明確に表現するのは難しい作業である。科学研究は、知識間の関係が明らかでない場合にそれを明確にする過程でもある。

　連想は知識の構造化の重要な目的の一つである。しかし、連想の根拠を何に置くかは組織によって異なる。例えば、製造業の場合は科学技術的な理由が主となろう。金融機関なら、経済的な理由がより重視される。映画や漫画などエンタテインメントの場合は面白さや奇抜さといったものが理由になるかも知れない。

　連想の理由は目的と観点によって変わる。例えば、酸素から水素を連想したとしても、地球、水惑星と連想したのかも知れないし、燃料電池かも知れない、あるいは、理科の教師が電気分解の実験を考えたのかも知れない。ある金融商品から別の金融商品を連想した場合も、人によって異なる動機がありえる。そのため、知識を連想していく場合は、なぜそれを連想していくかルートを明確に表現する必要がある。

　知識間の連想とその理由は、知識構造化システムを運用する組織ごとに異なる興味に基づいており、これこそが典型的な組織知の根拠である。例えば、組織Xと組織Yは、共に知識Aと知識Bを保有していると仮定する。また、知識Aから知識Bを連想する理由が、組織XにはM個、組織YにはN個あるとする。この場合、知識Aと知識Bは同じでも、組織Xと組織Yが保有している組織知は異なる。この異なる組織知が競争力の源泉になり、イノベーションの資源にもなる。

　この発想を企業のコンソーシアムに適用すると効果的である。例えば、基本になる中立的な知識ネットワークはコンソーシアムで作成し、連想部分は会員企業が企業内部で独自に実施する。このようにして、知識ネットワークを作る総費用を下げながら、企業単位で組織知を作ることができる。

Structuring
知識の構造化の評価基準

51 関連：知識はネットワーク化されているか

　知識があることと、それを使えることは違う。地下鉄を降りて、映画館に行きたいとしよう。今出ようとしている出口近くで、売店はどこにあって、あそこのコーヒーはおいしい、トイレはあそこにあるということをいくら知っていても意味はない。必要なのは、今いるその出口を、映画館を含む地図の中に書き込めるかどうかである。新たに開発されたセラミックスが、火力発電所の効率改善に役立つかどうかの判断は、火力発電所の効率という全体像の中にセラミックスの特性を位置づけて初めて可能になる。知識は、目的とする全体像のなかに位置づけることによって利用可能になるのだ。

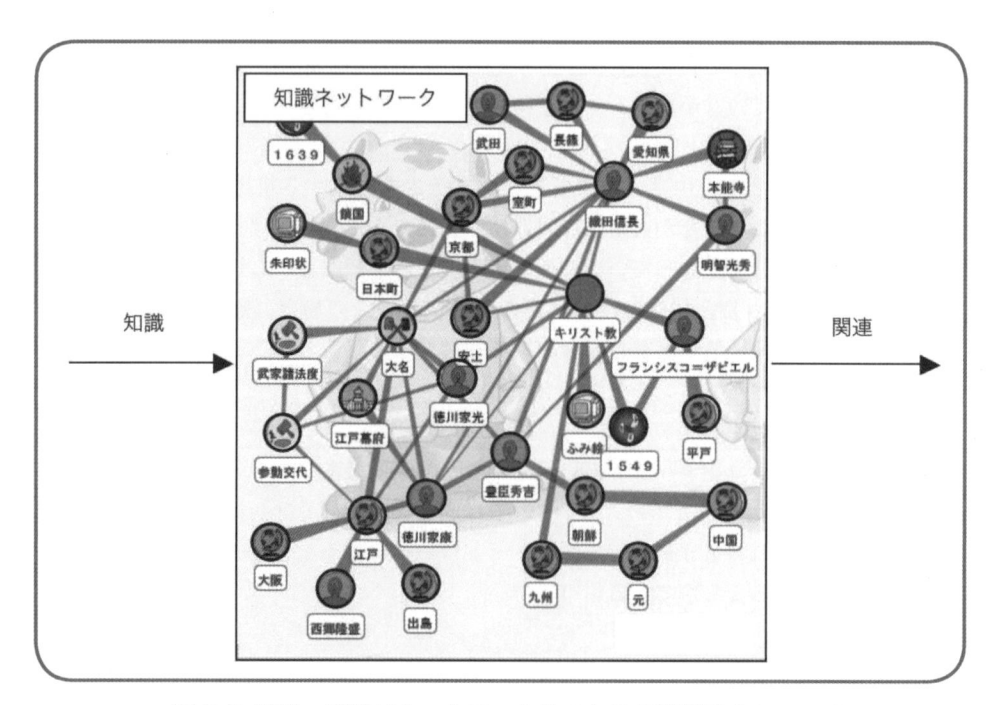

図6-6 関連：知識がネットワーク化される知識構造化システム

Knowledge

　単独で存在する知識はない。知識は他の知識と相互に何らかの関連を持っている。この関連を図にすると知識のネットワークとなる。知識ネットワークの頂点は特定の知識を、頂点間の稜線は知識間の関連を表す。赤いビーズを中心にしたビーズネットである。

　知識ネットワークは頂点の増加と稜線の増加によって成長する。単独で存在する知識がないということは、知識ネットワークにおいても単独で存在している頂点はないことである。レースがついていなければ、ビーズは落ちてしまう。小領域の知識をネットワークに表現することは難しくないが、大きな領域を表現するのは難しい作業になる。

　知識をネットワークに表現してコンピュータで支援するためには、知識も関連もデジタル形式で表現されている必要がある。しかし、これは現実には難しい課題である。例えば、長い歴史をもつ研究室には、卒論、修論、実験ノート、図面、マニュアルなど莫大な量の知識情報が紙の形で保存されている。これらをすべてデジタル化するのは現実的ではない。企業の中には一部重要な図面などはスキャンしてデジタル化しているが、極く一部の図面だけである。たとえスキャンして形をデジタル形式にしても、設計意図など重要部分を表現できない。

　この場合の一つの解決方法は、知識ネットワークを作ってハブを探すことである。例えば、紙に描かれている何十年前の図面をスキャンする代わりに、図番と概要だけを知識ネットワークの頂点として対応させる。そして、知識間関連を表す稜線を入れる。多くの稜線が入って出る頂点があれば、それは知識ネットワークにおけるハブ知識である。このハブ知識を中心に一次関連をもつ知識を一つの領域として区分することができる。その後、領域間の関係やハブ知識の分布を見て、重要と思われる知識を紙形式からデジタル形式へ変化させる。枢要な知識を選択する方法である。

　知識ネットワークを作る目的の一つはハブ知識の発見にある。ハブ知識は稜線の数で判断できる。しかし稜線は、科学技術的な理由によるか経済的理由によるかによって数が変わる。すなわち、知識ネットワークのハブ知識は全体を見る観点と目的によって変わるわけである。同じ知識ネットワークでも、観点と目的が変わるとハブ知識が変わるので、同じ業界内の企業でもハブ知識が異なる。また、同じビジネスをしている企業間でも重視する知識が異なる。極めて常識的であろう。

Structuring
知識の構造化の評価基準

52 創造：
情報の検索分析からシナリオの創造ができるか

　ハワイで行われた4年ごと開催の第3回水素エネルギー学会に参加したときのことだ。三日間の最後に行われた総括セッションで、ひとりの老教授が手を挙げた。そして、三日間すべての発表を聞いたが、今回議論した内容の90％は前2回の会議ですでに議論されたことの繰り返しだと発言したので、会場は静まりかえった。最近話題となる二重投稿や二重発表などと違って、だれにも悪意があったわけではない。少し学際的な学会では、参加メンバーが多分野から集い、しかも固定しない。そうすると、一流の国際学会でも、だれにも悪意はなくても、何が新しくて何がすでに知られた知識なのか、多くの人は判断ができないのだ。90％がこれまでの繰り返しだとして、残りの10％が本当に新奇なのか、だれもいえない。

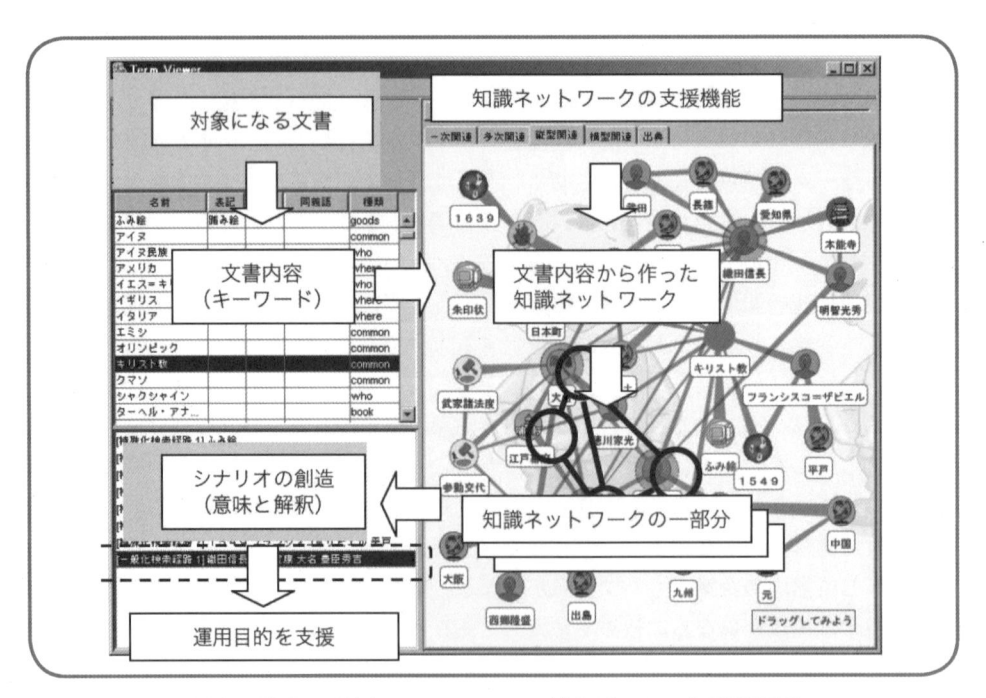

図6-7 創造：検索と分析からシナリオの創造ができる知識構造化システム

Knowledge

　情報の検索や分析には必ず何らかの目的と観点がある。左ページにある図は、小学校で学ぶ6年生の教科書内容を分析して、知識ネットワークとしたものである。教科書のキーワードに対して、そのキーワードが表す意味と、キーワード間の関連から知識ネットワークを作成している。もし小学校6年生の教科内容に詳しい人なら、この知識ネットワークが何を表しているかすぐ理解できるし、また、この知識ネットワークのどこを見るべきか、それはなぜかも容易に理解できるだろう。しかし、それを知らない人には、知識ネットワークのどこを見るべきか、それはなぜかが分からない。知識ネットワークは、目的や観点とともに、使う人の知識に応じて支援するものである。

　中立的な知識ネットワークがあったとしても、どこを見るかによって考えられるシナリオが変わる。知識ネットワークの一定部分が持つ意味と解釈によって、全く異なる様々なシナリオを生成することができる。これはプログラムによって半自動的にもできるし、人が作業することによっても実現できる。

　知識ネットワーク自身は静的であるが、新しい知識が与えられると関連する部分が動的に変わる。この時与えられた知識は、既存の知識ネットワークに対する知識触媒とでもいうべきものである。知識触媒に対する知識ネットワークの反応を見ることによって、様々なシナリオを作ることができる。例えば、ある知識触媒に対しネットワークの一定部分が活発に反応する場合がある。その反応の解釈によって、様々なシナリオを想定することができる。

　ある新知識が発表されたとしよう。企業が持つ知識ネットワークが、この新知識に対してどう反応するかが、その企業の競争力の要因である。もし、企業のネットワークがこの新知識に対して活発に反応する場合、それはこの企業にとって重要な知識だということになる。

　イノベーションを追求する組織にとって、外部から提供される新知識を知識触媒と捉え、組織が知識ネットワークの支援を得て、早く深く反応する環境を作ることが肝要である。イノベーションは、それまで関連がなかった知識間に新たな関連を付けることにも対応する。知識ネットワークと知識触媒とが、優れた新たなシナリオの作成を可能にする。

Structuring
知識の構造化の評価基準

53 支援：個人別に異なる目的と観点で利用できるか

　企業出身の教授や、企業人に非常勤講師を依頼するケースが増えている。異なるキャリアをもつ人々とふれあうのは学生にとってなによりの経験になる。しかし、現状の日本では企業出身教授の割合には限りがあるし、企業人だけで大学の講義が成立すると思ったら大間違いだ。企業人の多くは、新事業や海外プロジェクトといった経験に基づく面白い話をもっている。またたとえば、自動車の設計で、大学で習ったことがどのように役に立ち、どう限界があるかという話も重要だ。しかし、自動車の設計法だけでは創造的技術者は育たない。具体的な設計法と一般的設計論、それらとニュートンの運動の法則やエネルギー保存則との関係、一般化すれば「経験」と「体系」とが両輪となって、知は熟していくのだ。

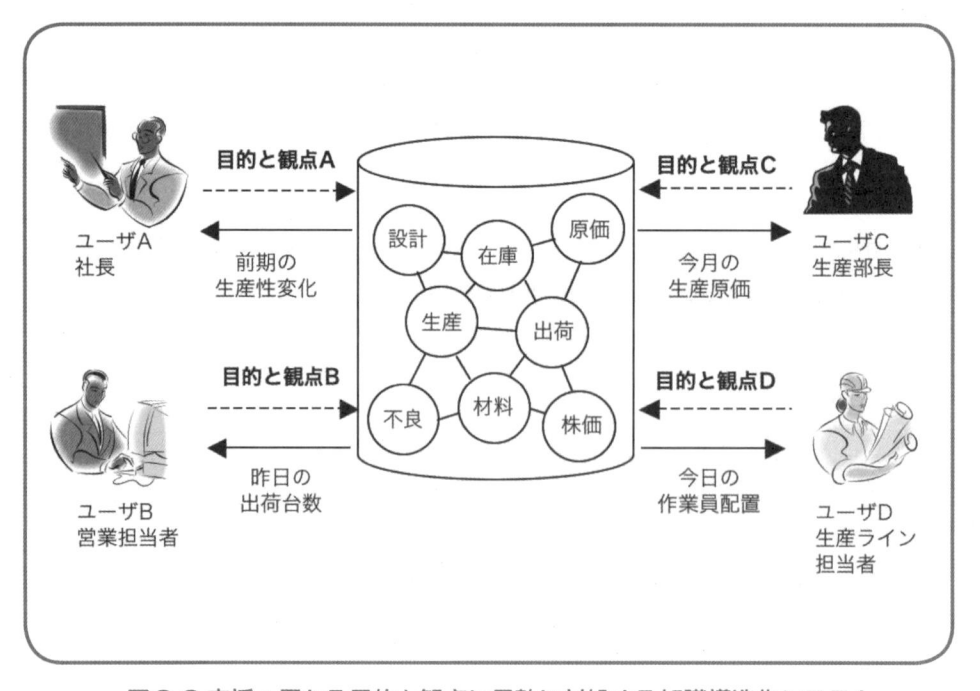

図6-8 支援：異なる目的と観点に柔軟に対処する知識構造化システム

Knowledge

　現在の検索は、検索語を入力してその検索語が含まれている文書を探すのが一般的方法である。企業で運用しているデータベースや知識ベースも、特定内容を探すためには検索語を基準にするものが多い。同じ検索語を入力すれば、誰にでも同じ結果が返ってくる。もし、同じ検索語に対して入力する度に異なる結果が返ってくるとすれば、それはシステムの誤作動と判断される。

　しかし、検索語が同じだとしても、その検索語を入力する目的と観点は人によって異なる。例えばある企業で、同じ生産という検索語を入力した場合も、社長、生産部長、営業担当、生産ライン担当などによって、求める内容が異なるのが一般的である。知識システムを運用する場合も、すべてのユーザは異なる目的と観点を持っているのが一般的である。こうした事実を無視してすべてのユーザに一律な内容を提供することは、本来の知識システムの運用目的に添わない。同じ個人の場合でも、そのときの状況によって同じ検索語から異なる内容を期待することが多い。

　異なる観点と目的から利用できる知識システムの必要性は疑いない。しかし、組織共通の要求への標準的な対応と、個人別の柔軟な対応は、コストの問題と知識の構造化の観点が関係する。コストの立場からは最適な支援範囲と機能を求めることになり、多くの場合は、組織共通の内容に重点を置く。

　知識の構造化に留意すれば、個人の連想経路を利用することによって個人別の要請に対応することが可能になる。ある問題に対して、すべての人の独自の目的と観点から関連する知識を連想する。連想していく過程を連想経路として定義する。この連想経路を管理することによって、個人別の支援ができる。上記の例で、同じ生産という知識に対しても、そこから作られる連想経路は、社長と担当者によって異なる。知識システムにログオンする時、この個人が誰であるか認証するので、ログオンしてからすべての作業をその個人の連想経路を中心にして支援する。その結果、同じ知識システムでも、それを使う個人にとって適切な内容を提供することができる。

　個人の連想経路は、個人が作って、他人と交換や統合することもできる。例えば、同じ営業部署の担当者では、定期的に個人が作った連想経路を組織内部で公開して、統合する。その結果、個人の知識を組織の知識へ変換することもできる。また、人は他人の連想経路を見て、また新しい連想経路を思いつくものだ。つまり、創造の支援にもつながる。

〈第2部〉
「知識の構造化」の実現

第7章

知識の構造化を目指す
プロジェクト例

Structuring

知識の構造化を目指すプロジェクト例 —— 教育知識の構造化と教育サービスへの利用

54 複数大学間の授業交換とシラバスの共有

　大学経営に関わるようになって改めて分かったのは、教育への要求は実に多様だということである。教育論議は果てしがない。学生には基礎的な勉強をしっかりやらせるべきである。講義だけでなく演習や実験を充実すべきだ。小人数教育をすべきだ。国際競争が激化しているから即戦力を育成すべく専門教育に注力すべきだ。早期に国際感覚を身につけさせるために留学機会をあたえるべきだ。英語は身につけさせるべきだ。語学は二つは必要だ。人間力が重要なのでクラブ活動は必須だ。科学技術立国のために数理的能力を養うべきだ。グループをまとめる能力を育成すべきだ。ボランティアを経験させるべきだ。巧みの技の継承を図るべきだ。ともかく限りがない。いったい貴方自身はどうなのだと聞きたい思いをぐっと抑えて、この要求の多様性を大学個性化の根拠と捉えるべきである。

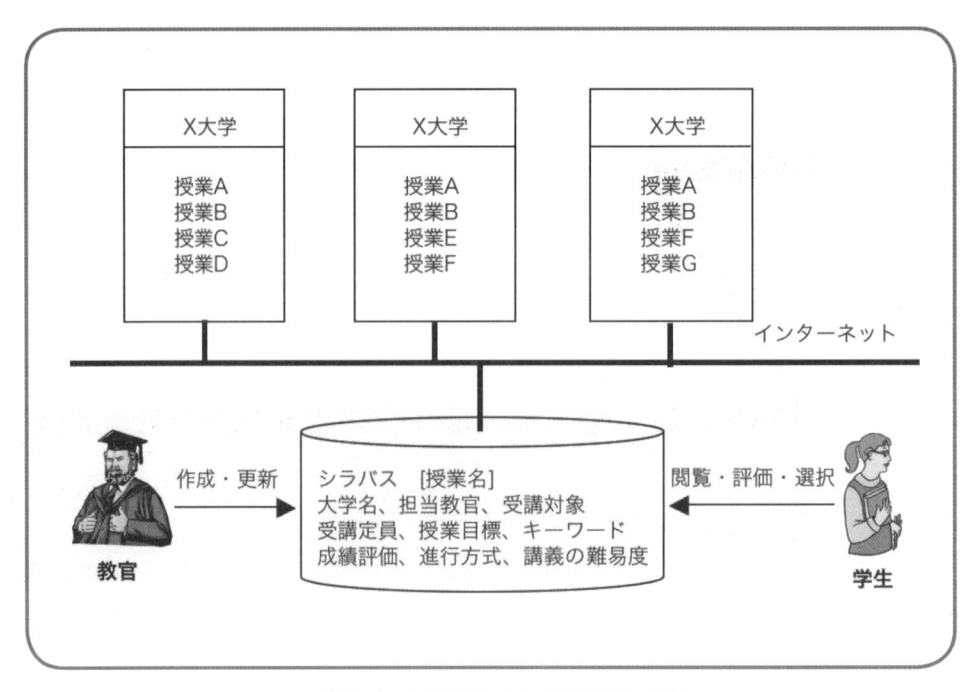

図7-1 大学授業のシラバスの共有

Knowledge

　学問の細分化と社会現象の複雑化を反映して、大学で提供する授業科目数は増え続けている。例えば、東京大学工学部は2003年度基準では、17学科29コースに分かれて、2年生冬学期から工学部教育が始まる。4年生終了までには、工学部全体で863科目が提供される。学生は卒業までに42科目から48科目の単位を取得する。

　これらの中には、講義名や講義教官が異なってもほとんど同じような内容と考えられる科目もあれば、講義名が似ていても内容は全然異なるものもある。講義名の一覧をみても全体が把握できない。そのためもあるのだろう。ほとんどの学生は標準カリキュラムとして自分が所属する学科から推奨される講義のみを受講する。

　アメリカの大学ではもう少し親切にカリキュラムの内容を学生に知らせている。いわゆるシラバスが充実している。そのことも、日本の大学では他学科が提供する授業科目を受講する学生が少ないことに関係している。他大学で受講する学生はもっと少ない。他学科や他大学が提供する授業内容を把握できないことにも一因があろう。

　充実されたシラバスは、授業を選択する学生にとって最も重要な意思決定根拠になる。シラバスには、大学名、担当教官、受講対象、受講定員、授業目標、キーワード、授業内容、成績評価、進行方式、講義の難易度などを表現すべきである。学生は、このシラバスを見て、自分の目標と照らし合わせて受講するか否かを判断する。

　日本国内だけではなく、海外の大学を含めて複数の大学間で授業交流することは、これから増えると思われる。この場合、どこの大学でどんな授業を提供しているかを判断できないと、学生も教官も正確な意思決定ができない。そのため、充実したシラバスを共有する必要がある。また、学生の将来計画に最適な受講計画を支援する機能、テーラーメードの機能が必要である。これは、一種の受講シミュレーションとも言える機能である。例えば、現在化学システム工学科の2年生である学生が、将来は製造業の技術経営診断を専門にしたいと思ったときに、どの大学のどの学科のどの科目をどの順番で受講すれば一番良いかをシミュレーションする。

　シラバスの作成には、教官が予め決めた内容の他に、実際にその科目を受講した学生からの評価を記述するのがいい。種々異論もあるが、学生による授業評価が概して当を得ていることはこれまでの多くの研究の示すところである。

Structuring

知識の構造化を目指すプロジェクト例 —— 教育知識の構造化と教育サービスへの利用

55 教育サービス質の向上とワンストップサービス

　脱硫装置が世界で2360台、脱硝装置が490台設置されている。そのうち、1800台、350台が日本で稼働している。日本は公害対策の最先進国です、とこう話すと聴衆は不思議な顔をする。IMDというスイスの機関によると、日本の大学の競争力は43カ国中最低だというと、あっはっはと笑う。しかし、IMDの調査はでたらめで、ビジネスマンに、自分の国の大学をどう思うかと聞いた結果の順位にすぎない。日本人は自虐的だ、大学の実態など知らないビジネスマンがこういう答えをするのはたちが悪い、と付け加えてもあまり沸かない。日本がだめの方が快いのだろうか。政治のレベルだの、経営力だの、弱い部分は確かにある。しかし、おだやかで、勤勉で、有能な国民がつくった屈指の大国であることは、世界が認める当たり前な事実なのだ。

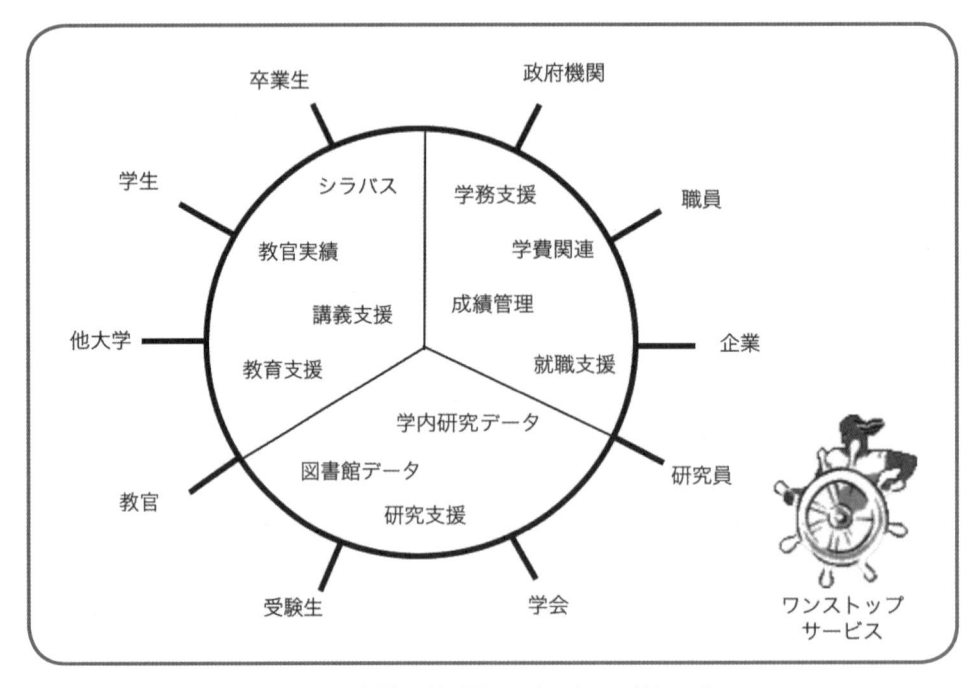

図7-2 大学におけるワンストップサービス

Knowledge

　大学が提供する業務内容を三つに大別すると、学務支援業務、教育支援業務、研究支援業務となろう。学務支援業務には成績管理、履修登録、学費奨学金関連、就職支援などが含まれる。教育支援業務にはシラバス関連、教官実績公開関連、講義支援、公開講義関連などが含まれる。また、研究支援業務には学内研究データ管理、外部資金データ関連、図書館関連などが含まれる。

　大学の規模が大きくなり、業務担当部署や担当者が増えると、どうしても業務の処理に時間がかかる。また、一つの業務を一つの場所で処理できなくなり、様々な部署や担当者間の連絡業務が増える。

　大学の競争力強化の切り札は、関連する業務に対するワンストップサービスであろう。学内外からのどんな要求に対しても、一つの場所ですべてが処理できるワンストップサービスが実現できれば、大学における業務処理時間が短縮されるとともに、顧客の満足感も飛躍的に向上できるだろう。

　ワンストップサービスの実現には、知識の構造化、異種データベースの統合などいくつかの課題を解決する必要がある。大学における知識の構造化は、学務知識、教育知識、研究知識など、既存の業務分類にしたがって構造化するのが現実的である。これらのほとんどは、例えば工学系でも薬学系でも学術分野に関係ない、共通で標準的な知識である。

　ワンストップサービスは、大学内部の人や組織だけで実施する内容ではない。大学と関係する政府機関、研究機関、企業、他大学、受験生まで含めて、何をワンストップでサービスするかを議論する必要がある。議論の結果、サービスの対象にする業務に関しては、関連知識がネットワークで表現され、ある知識から関連する知識へ次々と到達できるようにしないといけない。

　ワンストップサービスには、実際に何が欲しいのかを相談できる知識アドバイザーが必要になる。学生でも教員でも、欲求はもちろんあるのだが、それが具体的に書類なのか耳情報なのか、正確に分かっていない場合が実は多い。分からないから相談したいのだ。そうしたとき支援するのが知識アドバイザーだ。それは人でもシステムでも構わないが、学務支援業務、教育支援業務、研究支援業務間の関連をよく理解している必要がある。ワンストップサービスの実現に不可欠な要素である。

Structuring

知識の構造化を目指すプロジェクト例 —— 安全知識の構造化と安全管理への利用

56 実験研究を行う際に必要とされる安全知識

　新しいことを理解するのは骨の折れることだ。たいていのことは、分かってしまうとなんだそんなことかとなるのだが、分かるまでは大変である。もっとも効率がよいのは、よく分かっている人に教えてもらうことである。ただ、本当に分かっている人がどこにいるのかがよく分からない。教えている人が実はよく分かっていなかったりすることもあって、これは大変である。もうひとつは、良い本を読むことである。ただ、なにが良い本か、それはやはり分かっている人に教えてもらう他はない。分かってしまうと、大概のことは易しいと感じるようになる。多くの人は自分の仕事を易しく話すのは好きではない。自分の分野は易しくて、他人の分野は難しいと思っているからだろう。総合大学の長所は、教えてもらえる友人がたいてい学内にいることである。問題は、聞くべき人が多すぎるということだ。

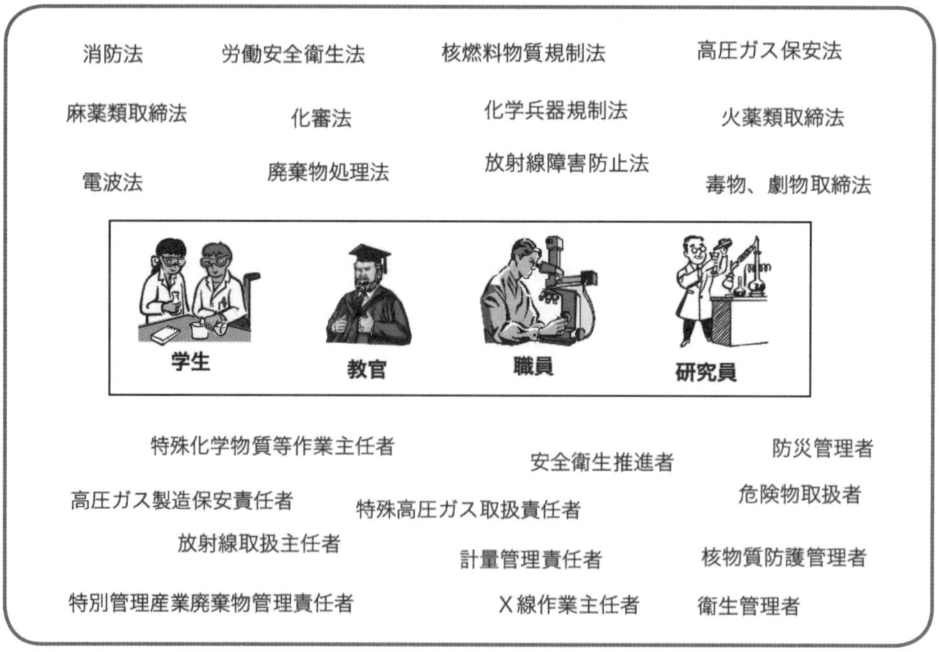

図7-3 実験研究に関連する膨大な安全知識

Knowledge

　大学などでは日常的に実験研究が行われている。そしていくら注意を払っても事故が発生する。事故は、軽微な実験設備の破損などから、人命に関わるような大事故までさまざまである。事故が起きてから安全意識がない、安全対策が不足だとか言ってもはじまらない。覆水盆に返らずである。そのため安全確保に資源を投入するわけである。

　安全確保の知識を整理すると、まず法律に基づく規制がある。これが最低レベルの安全対策である。法律規制には、消防法、労働安全衛生法、核燃料物質規制法、高圧ガス保安法、麻薬類取締法、化審法、化学兵器規制法、火薬類取締法、電波法、廃棄物処理法、放射線障害防止法、毒物、劇物取締法などがある。さらにまた、組織固有の規制などもあるので、実験研究に関わる法規制をすべて把握することは一般人には不可能に近い。

　これらの法律によると、実験研究の状況や目的などによって、専門の担当者を指定するようになっている。例えば、特殊化学物質等作業主任者、安全衛生推進者、防災管理者、高圧ガス製造保安責任者、特殊高圧ガス取扱責任者、危険物取扱者、放射線取扱主任者、計量管理責任者、核物質防護管理者、特別管理産業廃棄物管理責任者、X線作業主任者、衛生管理者などが挙げられる。実験研究を始める前に、関連する法律を紹介して、専門の担当者を指定し、安全が確認されてから実験を開始しないといけない。また、実験中でも安全に影響が及ぶことがあれば直ちに実験を中止しないといけない。

　実験研究といっても、実験によって扱う物質から実験方法や目的まですべてが異なる。しかし、科学知識から法規制まで関連する知識が膨大なため、必要なときに必要とする知識を探すのは至難の業だ。専門家であっても、自分の専門領域に関してはよく分かっているが、安全の領域に専門知識を持っている人は少ない。安全知識を構造化して、組織が利用できるようにすることは大変重要な課題である。

　これまでの動向としては、安全知識を部分的に収集して作ったマニュアル等はあったが、安全知識全体を構造化した例はない。安全は、事の重要性に比して未開拓な分野の例である。

Structuring

知識の構造化を目指すプロジェクト例 —— 安全知識の構造化と安全管理への利用

57 教育研究機関が共有する安全マニュアル

「教えてあるのに学生は理解していない」というのを、大学の教員同士の会話でよく耳にする。場合によっては、それが「最近の学生は能力が落ちた」と発展していくこともある。こうした会話の意味を良く考えてみると、「教えてある」というのは、講義で話したあるいは黒板に書いた、ということだろう。しかし、自分の学生時代を振り返ってみて、先生が話したら分かっただろうか。そんなことはないだろう。だから、先生は「教えた」といい、学生は「習っていない」ということになる。

「分かる」ためには、小中学校でやったように、話を聞いて、練習問題をやってみて、間違いを直してもらって、応用問題をやって、だんだん分かっていくのだ。大学に入ると、話すと教えたということに突然ルールが変わる、これは問題だ。

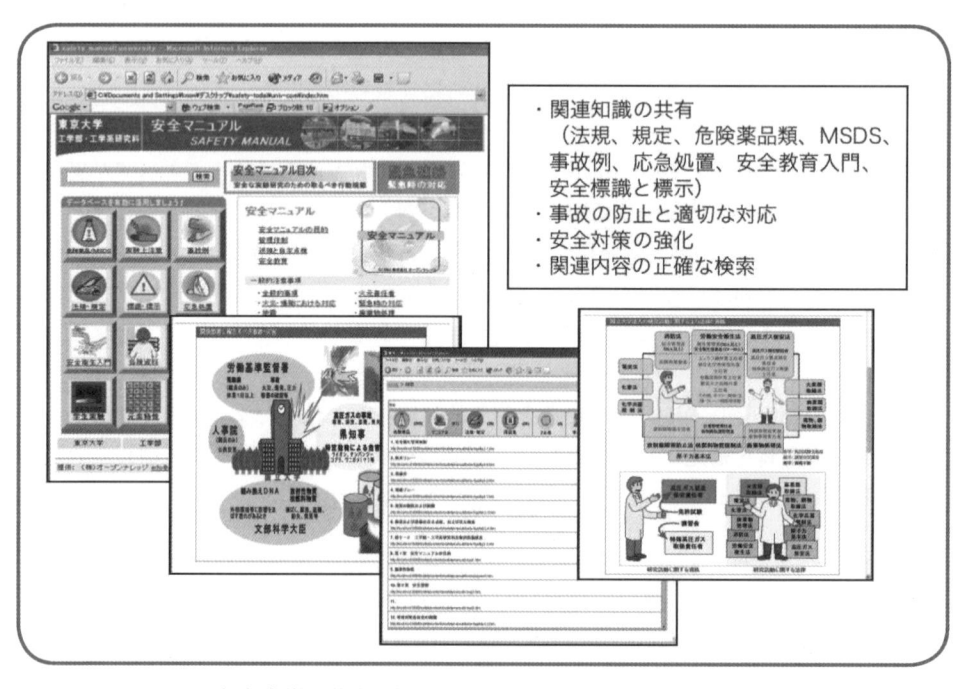

図7-4 東京大学工学部がイントラネットで運用中の安全マニュアル

Knowledge

　実験研究を行う組織において安全対策は最重要課題の一つである。そのため多くの組織が、すべての関係者を対象に安全教育を実施している。安全教育では、安全マニュアル、安全指針などと呼ばれる資料がテキストとして配られる。

　これらのテキストには、実験を行う人々にとって必要最小限の知識しか含まれていない。また、作成し配布するコストが高い割に研究者すべてがよく読むわけでもなかったり、内容に変更があった時の連絡方法など、非効率的な面が多くあった。

　こうしたさまざまな問題を一気に解決しようと、東京大学工学部では、安全知識の構造化を目指して、イントラネット版安全マニュアルを導入した。まず、膨大な安全知識を分類し、関連付けによって相互リンクさせた。例えば、法規定、危険薬品類、事故例、応急処置、安全教育入門、安全標識と標示して分類されている。イントラネットで運用することによって、事故の防止と適切な対応、安全対策の強化、関連内容の迅速正確な検索を支援する目的を果たしている。また、それまで使っていた膨大な紙媒体の資料を全廃し、2004年からは全関係者に対してイントラネット版安全マニュアルを使って教育している。

　イントラネット安全マニュアルは、いつでも利用できるし、重要な知識はできる限り図にしている。図示したのは、検索時に内容を理解する時間を短縮するためである。例えば、安全マニュアルには応急処置が含まれているが、実際に事故があった場合に一々読んでいる時間がない。

　安全知識の構造化の際、ポイントのひとつになるのが適切な事故例の収集、分析、そして共有である。実験研究を日常的に行う研究室ならどこでも事故を経験していると考えて良いだろう。それが内部で処理され報告されなかった例もおそらく多いのだろう。しかし、ささいなハプニングに留まった小事故が、次の機会に、あるいは別の場所で大事故に発展する可能性は否定できない。まず事故例を関連組織で共有することは大変重要なことである。また、事故例を様々な知識と関連付けることによって、そのメカニズムを明らかにしなければならないことも言うまでもない。

Structuring

知識の構造化を目指すプロジェクト例 ── 教科知識の構造化とウェブ検索への利用

58 小学生の世界における言葉間の関連

「小宮山」という文字をみると、人はそれを苗字だと思う。しかし、コンピュータに「小宮山」と打ち込んでみても、それは記号にすぎない。核という文字をみると、ある人は核兵器を思うが、ある人は原子力発電を連想し、別の人は細胞の核の話かと思う。しかし、「核の問題は重要だ」というと、ほとんどの人は核兵器を連想するだろう。

コンピュータにとっては、核も核の問題も小宮山と同じただの記号にすぎない。人というのは実に不思議な、途方もない能力をもっている。チェスでディープ・ブルーと名付けられたコンピュータがチャンピオンに勝った。それはしかし、速くて容量が大きくなったと、ただそれだけのことだ。そもそもディープ・ブルーのソフトは人が作ったのだ。

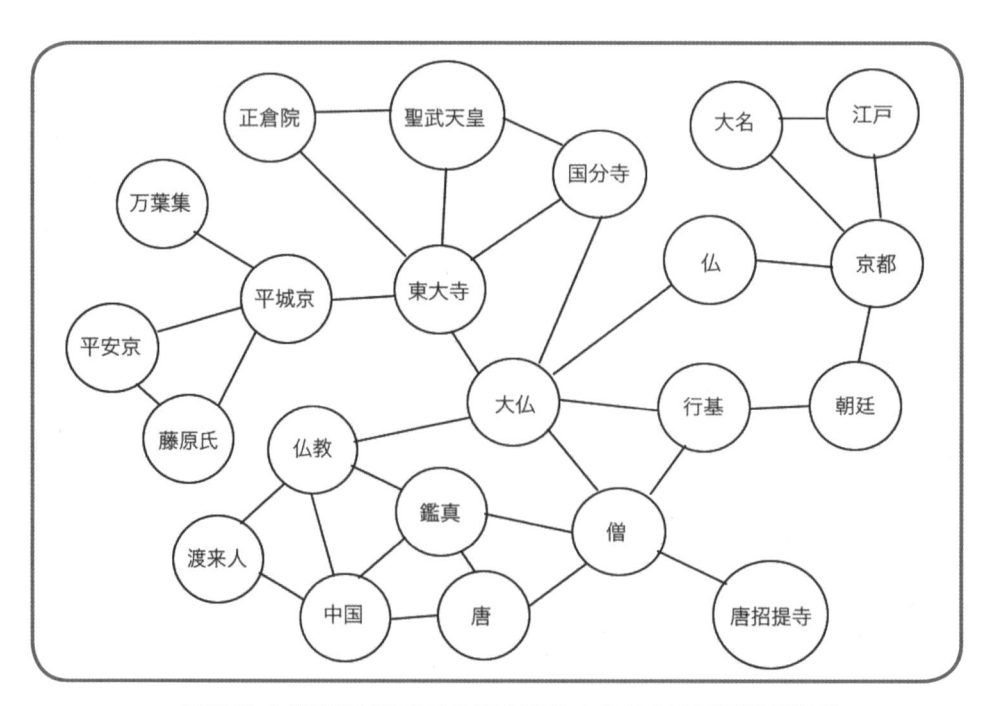

図7-5 小学校教材における東大寺を中心にする言葉間の関連

Knowledge

　特定領域の事がらを理解するためには、まずそこで使われている言葉を理解する必要がある。これは、子供の世界でもおなじ事だ。誰にも小学生の時代はあったわけだが、だから小学生を理解できると思うのは誤りだ。現在の小学生のことを正しく理解している大人は少ないだろう。小学生を理解するために、小学生が使う教科書を分析するのも一つの手段だ。日本の小学校で使うことのできる教科書は、全科目合わせて418冊ある。一科目に最大5種類の教科書が認められている。

　小学校6年生が前期で学ぶ社会科教科書6冊分を分析した結果の一部を紹介しよう。例えば、この6冊という閉鎖された領域で、東大寺という単語と関連を持つ単語の一部を挙げると、聖武天皇、平城京、正倉院、鑑真、唐招提寺、万葉集、藤原氏、平安などがある。これらの単語間の関係を表現しているのが、前ページにあるネットワークである。

　ある領域でよく使う言葉をネットワークで表現すると、その領域の全貌が推測できる。例えば、上記の東大寺を中心にして分析したネットワークを見た人は、自分の小学生時代を回想しながら現在の小学生の世界を理解するであろう。さらに詳細を知りたければ、知りたい単語の出典を読めば理解が深まる。この教科書で教育を受けた小学生の知識構造は、このネットワークと似た構造になっていると思われる。知識が多い子供ほどネットワークは大きくなり、理解の深いほど関連付ける線が多くなる。

　子供が学校で学ぶ知識をネットワークで表現して、知識間を関連付けると、その結果は教育現場で利用できる。例えば、宿題や試験問題の出題などは直ちに思いつく利用分野の一つである。既存のネットワークに新しい知識を関連付けたりしながら学習効果を上げることも考えられる。また、すでに関連付けられている知識間でも新しい関連を見つけて追加することによって、知識生成を支援することができる。

　小学生が学ぶ教科書から作る知識ネットワークには、教科書にある知識と、それら知識間の関連が提示されている。もしこのネットワークを一つのクラスで共有できれば、次は地域の小学校で共有できる。教科書知識を構造化して、全国の小学校が共有できるようになれば、これは教科書を補完する強力な教育知識基盤になる。

Structuring

知識の構造化を目指すプロジェクト例 ── 教科知識の構造化とウェブ検索への利用

59 子供のためのウェブ検索支援システム

　ロスト・イン・トランスレーションという映画で、rとlの区別が付かない日本人をジョークの種にしていた。ジャパニーズイングリッシュも有名になったものだ。それで良いのだ。フィリピン英語、中国英語、イタリア英語、そして日本英語をどんどんしゃべろう。英語が国際語ということは、英、米、オーストラリアといったほんのひとにぎりの国が不当に得することを意味する。ハンディキャップを少なくするには、少しでも多くの国のなまった英語を標準と同じに尊重する必要がある。

　そもそもロンドンの下町の英語などひどいもので、hを発音しないから、himはヒムでなくイムだ。テキサスもひどいし、インドやオーストラリアはとてつもなくひどい。rとlくらいで遠慮することはない。

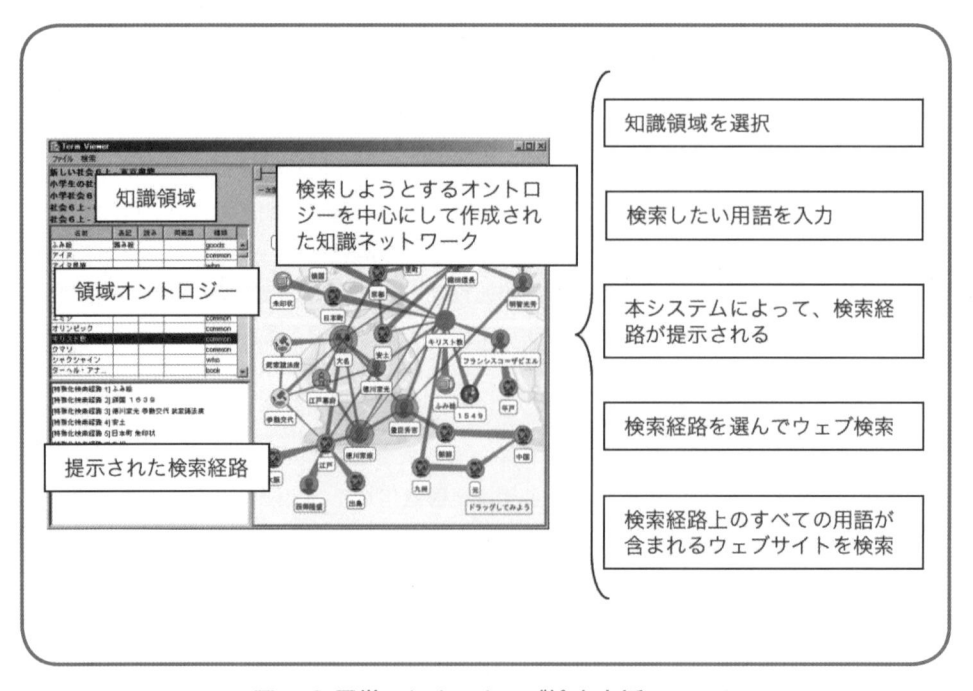

図7-6 子供のためのウェブ検索支援システム

Knowledge

　教科書知識の構造化の応用の一つに、子供のためのウェブ検索支援システムがある。ウェブ上には膨大な情報が公開されている。いったいどれくらいのサイトがあるのかもよく分からないが、検索機能を提供する企業が100億サイトを分析したなどと宣伝しているところをみると、ウェブ上のすべてのサイトはおそらくその何倍かになるのだろう。この膨大なサイトの中にはいわゆる有害サイトが多数存在している。有害サイトから子供を守るために、構造化された教科書知識を利用することができる。

　有害サイトから守るという発想を、子供が良いサイトを探すという発想に変えて考える。ウェブサイトを検索する時に、検索語を入力すればその検索語が含まれるサイトが何十万件も提示されてくる。そこで熟練者は、検索語を入力するときに、一つではなくいくつかを連鎖して入力する。これらのすべての検索語が入っているサイト数は、一つの検索語が入っているサイト数と比して格段に減る。しかも、いくつかの検索語がすべて入っているので、探したい知識により近いはずだ。

　ここで、検索語を連鎖するために使うのが、構造化された教科書知識である。例えば、東大寺だけで検索すると73800件が検索される。しかし、東大寺、大仏、聖武天皇で検索すると2800件が検索される。ここに、国分寺を追加すると、検索されるのは580件位まで減る。これでも多いが、東大寺だけで探すのに比べれば百分の一以下になっている。

　専門分野のサイトを検索するときにも、検索数を減らすために検索語を連鎖させるのが一般的である。しかし、専門知識が少ない分野だと、連鎖させることができない。また、専門分野では言葉が少し変わっただけでもその意味がまったく違う意味へ変わる場合もある。そのため、検索語を連鎖するときの有効性を理解していることと、連鎖させる検索語の適切な選択というのは全く別のレベルの話になる。

　子供を有害サイトから守る方法として、子供が検索したいと思う検索語をいくつか連鎖することによって、良いサイトだけを探すという発想に立ってみたらどうだろう。通常、有害サイトを遮断するためには禁止語を使う。禁止語が入っているサイトは検索結果から外すという発想である。しかし、禁止語を決めてもまた変形された表現が出現するため、いたちごっこだ。禁止語で守るのは難しい。それよりも、子供が自分の力で良いサイトを検索していける能力と環境を提供する方が現実的なのではないだろうか。

Structuring

知識の構造化を目指すプロジェクト例 —— ナノテク材料知識の構造化と材料開発への利用

60 ナノテクノロジー材料技術知識の構造化

「工学博士、教授、化学工学会会長、科学技術開発委員会委員長、などなど」私の履歴書の一部である。しかし、告白しよう。私は、携帯電話機を使ったメールやテレビリモコンの機能がはっきり分からない。教育学者である妻は、インターネットやDVD録画機や電話の機能を結構よく使っている。少なくも私より知っているようだ。1人で留守しているとき電話が来ると、ちょっと困る。これどうするんだ？私の研究グループでは、実は、知識を共有するための研究をしていて、立派なシステムも開発している。

それにしても、最近のディジタル家電はおじさん泣かせである。複雑な上に、変化が速い。学生に遅れること2年でパソコンを始めた。そのときのワープロソフトは一太郎。やがて、マッキントッシュになって苦労してマックライトを習熟。しばらく粘ったが、時勢に抗しきれずワードにしたが、本当にこれはひどいソフトだ。最近ワードで一太郎を使えるようにしたが、もちろんやってくれたのは学生だ。

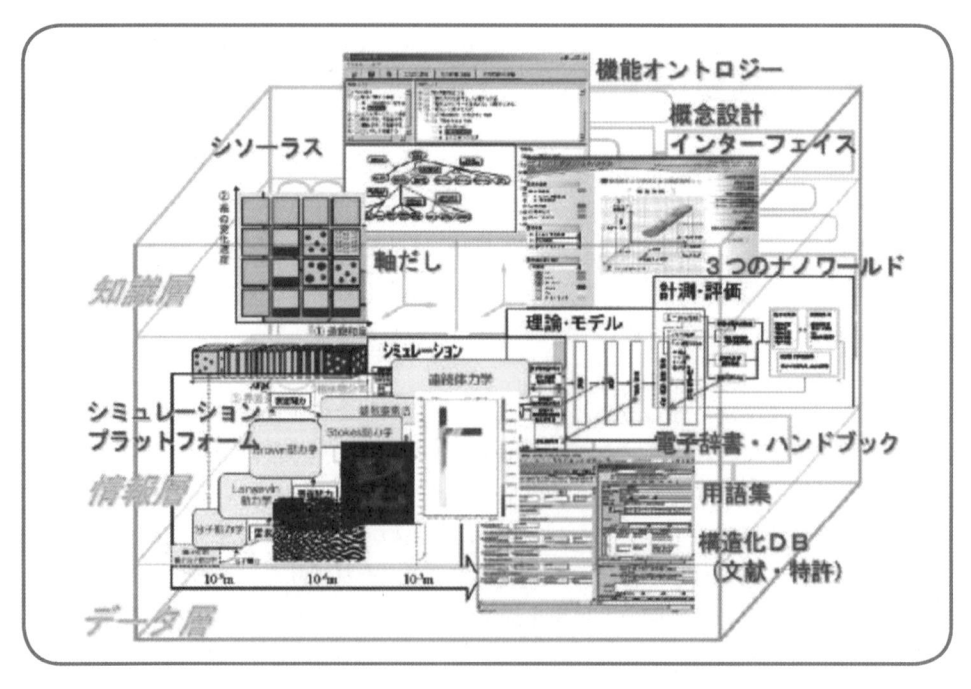

図7-7 ナノテクノロジー材料開発と関連知識

Knowledge

　ナノテクノロジーは、さまざまな知識をベースに誕生しつつある新しい知識領域である。そのため全貌を把握することは大変難しい。特定領域の専門家はそれぞれの専門という窓からナノテクノロジーを覗いている状況だ。こうした人々を知的に支援するソフトウェアを作ろうと、材料ナノテクノロジーにおける知識の構造化というプロジェクトを行っている。ナノテクノロジーは、物質の構造を超微細に制御することにより、機能や特性の向上を図る材料技術である。また伝統的な材料技術は、高分子や金属など材料種ごとの開発が主であり、材料種を越えた知識の共有化が進んでいなかった。この際、ナノの制御と知識の構造化による共有を一気に行ってしまおうという意欲的なプロジェクトである。

　知識の基本構造は、プロセス、構造、機能、応用である。プロセスは化学反応、凝固、精製といったナノ材料をつくるための一連の処理、構造は原子からナノのサイズさらに目に見えるサイズまでの材料の化学的組成や分子構造や形である。これら4つの基本知識をつなぐリンクは、プロセスが構造をつくり、構造が機能を支配し、機能とプロセスとが応用範囲を規定するという関係である。

　基本知識はさらに細かく分類される。プロセスは、分子から作り上げるビルドアップ法と固体を破砕していくブレークダウン法に分かれる。ビルドアップ法は、気相、液相、固相プロセスに分かれ、気相プロセスは物理的プロセスと化学的プロセス、物理的プロセスには蒸着、スパッター、インプリンティング…とほとんど限りなく細分化される。
　私は上のように分類したが、ある人はプロセスをまず気相、液相、固相とわけ、気相を化学と物理に分けと異なった階層化を行うだろう。知識の構造化は、こうした個人の好みに対応しなければならない。人がやったら大変だが、コンピュータはお手のものだ。順序を変えるとかは、いくらデータが多くてもあっという間だ。なにしろ、将棋でも総合力は2段だが、詰め将棋なら羽生より速いのだ。要は知識の構造化で、それさえできればコンピュータの記憶容量とスピードが生きる。ナノ材料開発のための知識の構造化プラットフォームには、大きく三つの特徴がある。第一に、要求機能を基本機能に分解し、材料種とプロセスの候補を提示することを支援する。結果として、発想を支援し、発明のための指針を与える。第二に、原理、理論、シミュレーション、計測、評価からなる分野別知識によりミクロからマクロまで現象の理解を支援する。第三に、関連知識間をプロセス、構造、機能、応用により関係付け、材料の種類によらないミクロからマクロまでをつなぐ設計エンジンを用いて、ナノ材料の設計を支援する。

Structuring

知識の構造化を目指すプロジェクト例 ── ナノテク材料知識の構造化と材料開発への利用

61 ナノテクノロジー材料技術知識のプラットフォーム

　科学者は自らの好奇心に基づいて研究を行う。ノーベル賞に代表されるように、科学技術の基盤に係わるほどの大発見や大発明の多くは、優れた科学者の好奇心によって生まれる。しかし、だからといって、科学者自身の判断に任せているばかりでは効率が悪いし、ただ研究費をばらまくというのでは国家予算がもたない。自立分散的な科学者と、目的指向の社会との間をつなぐのが統合化のための科学技術である。統合化の科学技術を実現するキーとなる概念が知識の構造化である。研究プラットフォームは、俯瞰像のなかに研究を位置づけることによって、社会と科学との会話を可能にする。専門家同士での会話を可能にする。専門家が自らの研究を全体の中に位置づけることを可能にする。

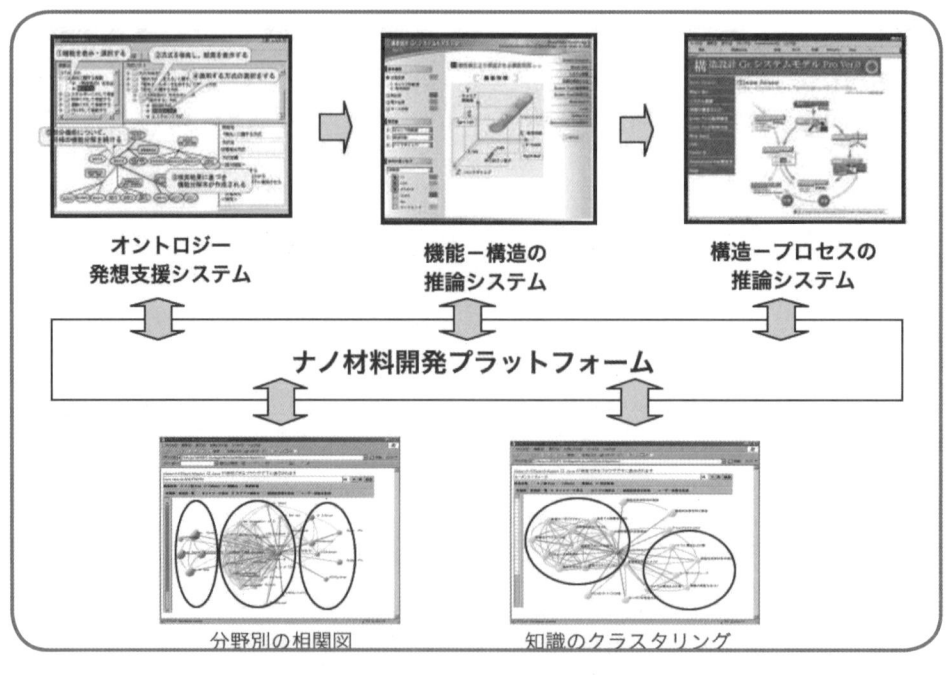

図7-8 ナノテクノロジー材料開発プラットフォーム

Knowledge

　ナノテクノロジーに関する知識全体の構造は、工業反応速度論と絶対反応速度論といった単純な関係ではない。化学、材料、物理、物理化学、微細加工、デバイス、分析などの学問領域、半導体、自動車、家電、センサー、塗料、電子材料などの産業領域、微細加工、薄膜プロセス、結晶成長プロセス、凝固プロセス、印刷技術といった技術領域、実験研究、理論研究、シミュレーション、オントロジーなど研究手法、核発生、粒子成長、表面化学反応、自己組織化といった現象など、さまざまな領域の知識から構成されている。

　知識の種類がこのように多様で、それぞれの領域の知識が莫大である。だから大変である。しかし、大変だ、難しいといっているだけでは何も進まない。原理的には、それぞれの知識領域が知識構造を持っている。赤いビーズという観点を示す知識を中心とするビーズネットを思い出そう。単位はこのビーズネットだ。領域は、おびただしい数のビーズネットのトポロジカル構造だ。ナノテクノロジー知識は、おびただしい数の、おびただしい数のビーズネットのトポロジカル構造の、トポロジカル構造だ。

　このように知識に対する考え方が構造化されれば、作業はコンピュータが行う。しかし問題は、ビーズネットを誰が作り、ビーズネットのトポロジカル構造をだれが作るかである。ビーズネットを作れるのは、その領域の専門家しかいない。そのトポロジカル構造を作れるのは、領域専門家の支援を得て、複数領域を理解できる専門家しかいない。だれが作るかではなく、だれが作れるかを考えれば、答えは明瞭だ。

　こうした考え方で作っているのが、前項とこの項に述べるナノテクノロジーの知識プラットフォームである。参加しているのは、知識の構造化のコンセプトに賛同する研究者である。多くが大学から、一部企業から参加している。彼らの専門を反映して、実装領域つまりビーズネットができている領域はナノ粒子、液相気相の粒子プロセス、薄膜プロセスの一部、核発生、などが中心である。

　このプロジェクトはNEDOから資金を得ている。しかし、中間評価においても評価は高くない。資金の提供側の理解も十分ではない。理由は、フロントランナーと二番手との違いを理解できないからであろう。しかし希望がある。現在、賛同者が特に企業サイドに増えつつあるのだ。データベースは、ある規模、クリティカルマスを越えると一気に、雪だるまが坂道を転げ落ちるように成長する。その時期は遠からず来るのだ。

Structuring

知識の構造化を目指すプロジェクト例 —— ナノテク特許知識の構造化と技術ロードマップへの利用

62 ナノテクノロジー特許の理解

　学生に「分かった」という快感を味あわせるのが、教員の最も大事な仕事だと思っている。何でも良いが、一つのことを「本当に分かった」という瞬間をもつことは、その人の人生において貴重である。だれがなんと言おうと、「自分が分かった」ということが分かるのである。私が修士に進学することになった理由のひとつである。スポーツでこつをつかんだときの快感に通じる。この快感を味わうと、知的好奇心が目覚める。そして、若者は勝手に成長していく。真理の前には教授も学生も、総理大臣も関係ないというのは、こうした人間同士の関係である。

　分かったという快感を何度か経験した若者の目が、それまでチワワのようだった目が、オオカミの目に変わっていく。私はそれを何度も経験している。それは、教員としての快感である。

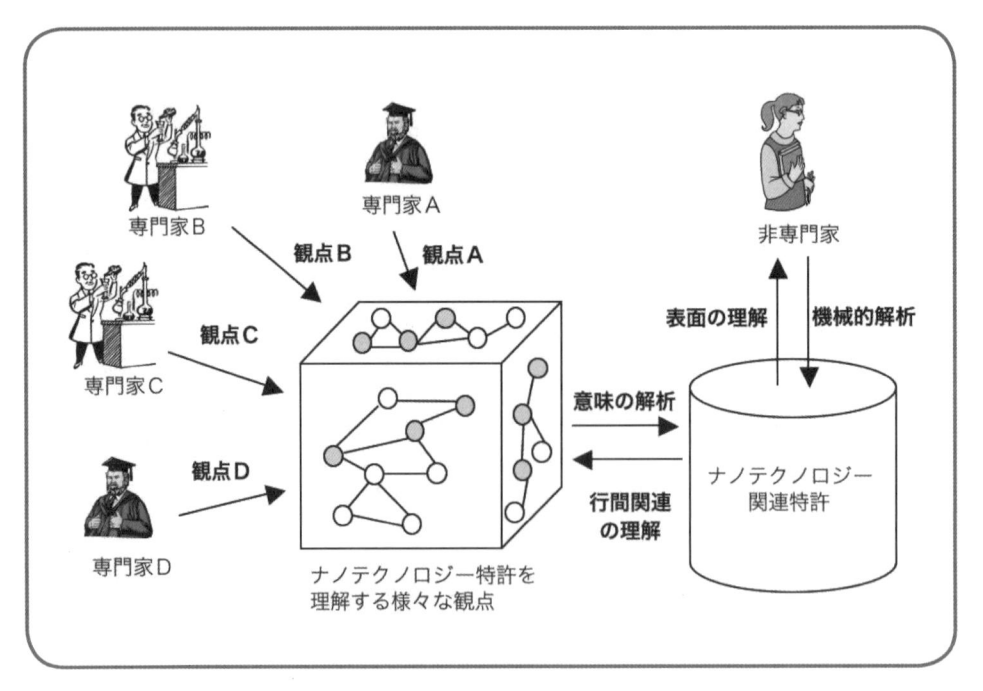

図7-9 ナノテクノロジー特許を見る様々な観点

Knowledge

　ナノテクノロジーはバイオテクノロジーと並び、現在もっともホットな領域といってよいであろう。多くの研究機関や企業がこれからのビジネスモデルをナノテクノロジーから模索していて、一部はすでに実現され始めている。今後しばらくナノテクノロジーが重要な役割を演じるであろうことは疑いない。しかし、ナノテクノロジーの全貌を理解している人はまだほとんどいないと思われる。したがって、研究論文や特許を検索してその動向や趨勢を探ることは喫緊の課題となっている。

　ナノテクノロジーの範囲の定義からすでに意見が分かれる。いわゆる専門家の間でもイメージは相当違う。ナノテクノロジーを巨大な知識ネットワークで表現したとすれば、各人各様に、自分がよく分かる、あるいは好きな部分に着目しているといった状況である。客観的に状況を把握するための特許分析技術の進歩が著しいのはこうした背景による。

　ナノテクノロジー関連で日本で公開されている特許は約5千件とも1万件ともいわれる。ナノテクノロジーに携わる専門家の観点が様々であるように、特許も実に様々である。特許を理解するためには、まず特許を説明している用語や表現を理解しないといけない。この作業はある程度機械化ができる。例えば、自然言語処理技術を使うことが可能で、機械化されれば非専門家でもある程度特許分析が可能になる。

　しかし、専門家は特許の行間を理解することにその真価がある。この特許は何を狙っているのか、ここになぜこのような用語を使っているのか、関連する特許にはどんなものがあるか、この特許の関連分野の3年後の姿はどうなるのか、この特許はハブ特許に成りうるか否かなどを知識、経験、動向などから総合的に判断する。これらを機械的に処理することはできない。

　ナノテクノロジー特許を分析する場合は、上記のように専門家による場合と非専門家による場合の二つが考えられる。どっちがいいかではなく目的とコストの問題である。単に世の中の動向やトレンドを把握したいなら機械的な処理でもある程度目的を果たすことができる。研究所の戦略策定や政府の開発分野選定などには、費用は高くても専門家以外にはあるまい。今後進展が望めるのはシステムである。優れたシステムの支援をうけ、専門家が生き生きと活躍する時代が遠からずくる。

Structuring

知識の構造化を目指すプロジェクト例 ── ナノテク特許知識の構造化と技術ロードマップへの利用

63 ナノテクノロジー特許知識の構造化

　冷房の室外機からは熱風が吹き出し、都市気温を上昇させる。室外機を地下水で冷却すれば、ヒートアイランド現象の緩和に役立つ。環境に優しい冷房システムとして宣伝され始めたこの方法は、空気に放出していた熱を地下に逃がすということであるから、空気のかわりに地下が暑くなる。23区全体で実施したとすると、ひと夏で5度地温が上昇する。だからだめかというと、そうではない。逆に冬の暖房の際、室外機を暖まった地層で加熱すれば地温が下がる。それでは大丈夫かというと、夏の地温上昇と冬の下降が同じでないと具合が悪い。それに、夏の地下鉄や地下街は暑くなるだろう。だれかが、全体をみていないといけない。

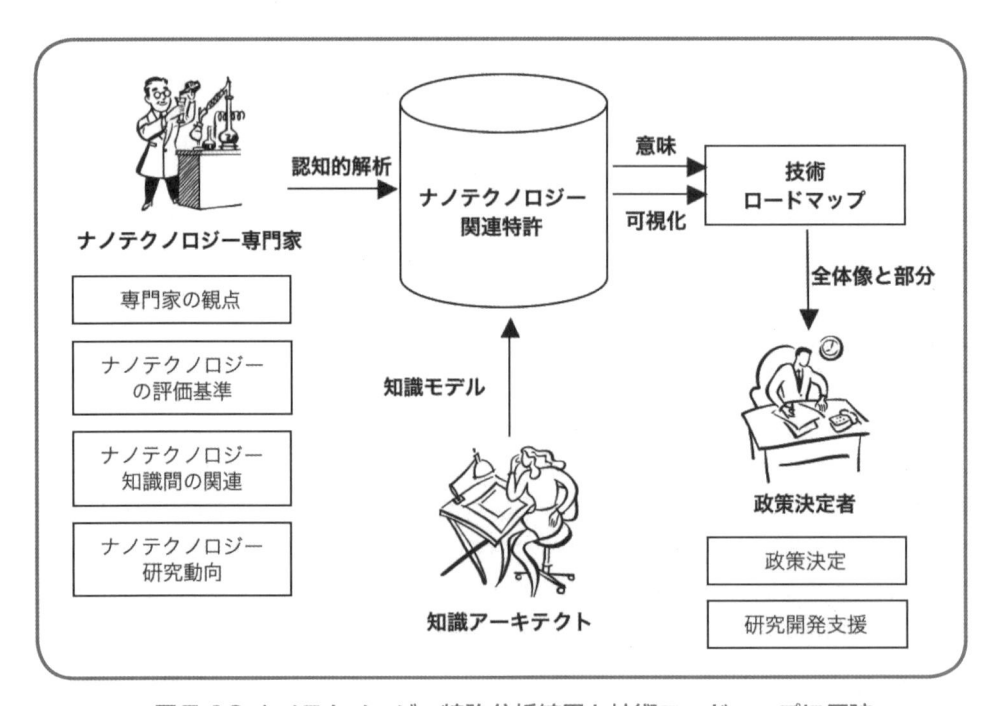

図7-10 ナノテクノロジー特許分析結果を技術ロードマップに反映

Knowledge

　ナノテクノロジーの有望分野に集中投資したいと考える組織は多い。しかし有望分野の見極めがつかずに困っている。企業のトップも関係者を叱咤激励するのみである。政府も委員会を開くばかりでらちがあかない。こうした状況でとりうる現在有力な方法にデルファイ法がある。デルファイ法では、ある問題に関して専門家から意見を聴取してそれを整理する。整理された内容を専門家に見せて、再び彼らの意見を聞く。この作業を何回か反復していくと専門家たちの意見をまとめることができる。

　この方法はよく使われておりもちろんやる意味はあるのだが、問題もある。少数意見が多数意見に統合され、結局最後は無難な意見になるケースが多いのだ。新奇な発想や創造的な提案などは、極く少数意見なので結果には決してでてこない。こうした欠点を意識してデルファイ法の結果を利用する必要があるのだ。私はデルファイ法に何度も参加したことがあるが、ほとんど意見を採用されたことがないし、知識の構造化の提案も完全に無視された。実はほとんど敵意に近いものをデルファイ法に抱いている。

　やはり知識の構造化でなければならない。ナノテクノロジーの場合、知識アーキテクトが知識モデルを設計すれば、領域専門家は自分の観点から見た意見を表現する。特許知識を構造化することによって、専門家間の異見も明確にすることができる。例えば、専門家Aと専門家Bが知識を明確に表現して、それと特許間を関連付ける。その結果、ある特許に対して、その特許が持つ意味や将来性などを異なる観点から分析できる。「専門家Aの観点から見た場合の将来性」と「専門家Bの観点から見た場合の分類と観点」などが同時に表現できる。特定組織が考慮している投資計画などがあれば、その観点から特許を分析することもできる。

　特定領域専門家の観点から日本で公開されている関連特許を分析してみると、将来性がないと思われる分野にも多くの特許が出願されていることがわかる。これは、周辺特許でもいいから、ともかく、まずは特許を大量確保したいという思いからであろう。特許知識の構造化は技術ロードマップにも展開できる。ロードマップがあれば、技術の全体像と部分像がともに見える。政策決定者の意思決定が容易になる。資源の集中投資の議論にも活用できる。企業であれば、自社を含めて関連会社の実情を把握できるので技術戦略がたてやすくなる。競争相手のこともみえるようになるのだ。

Structuring

知識の構造化を目指すプロジェクト例 —— 失敗知識の構造化と生産活動への利用

64 失敗するプロセスと成功ではないプロセス

　ISO9000という環境の国際認証規格がある。合格するとその企業の製品が環境的に適切な管理で生産されていることの証拠になる。ヨーロッパが主導してつくった制度で多くの日本企業が取得したが、内容は以前からすでにやっていたことで、追認しただけで認証料をとられたと不満の声も聞こえる。

　しかし、これまで、優秀なオペレーターはマニュアルなどみないといった職人気質でやってきたから、本当にきちんとやっていたのか証明ができない。そのため、仕方がなかったわけである。しかし、人の移動が容易になったという予期せぬメリットがあったそうだ。これまでは人が移動すると、どうして良いか分からなくなってしまった。書類に整えることで知識の伝達が可能になったのだ。

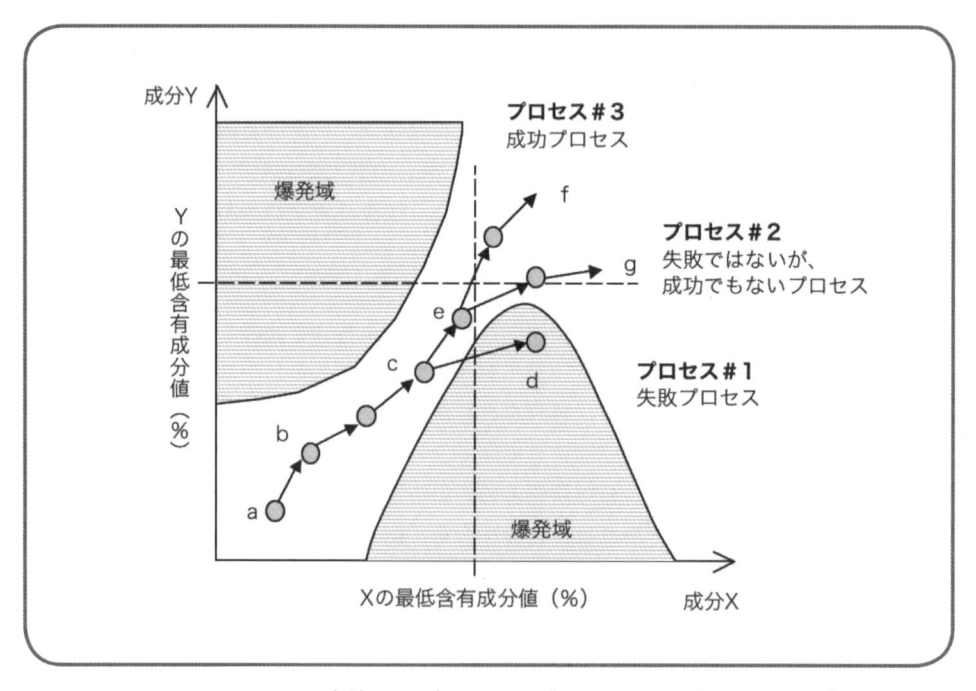

図7-11 失敗するプロセスと成功ではないプロセス

Knowledge

　失敗するときもあれば成功するときもある。しかし、一番多いのは、失敗でもないが成功とも言えない状況かも知れない。例えば、前ページにある図を見て考えてみよう。ある溶液に成分Xと成分Yを加えその含有量を増やしながら混合する化学プロセスを想定する。この混合物には爆発域があって、その範囲の比率で混ざると爆発する危険がある。爆発域以外なら安全である。問題は混ぜ方、成分Xと成分Yの含有量を増やしていく過程をどのように制御するかにある。

　まず出発点をaとする。aから徐々に成分Xと成分Yの含有量を増やして、c点まで到達する。ここまでは爆発域に入ってないので安全なプロセスである。しかし、c点からの制御は難しい。成分Xの添加量に対して成分Yの量が少ない場合は、プロセスはd点へつながり、爆発域に入る。これは明確に失敗プロセスになる。成分Xと成分Yの比率が正しい場合はc点からe点まで到達する。これは安全である。その後、成分Yの含有量が多くなるか少なくなるかによって、f点かg点に到達する。f点は安全で成功したプロセスである。しかし、g点は現時点で失敗ではないが、あまり成功とも言えない。なぜならば、成分Yの最低含有成分値とあまり差がなく、非常に接近しているので、少し成分Yの量が減るとたちまち爆発域に入る可能性があるからである。

　成功と失敗の基準を決めることは難しい。例えば、数字を基準にして、二つの値の間なら成功とか、ある値以上なら成功とかの基準をよく用いる。この発想は、成功なら「1」、失敗なら「0」の発想である。日本語でいえば、「好き」と「嫌い」だけの世界である。しかし、実際には、少し好き、ちょっと嫌い、あまり好きじゃない、好きじゃないけど嫌いでもない、まあ好き、とても好き、大好き、ふるいつきたいほど好き、身の毛がよだつほど嫌いなど豊かな表現で物事を表現している。また、その表現を聞いた方も、基準をクリアして成功であっても内実は失敗と同じだとか、失敗はしたが成功より貴重な経験だったとか、考えるわけだ。

　失敗か成功かを明確に定義できる物事であれば、関連する知識を獲得して関係者が共有できる形で表現し保存することができる。しかし、成功と失敗の境界にある物事や基準があいまいな物事に関しては、成功と失敗の二分思考で考えるのは難しい。こういったときに有力な方法になるのが、知識の構造化である。

Structuring
知識の構造化を目指すプロジェクト例 —— 失敗知識の構造化と生産活動への利用

65 失敗するプロセスと知識構造化との対応

　ガリレオはピサの斜塔から、大きな石と小さな石を落とし、それが同時に落ちることで重力の法則を発見した、という伝説がある。しかし、霧雨と夕立を比べたら、どうみても夕立の方が速く落下している。大きな水滴は小さいものより速く落ちるのだ。理由は空気の抵抗があり、小さいほど抵抗の影響が大きくなるからだ。しかし、石だって抵抗を受けるはずだ。問題は大きい石も小さい石も抵抗が無視できるくらい大きかったかということになる。計算してみると、10センチくらいの石ならやはり大きいものの方が先に落ちる。ガリレオの実験というのは嘘か、あるいは、差が大きくないと判断したのか、いずれかだ。数値化しないと答えが出ない、そういう場合も多いのである。

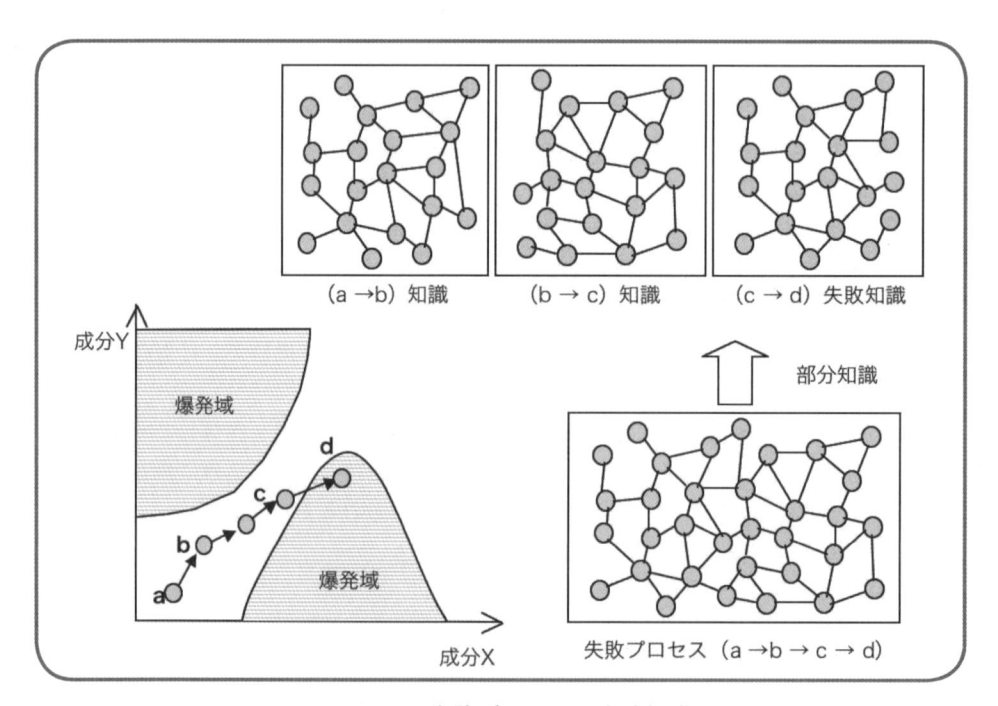

図7-12 失敗プロセスと失敗知識

Knowledge

　失敗プロセスも成功プロセスも、また成功でも失敗でもないプロセスも、その知識を構造化することができる。特に、失敗プロセスはこれまで顧みられることが少なかったが、畑村洋太郎氏の失敗学の提言以来、議論の俎上に乗るようになった。失敗プロセスの知識の構造化を考えてみよう。

　前ページのプロセスはc点からd点に入ることによって、爆発域に入り、明確に失敗するプロセスになる。また、a点からd点までを連続的に見ても、結果が爆発域だから明らかに失敗プロセスになる。その結果、a点からd点というルートは失敗プロセスとして理解される。しかし、a点からb点、さらにb点からc点までのルートは失敗ではない。c点からd点に失敗の責任があるわけだ。aからb、bからcと分離すれば、部分知識として利用できる。成功したプロセスは他のプロセスのための知識基盤としてそのままでも再利用できるが、失敗プロセスの場合は、分析が必要である。失敗と同様に成功も分析し、部分知識に分ければ、より高度な知識の構造化が実現できたことになる。成功でも失敗でもないプロセスも、そうした観点で活用できる。

　知識の再利用という表現を耳にする機会が最近増えた。構造化されれば再利用が容易になる。知識ネットワークで表現されればいっそう可能性が高まる。ネットワークのどの部分を再利用するかは、再利用の度に変わる。例えば、ある場合はネットワーク上の特定の点だけを再利用する。ある場合は特定の頂点とそれに連結されているすべての頂点と稜線を再利用する。再利用の対象とする範囲は、知識アーキテクトが知識をモデル化するときに重視する項目でもある。範囲が変わることで、知識の蓄積方法、表現方法、保存方法、検索方法、閲覧方法などすべてが影響を受ける。

　再利用されない知識は知識とは言えない。また、再利用の度に付加価値がつかないような知識システムは知識システムと言えない、といっても過言ではないだろう。どうすれば再利用の度に価値を増やせるか。これは、従来の知識管理システムの課題でもあった。この問題に対して、知識構造化の発想では、知識触媒による活性化の概念で対応する。知識を再利用するには、必ず何らかの理由があるわけである。この理由を一種の知識触媒として扱う。知識触媒に対して、ネットワークで表現されている知識がどう活性化されるかを把握する。触媒はそれ自体は変化しない。知識触媒も同様だが、知識触媒によって既存の知識がどのくらい広く深く反応するかを把握することによって新しい知見が得られる。

Structuring

知識の構造化を目指すプロジェクト例 —— 産業知識の構造化と経済活動への利用

66 不明確な技術知識の構造化

　3大新聞のひとつに水素時代の到来という記事が載っていた。例によって、水素が電気と同じ2次エネルギーであって、エネルギー資源ではないことを棚にあげて論じている。ほとんど嘘に近い内容だ。大学の同級生が科学部長をしていたので電話して、新聞記者はなんでそんなに見識がないのだ、もっと勉強しろと普段の調子で悪口を吐いたところ、温厚な彼が珍しく激しく反論した。

　大新聞の科学部といったってほんの二三十人で仕事をしているのだ、それでナノテクノロジー、バイオテクノロジー、ITからロブノールからマヤ文明までカバーしているんだ、大学の先生がいい加減なことを言うからいけないんだと。大学には間違いなく責任がある。

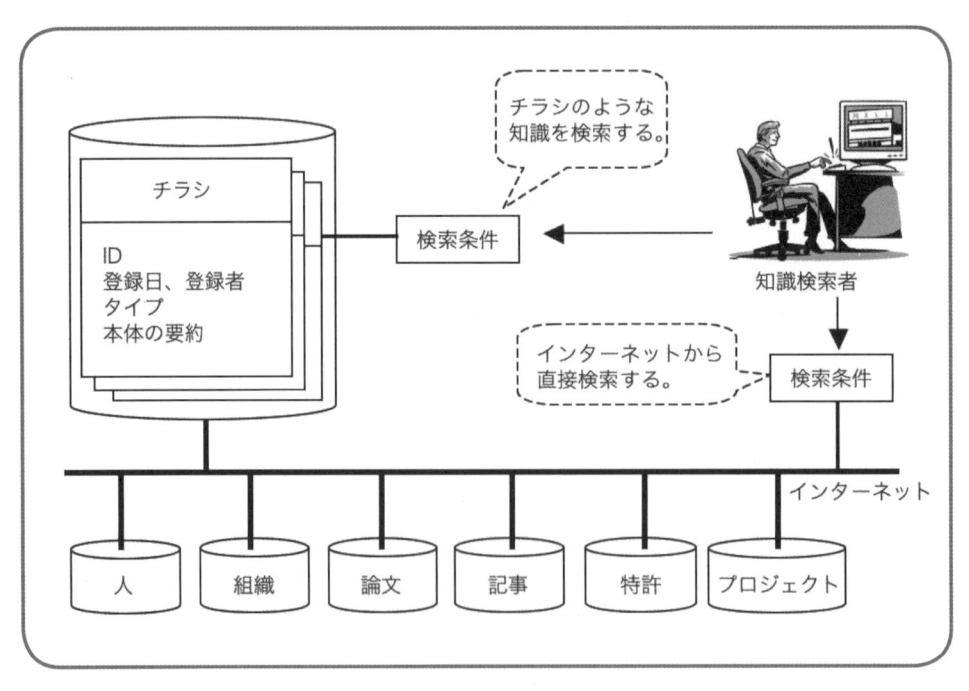

図7-13 膨大な技術知識の構造化とチラシ知識

Knowledge

　何百年も続いた老舗（しにせ）とよばれる企業がある。老舗にはその間に伝承され続けた知識がある。言い換えれば、知識を大切にした企業が持続し得たということであろう。そうでない企業は消えてしまったのだ。知識を重視する企業が発展するように、知識を重視する国家は発展する。歴史を振り返って見ても明らかであるし、21世紀はますますその傾向を強めるであろう。

　企業、広くは産業界が持つ知識は様々な形で存在する。例えば、人、組織、論文、記事、特許、プロジェクトなどが考えられる。分かっている人に教えてもらうのが最も効率的な勉強の方法なのだから、分かっている人を知るというのは最重要な知識である。あの人は何をしているか、あの人には何ができるか、あの人と親密な人はだれかなどは重要な知識である。人的ネットワークに多く依存している社会では特に重要である。また、新聞や雑誌などの記事も使い方によって重要な知識源になる。

　少子化や高齢化の影響で熟練した技術者が減るので、次世代に知識を伝承したいという要求が強くなっている。特に製造業では深刻で、技術者の平均年齢がだんだん高くなっていく企業が増えている。この問題に対して、技術知識を構造化して対応することを考えよう。

　産業界にある技術知識はあまりにも莫大な量になるため、それらを伝統的な方法による知識ベースや知識管理システムに実装するのは現実的ではない。その代わりに、チラシのような索引を付けて、索引間を関連付けることを考える。チラシにはメタ知識だけを記載する。もしこのチラシに興味がある人は、そのチラシに書いてある知識源を検索して、詳細内容や分析結果などを参考にする。

　産業界の技術知識を構造化するときには、細部領域で分類するより、まずは共通で中立的な知識ネットワークを作るのがいい。例えば、自動車メーカの場合は、始めからエンジン設計知識の構造化を提案するよりは、自動車メーカならどこでも共通で使う知識を構造化するのがいい。例えば、自動車工学知識を構造化してから、自社あるいは仕事の特性を考えてより細部の知識の構造化を図るのがいい。自動車工学知識の構造化は自動車業界が共同で行えばよいのだ。それから、各々の自動車メーカが自分なりの知識を追加する。知識の追加は、ネットワークへの直接的な追加ではなく、ネットワークの解釈や関連の解釈に応じて追加する。中立的な知識ネットワークを共同で作り、ネットワークを解釈する方法を独自に開発する、そうしたイメージである。

Structuring

知識の構造化を目指すプロジェクト例 —— 産業知識の構造化と経済活動への利用

67　知識構造化のための専門家の活用

「聞くはいっときの恥、知らざるは一生の恥」ということわざがある。しかし、それが通用したのは知識の少なかった頃の話だ。知らないことが恥なら、恥ずかしくて私はとても生きていられない。ただ、そもそも、最近の学生は私の時代と違って、聞くのを恥とか思っていないふしがある。アメリカの学生はとてもうるさい。授業中、質問ばかりする。彼らは、授業料を払ったのに元をとらないと損だといった感じである。日本の学生は、そうではなく、お父さんに甘える感覚の質問が多い。

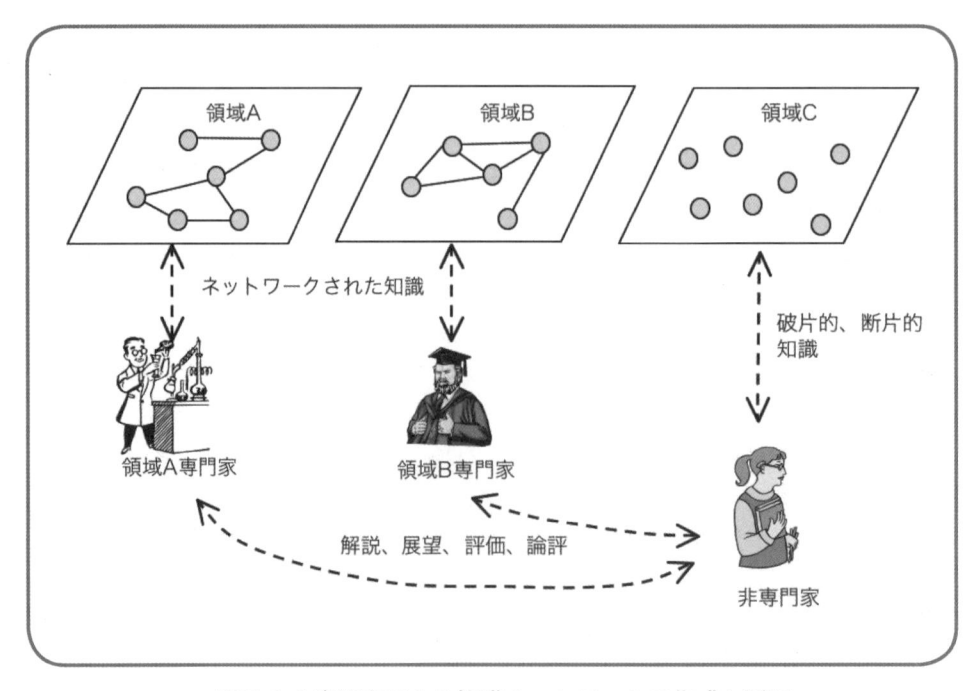

図7-14 専門家による知識ネットワークの作成と活用

Knowledge

　専門家と非専門家の違いは何だろう。どんな領域でも専門家と非専門家は区別できる。判定の基準は例えば、経験年数、学位、資格、職業、実績などの外的条件が考えられるかもしれない。しかし時代が変化するので、かつて専門家だった人がもう専門家として通用しないといったことも珍しくない。

　専門家と非専門家を区別する内的条件は、関連付け能力にあると思われる。専門家は知識間の関連付けが論理的である。彼らは科学技術的あるいは経済的な根拠をもっているので、自らの見解に確信がある。関連付けが論理的であるため、話の展開が広く深い。専門家の知識を図に表現すれば、一つの事象を表す頂点と、別の頂点を連結する稜線が多くあるネットワークになる。専門家の知識は、ある場合には一つの事象が一つの知識であるが、別の場合には複数の事象とそれらを連結する複数の稜線が一つの知識になる。すべての人は、実は何かの専門家なのだ。

　非専門家は、破片的で断片的知識はもっていても、専門家のような関連付けができない。例えば毎日ご飯を食べていても、米の専門家ではない人は、うまいかまずいかしか表現できない。米に関して知識がある人でも、いろんな新聞や雑誌などから読んだ記事や人から聞いた話から断片的に覚えているだけである。

　専門家が集まると、ほとんどの場合専門家間の意見も分かれる。同じ問題に対して結論がみんな違う。しかし彼らはそれぞれ明確な論理をもっている。結論が異なるのは、どこかで知識間の関連付けが異なるためである。これは大変面白い現象で、専門家間の異なる見解を知識ネットワークで分析することによって、問題の本質を理解することができる。

　例えば、問題はある特定技術へ投資すべきかどうかだとする。結論としては、するかしないかのどちらかである。専門家が何を考えて、何と何を関連付けているか、またその根拠は何かを表現させる。専門家Aは、特定技術から市場環境を、市場環境からヒット商品を、ヒット商品から販売構造を考えていく。専門家Bは、特定技術から関連特許を、関連特許から競争相手の動向を、競争相手の動向から不良債権を、不良債権から金利と為替を考えていく。こうした関連付けを続けていくと、結論は同じ場合もあれば反対の場合もありえる。しかし、専門家Aと専門家Bの異見を比較することで、面白い推論や発見ができるというわけだ。

第8章

企業における知識の取り扱いの現状と評価例

Structuring

企業における知識の取り扱いの現状と評価例 ── 株式会社日立製作所

68 日立製作所における情報システム構成の 3P 戦略

　一昨年、動け！日本というプロジェクトを主宰した。日本の停滞した経済に科学技術の専門家として何かを言ってくれという、内閣府からの依頼であった。過去に発表された報告書も調べたし、アメリカとの比較論もやった。しかし、結局一番意義深かったのは、プロジェクトに参加した 80 人の東大教授が研究をお互いに理解しあったこと、その研究を新産業に向けて統合したことだった。

　ある教授はナノテクで化学チップを作っており、別の教授は生体適合性のよい高分子を開発しており、また、ある教授はカルテの電子化を行っていた。それらをヒントに、シャーロックホームズの思考のように、新産業としての健康診断システムを創案したのだ。つまり、大学の要素研究と既存知識を新産業に向けて構造化したのだ。出版した本に DVD をつけたのも新機軸だった。知識の構造化は、「知識の関係付け、人、表現」の 3 要素からなるという思いは、このプロジェクトを通じて確信するに至った。

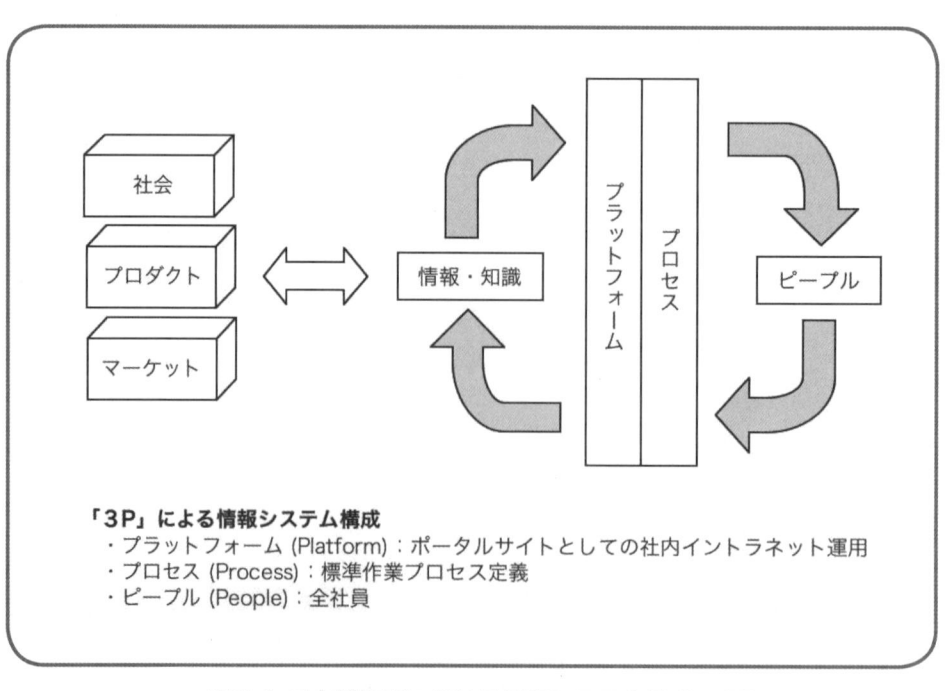

「3P」による情報システム構成
・プラットフォーム (Platform)：ポータルサイトとしての社内イントラネット運用
・プロセス (Process)：標準作業プロセス定義
・ピープル (People)：全社員

図 8-1 日立製作所における情報システム構成の 3P

Knowledge

　企業の情報システムを構築するためには、莫大な予算と期間を必要とする。したがって、いったん情報システムを構築してしまうと問題点が見つかっても、簡単に改良することはできない。そのため、企業は情報システムを構築する前に、まずは目標と方針を明確に定義することが重要である。目標設定時は、目指している理想的な状況や利用のイメージから、それを実現するための方法と手段を具体化する。

　情報システムを開発するときに、システムの利用者とシステムの開発者が相談しながら開発を進める場合が多い。これは、建物を作るときに入居して生活する側とその建物を建設する側が相談しながら作るのと同じような状況である。今までのシステム開発方式はほとんどがこの2者相談方式であった。しかし、最近では建物を建設する場合、まず建築家が設計して、その建物に入居する人が承認すれば、専門の建設業者が建設するという手順を踏む。情報システムでも同じく、システムの利用者とシステムの開発者の間にシステム設計者が必要である。システムアーキテクトと呼ばれる人である。システムアーキテクトは、システムの概念設計から仕様設計までを担当する。その概念と仕様に基づいてシステムの開発は本格的に行われる。

　システムの利用者と開発者が直接相談しながら開発するときの問題点としては、相互理解の不足が指摘される。例えば、システムの利用者とシステム開発者が同じ言葉を使っても、意味も同じであるかは不明である。両者が「構造化」といっても、それぞれが全く違った了解かもしれない。逆に、彼の言う「プラットフォーム」と彼女の「知識システム」が実は同じということだって珍しくない。システムアーキテクトは通訳のように双方の用語を解釈する役目も果たす。

　日立製作所が運用している情報システムの場合、特別に情報アーキテクトがシステムを設計してはいない。代わりに、情報システムの運用目標と方針を明確に定義して、それにしたがって開発を続けている。その方針は、プラットフォーム、プロセス、ピープルの3Pによるシステム構成である。このシステムの場合、社会、プロダクト、マーケットから得られる情報や必要になる知識は、すべてプラットフォーム上に具現される。ピープルはこのプラットフォームを通じて知識を登録したり閲覧したりするが、それは、定義された自分の仕事のプロセスと関係する。プラットフォームは社内のイントラネットとして機能する。このイントラネットには、標準作業プロセスが定義されている。ピープルはこのプラットフォームから関連する知識を閲覧もする。

Structuring

企業における知識の取り扱いの現状と評価例 ──── 株式会社日立製作所

69 日立製作所の原子力発電所設計とイントラネット

　この40年の間に、情報伝達の方法は急速に変化した。ガリ版と鉄筆といって分かる人はいまや少ないだろう。その時代、「書いた」資料は貴重だった。やがてコピーが発明された。最初は透明な用紙に書き、コピー用紙と重ねて機械に通して定着液につける湿式コピーであった。もちろん一枚一枚コピーするしかない。私が若い頃の研究室では、発表資料はすべて湿式コピーで準備した。その次に出たのが、現在と基本的に同じ乾式コピー機である。このコピー機によって、生活スタイルが変わった。高価だったので、研究室では一人一月に何枚までは無料にするが、それ以上の分は個人負担と決めていた。現在は、安く大量にコピーできるようになった。その結果何が起こったか。図書館で本を読む代わりに、コピーを取ってどこか別の場所で読むようになったのである。いつでも読めると安心して、結局あまり読まなくなったのである。私の机にもいつでも読めるように、論文の山がかつてはあった。しかし、その山から論文を取って読むのはいつも「後で」になる。

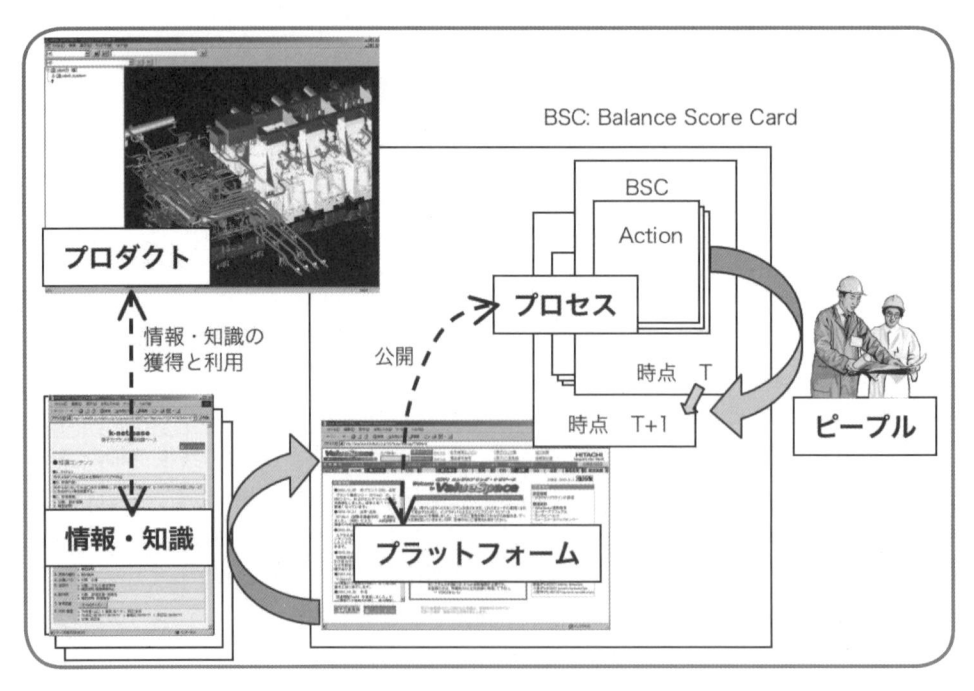

図8-2 日立製作所のValueSpaceシステムの概観

Knowledge

　企業の予算規模が大きくなり、関係者の数が多くなると、経営活動の実情を実時間で把握することすら難しくなる。しかし、市場環境の変化や国際情勢の変化など外部要因の変化に伴う内部要因の調整などは、科学的手続きや方法に基づいて適切に対応する必要がある。その方法の一つとして、最近は、バランス・スコアカードを業績評価基準として経営活動に導入している企業が増えている。

　従来の業績評価基準は、社員の業績を財務的観点から評価するのが一般的である。一方のバランス・スコアカードは、外部観点と内部観点を調和させながら社員の業績を評価する。外部観点としては財務的観点と顧客の観点を基準にする。内部観点としては社内ビジネスプロセスの観点と学習成長の観点を基準にする。この手法の頭文字のバランスは、外部観点と内部観点を、各プロセスにおける戦略や特性に調和させることを表す。バランス・スコアカードは、業績評価基準と企業の組織単位毎の目標を比較管理していく経営手法である。

　バランス・スコアカードを導入して期待される効果の一つは、組織単位の戦略と個人のアクション間に明確な関係を定義できることである。この手法で重要なキーワードとしては、戦略目標、重要成功要因、業績評価指標、目標値、アクションなどがある。この中で、アクションは、社員の行動を直接に制御する項目である。

　日立製作所は、バランス・スコアカードをベースにして、プラットフォーム、プロセス、ピープルの3Pによるシステムを構成している。すべての社員は、自分がどんなアクションをとるべきか理解している。これらのアクションは特定業務に関するプロセスから定義されている。一般的に、一つのプロセスは複数個のアクションから構成されるし、また計画されたアクションは実行され結果を残す。したがって、時間の変化によってアクションの評価が変わる。これらのアクションはすべてプロセスへフィードバックされ、その結果はプロセスに影響を及ぼす。組織全体が行うプロセスは、プラットフォームにて公開されている。社員は、自分がアクセスできる範囲内では、他のプロセスと自分がとるアクションとの関係を理解できる。プラットフォームには、アクションを支援するために必要な情報や知識が蓄積されて閲覧できる。情報や知識はプロダクトと関連して獲得された内容もあれば、古くから組織が保有していた内容もある。日立製作所では、プラットフォームの上で情報や知識を管理して、関連する社員がそれを閲覧して自分のアクションに使えるように支援している。

Structuring

企業における知識の取り扱いの現状と評価例 —— 株式会社日立製作所

70 日立製作所における知識システムの特徴

　組織というのはどうしても硬直化する。縦割りになる。組織を作った当初は、必要に応じて部や課を作ったわけだからある程度うまく動くが、変化する社会に柔軟に対応するのは難しい。縦割りになる組織をいかにして横に連携させるか、それが組織運営の知恵であろう。先日の国の委員会で、日本の科学技術政策がなぜ実効が上がらないかという議論をした。ある委員から、「外国でうまくいっている場合は、たとえば医療技術をやると決めると、それを動かすための税金優遇策や規制の緩和などを同時にやっている」という発言があった。卓見だと思った。委員長であった私は、「日本だと総合科学技術会議と経済財政諮問会議と総合規制改革会議とが連携すべきだ、ということですね」と発言した。その委員はそこまでは言わないと恐縮されていたが、私は本気でそう思った。ある政策一つでも、全体像を俯瞰せずに決めると、思いもよらないことが起きてうまくいかない。

プロダクトの特徴：
原子力発電所は安全を最優先にする基幹産業の代表的な施設物である。

知識管理システムの特徴：
プロダクトの寿命が60年位で長いため、情報・知識の長期保存と再利用が重視される。

知識管理システム実現度

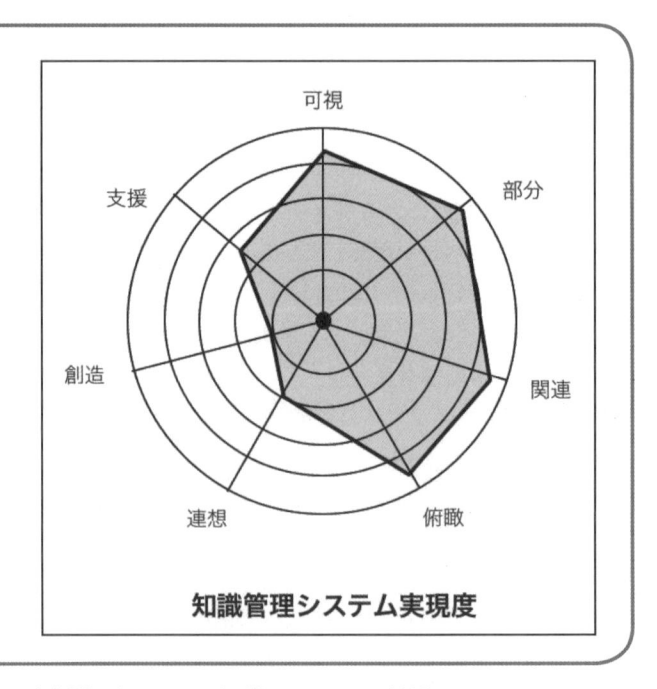

図8-3 日立製作所における知識システムの特徴

Knowledge

　日立製作所のように様々なプロダクトを扱っていて、また関連する組織や社員が膨大な場合は、運用している知識システムの特徴を簡単に評価することができない。ここでは、原子力事業部を対象にして、原子力発電所を設計、建設、試運転するビジネスプロセスに限定して記述する。

　原子力発電に関しては世界中から様々な意見はあるが、それが国家の基幹産業の代表的な施設物であることには異論がない。原子力発電所は、その寿命が60年位で長いため、関連する情報や知識の長期保存と再利用という問題が発生する。例えば、60年前の設計図から当時の設計意図を理解することが難しい、50年前に作った資料を現在のコンピュータで読めない、部品メーカ間でデータの交換ができない、など様々な問題が発生する。

　原子力発電所では何より安全が最優先の課題である。もし事故があれば地球規模の問題になる。そのため、原子力発電所の設計には、設計者の創造より、検証された安全対策を明確に反映しないといけない。この特徴から、原子力発電所をプロダクトにする知識システムは、創造という機能を意図的にも排除する。しかし、可視、部分、関連、俯瞰の機能は強化されて、設計者や関係者が関連する情報や知識を共有しながら、アクションをとれるように機能する。

　これから強化しようとする機能には、支援と連想がある。支援は、個人個人への配慮である。いまは、プロセスを単位にして、個人のアクションまでは支援できるが、これからは個人の知的活動をより充分に支援するための機能拡張を考慮している。

　原子力発電所のようなプロダクトになると、関連する情報や知識の全貌が見える人は大変少ない。そのため、関係者のほとんどは自分の領域だけを考えて、限られた範囲でだけアクションをとる。これは定型化されて、反復的に行われるプロセスには適切であるが、前例がないプロセスや新プロセスなどには対応が難しい。そこで期待されるのが、連想機能である。連想機能が使用できれば、例えば、あるパイプラインにあるバルブから始めて、パイプライン、設備構成と保全、運転状況、腐食と磨耗、部品調達、安全管理、作業日程など、関連ある技術情報が知識システムによって次々提示される。これらの技術情報に経済情報が含まれている場合は、簡単に知識ネットワークを作って、ネットワーク上に、技術情報と経済情報を含むことができる。

Structuring

企業における知識の取り扱いの現状と評価例 —— 三菱重工業株式会社

71 三菱重工業における技術管理活動

　放浪職人という制度がドイツにある。新卒の見習い大工さんが、技術と人間を磨くために数年間各地を放浪する。その土地の組合にあいさつをし、建築事務所や工場を回ってアルバイトをさせてもらう。この制度が今でも生きているのが感動的だ。制度は違うが、宮大工や左甚五郎や、日本でも職人技を尊ぶ伝統には事欠かないし、後継者を育成しようと組合を作ったりもしている。日本の多くの企業が技術力に優れるのはそうした風土からだろう。一方、経営力は見劣りがする。技術力と経営力は別のものだから、技術力が高くても利益が出るとは限らない。カルロス・ゴーンの成功の理由が、日本の伝統を理解できる卓抜した経営者が本来の技術力を収益に反映させたことにあるのは疑いない。

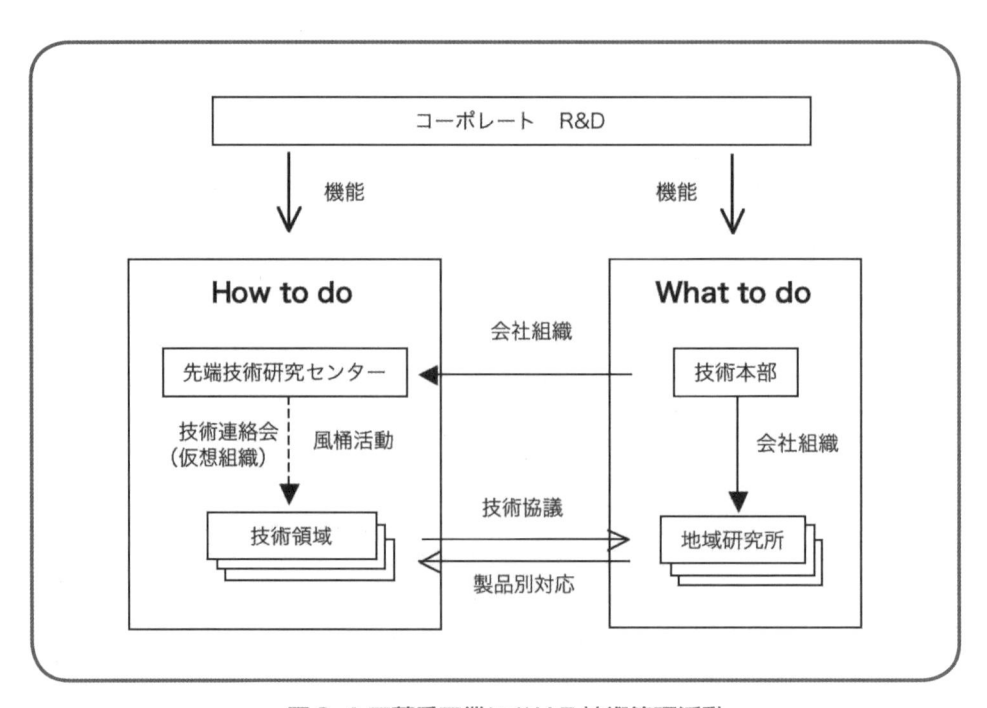

図8-4 三菱重工業における技術管理活動

Knowledge

　歴史が長く、扱う商品が多い、社員など関連者が多い企業には、膨大な知識が存在している。しかし、知識は存在しているが、何らかの目的に出会うまでは、それは認識できない。その結果、企業には、使われず眠っている膨大な知識がある。もし、企業がもつすべての知識をうまく使う方法があれば、その企業は十分変わり得る。知識によって変えざるを得ない。組織外部からの知識獲得だけを優先している企業もあるが、歴史が長く独創的な商品を開発できる技術力がある企業は、まず、企業内部の知識を明確に獲得する必要がある。

　三菱重工業は日本を代表する製造企業として存在している。歴史は長く、扱う商品は独創的で、先端技術を使った商品が多い。事業所は世界中にあり、社員や関連会社も多くある。先端技術を生かした製品を主力にしているため、どんな技術を（What）、どう（How）開発していくかは、企業存続の課題として理解されている。この二つの観点から企業の研究開発の方針を決め、組織的に推進している。

　どんな技術を対象にするかに関しては、全社次元として技術本部を運営している。また会社組織として複数個の地域研究所を運営している。地域研究所では、その地域にある事業所が扱う商品の特性を基本にした研究開発を行っている。

　技術をどう開発するかに関しては、先端技術研究センターを中心にして、仮想組織として複数個の技術連絡会を運営している。技術連絡会は、技術領域を中心にして構成されている。例えば、機械技術や化学プロセス技術などを中心にした連絡会が構成されている。この技術連絡会では、対象にしている技術領域内の技術課題を中心に議論している。

　地域研究所が対象にしている商品と、技術連絡会が対象にしている技術領域は、マトリクス上に表現され、相互の関連性を明確に表現する。このマトリクスがあれば、特定の商品に関わる地域研究所と技術連絡会が分かる。また、関連する地域研究所と技術連絡会から、特定商品の研究開発に参加している社員の構成が分かる。このマトリクスをトップダウンで階層分類して、詳細に展開していけば、企業内の技術ロードマップが完成される。技術ロードマップがあれば、現在の企業内部状況（AS-IS）を把握できる。彼を知り己を知れば百戦してあやうからず、である。大きくなって恐竜になっている大企業は、まず自分がもつ知識を正確に認識することが重要である。そのために、技術マトリクスを階層分類していくのは、一つの方法である。

Structuring

企業における知識の取り扱いの現状と評価例 ── 三菱重工業株式会社

72 三菱重工業における技術のイノベーションサイクル

　米国の巨大化学会社デュポンのCEO、チャック・ホリデイ氏がアジア担当役員だった頃、早く引退したいとしきりに言っていた。なぜ引退したいんだと聞くと、こんな疲れる仕事はいやだという。安心して暮らせるだけのお金を稼いだらすぐ引退すると、そういう。引退して何をするんだと聞くと、フロリダに行く、家を買ってフィッシングやトローリングやゴルフをするという。しかし、そんなことばかりしてたら飽きるだろうというと、たしかに飽きるかもしれないな。飽きたらどうするんだとたたみかけると、珍しくしばらく考えていたが、大学にでも行って勉強しようかな。あれからもう15年、彼はデュポンでまだCEOを続けている。

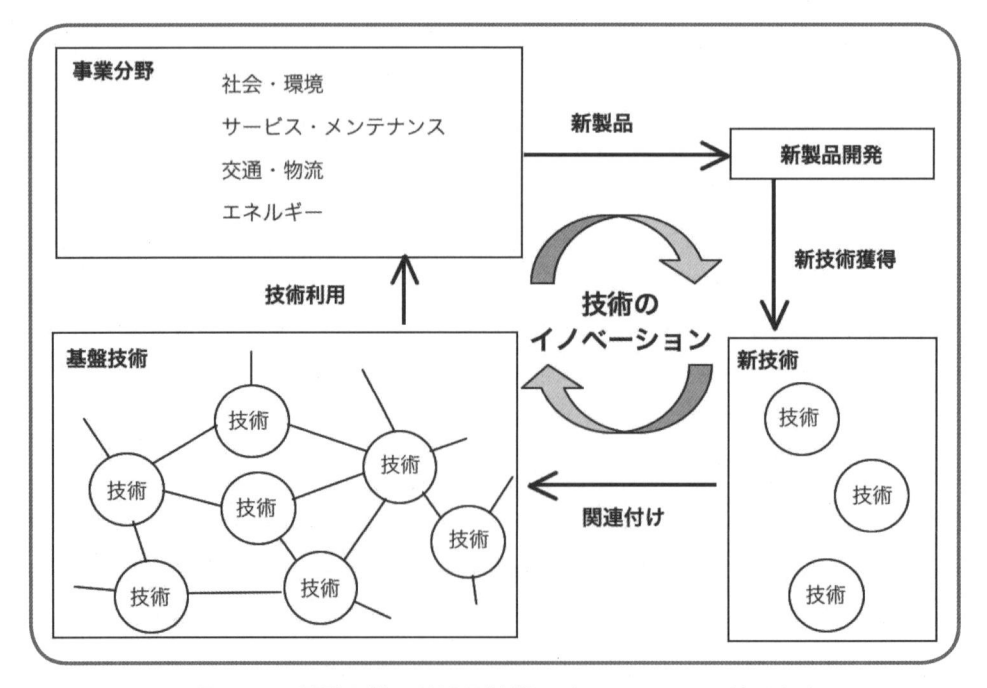

図8-5 三菱重工業における技術のイノベーションサイクル

Knowledge

　常にその時代における最先端の技術を利用した商品を開発してきた企業でも、いつまでも最先端の技術と商品を開発できるとは言い難い。世界中には新しい技術を開発している企業が多くあり、どこかの企業がある日突然新技術の開発成功を発表することも珍しくない。歴史が長く扱う商品の種類が多い企業には、特に強い技術分野がある。そのため、強い技術を基にして新しい技術を開発していく改良的開発が多い。また、企業の未来像から新しい技術分野を対象にして、まったく新しい商品を開発するイノベーション的開発もよくある。

　企業が持続的に成長するためには、改良的開発だけでは限界がある。そのため、技術イノベーションは企業の未来のために大変重要な課題になっている。イノベーションを支援する環境を、知識システムから支援することができる。それは、新技術と既存技術を関連づけることである。企業が新製品を開発すると、ほとんどの企業は、企画書、仕様書、設計図面、作業マニュアル、プロトタイプ、関連議事録などを対外秘にして保存する。また、限られた人だけがその内容を閲覧できる。その結果、新技術や新知識の活用が限られ、既存の技術や知識とは何も関連性を持たず、独立して存在する。これでは、組織の技術、組織の知識としては利用できない。

　新製品を開発すると、その開発過程から得た技術や知識を、既存の技術や知識と関連づける。但し、関連には、科学的あるいは経済的理由を明確にするのがよい。場合によっては、理由を明確に提示できないときもあるが、それは、今後の開発対象になる分野か、あるいはまだ解釈できていない内容である。既存の知識に新しい知識が関連づけられると、全体の知識は増える。しかし、知識がさらに増えるためには、すべての知識がネットワーク構造で表現されている必要がある。この知識ネットワークに新しい知識が追加されると、ネットワーク上に連結されている膨大な知識に影響が及び、知識ネットワークは成長する。

　技術イノベーションを支援するためには、外部からの新しい知識に、内部の知識ネットワークがどう反応するかを把握することが重要である。例えば、ある知識を内部の知識ネットワークと関連づけてみる。それから、知識ネットワークが反応する幅と深さを定量的に判断する。ここで、新知識は知識ネットワークの反応を評価するために使ったので、知識触媒として定義する。知識触媒には、新聞、雑誌、論文、政策、戦略、動向など、様々な内容が利用できる。

Structuring

企業における知識の取り扱いの現状と評価例 ── 三菱重工業株式会社

73 三菱重工業における知識システムの特徴

　21世紀COE（Center Of Excellence）という文部科学省のプログラムがあって、日本の大学の中に幾つかのCOEを認定した。東大には28個のCOEがある。私は副学長としてCOEの担当である。当然、その内容を理解しないといけない。しかし、ニュートリノ、脳科学、メガシティ、ソフトローから21世紀の死生観まで並ぶと、全体像を俯瞰するなどとてもできない。中身まで分かるのは2～3拠点だけ、というのが正直なところだ。そこで、こういう企画をしている。各拠点当り8ページづつまとめて、知的興味を持った人なら理解できるレベルの本を作る。本の内容はCDにもなっていて、パソコン画面をクリックすると各拠点のホームページに飛べる。ホームページからはさらに細部まで飛べ、専門が近ければ、原著論文にも到達できる。つまり、本はすべての人に俯瞰レベルで理解でき、その人の専門と興味に応じて細部レベルまで到達できるわけだ。これは、知識の構造化に対する私のイメージのひとつである。

プロダクトの特徴：
総合機械メーカーとして、船舶、鉄構建設、原動機、原子力、機械、航空宇宙、汎用機、産業機器、印刷機械、工作機械など重厚長大なプロダクトである。

知識管理システムの特徴：
固有技術に対する知識の蓄積・共有と同時に、新商品の開発から得た新技術を既存の技術と関連付けて、技術のイノベーションを支援できることが重要である。

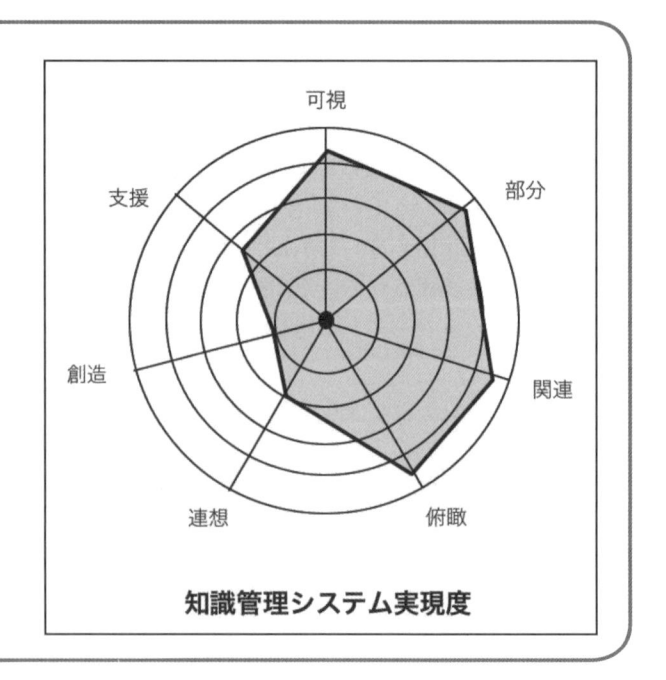

図8-6 三菱重工業における知識システムの特徴

Knowledge

　三菱重工業が運用している知識システムを技術イノベーションの観点から理解すると、可視、部分、関連、俯瞰は機能していると思われる。しかし、支援、創造、連想は満足には機能していないと思われる。この現状は、製造業において幅広く見られるパターンである。可視、部分、関連、俯瞰はある意味では、システムインテグレータ（SI）の実力である。世界中のメジャーなシステム開発企業が開発したシステムを使っているユーザ企業において、これらの機能はほとんど同じ状況で運用されている。

　しかし、社内の知識を活性化させて、技術イノベーションを促進したいユーザ企業には、支援、創造、連想機能が必要になる。支援は、支援する客体単位によりシステムの運用が変わる。例えば、同じ在庫管理システムの場合、システムの利用者が社長か担当者かによって、運用方式や閲覧される知識が変わる。創造は、例えば、知識触媒を使って知識ネットワークの反応を試して、その結果から新しい戦略を作れるかどうかといった課題である。連想は、例えば、異なる地域で生産される異なる製品に関して、共通の知識が認識できるかどうかといった課題である。

　支援と連想は知識システムの運用方式によっても達成可能な部分がある。創造は、企業戦略と関連づけて考える必要がある。例えば、ナノテクノロジーに関する知識をネットワークで表現したとする。この知識ネットワークの作成や運用にも難しい課題が多く含まれているため、簡単には開発ができない。しかし、ナノテクノロジー知識からなる知識ネットワークから、自社の戦略を作っていく過程はより難しい。

　戦略を作るために、様々なシナリオを作る。シナリオは、知識ネットワークに対する様々な解釈と対応する。知識ネットワーク上には一般的に関節点によって二つに分離される頂点のような知識はあまりない。代わりに、二つの知識間を連結する稜線は複数個存在する。この稜線をどう解釈するかによって、様々なシナリオができる。このシナリオと企業が目指している目標や保有資源などを比較しながら、戦略をつくる。これらは、一定部分までは知識システムから実現できる。

　創造を実現するために考えられる手法に、専門家の考え方を構造化して企業の技術開発戦略（TO-BE）と関連づけることがある。例えば、ナノテク分野における特定技術の専門家の考え方を構造化して、ナノテク関連特許の現状と比較することである。その結果、現状と目標が理解でき、企業の戦略が鮮明になる。

Structuring

企業における知識の取り扱いの現状と評価例 —— 住友化学株式会社

74 住友化学の農薬開発戦略

　学生から、「先生は学生のころ何をしていましたか？どうして環境の研究を始めたのですか？」といろいろ聞かれる。私は、「君達とそんなに変わらないよ、クラブをやってたし、彼女を作ろうと必死だったし、友達と旅行にも行った。将来に不安もあったし期待もあった、勉強だって少しはしたさ」と答える。そう言うと学生は少し安心する。私が学生のとき、ある先生から「君達は夢をもっていない」というお説教を聞いた。その先生は、飛行機が好きでそれで工学者になったと、要するにそんな話だった。たしかに自分にはそういう夢はないなと思ったが、同時に本当かなとも思った。ただの時代の勢いだったのじゃないか？だって私の時代に先端技術だったカラーテレビを見て、それが好きで工学者になる？嘘だろう、そう思ったのだ。私は学生に、「夢や使命感を持っている人はいい、しかし、もっていないからって心配なんかするな」とそう言っている。

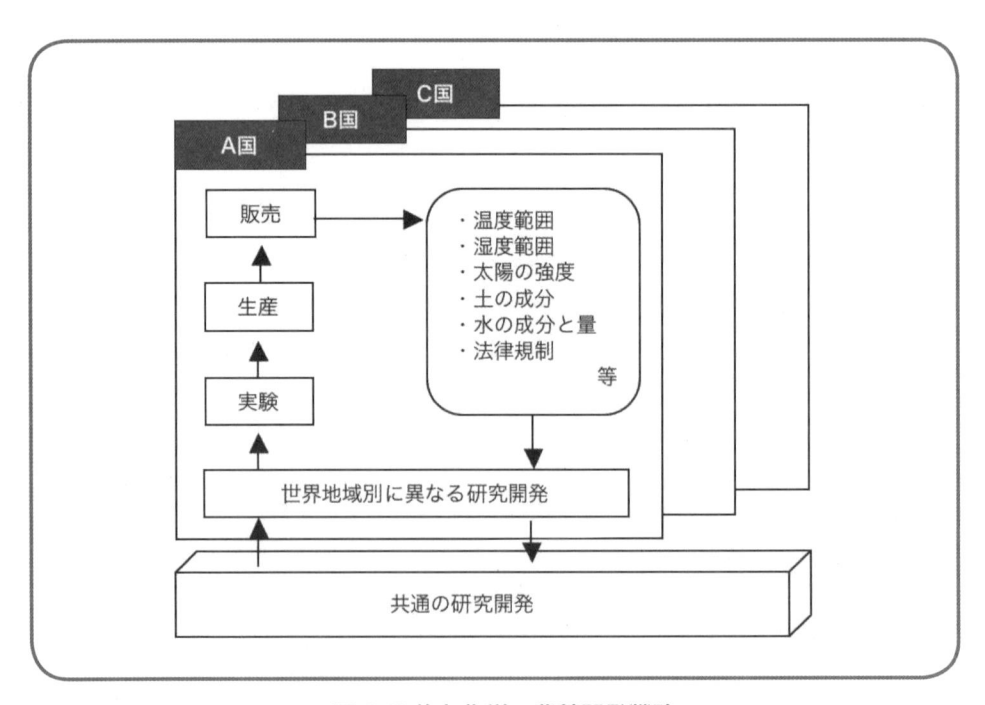

図8-7 住友化学の農薬開発戦略

Knowledge

　農薬は農業生産で使う化学薬品である。農業生産にはまず土地が必要であるが、土地は場所毎に特徴が異なる。土地が持つ特徴を表す基準としては、温度範囲、湿度範囲、太陽の強度、土の成分、水の成分と量などがある。そのため、農薬もそれを使う土地によって異なる成分にならざるを得ない。また、土地がある国や地方によって異なる法律規制の適用を受ける。土地の特徴や法律規制などが異なるため、農薬の実験、生産、販売という企業活動もその農薬を使う国で行われるのが一般的である。その結果、同じ農薬でも、販売する国別に実験と生産拠点を維持する必要がある。

　住友化学は、農業用殺虫剤、農業用除草剤、農業用殺菌剤、植物成長調整剤、生物農薬、化学肥料などを生産、販売している。これらの製品を開発するためには様々な分野を研究する必要があるが、同社の場合は、特に8つのコア技術を選択して集中している。それは、精密高分子加工、高分子機能設計、機能性染料、バイオ、結晶構造制御、キラル化、焼成、触媒の8つである。コア技術に集中することによって、シナジー効果を期待し、結果として研究開発の効率を向上させるのが目標である。

　これら8つのコア技術を支援するために、さらに有機合成、無機合成、高分子合成、分析物性、安全性評価、ゲノム科学、プロセス開発、材料設備技術を基盤技術としている。コア技術と基盤技術によって、新しい農薬の開発と既存農薬の改良を支えている。

　農薬開発に関しては、関連する様々な技術や法規制の他に、最近では社会現状や社会認識も重要な影響を及ぼす。例えば、農薬汚染、農薬残留、環境ホルモンなどの話題から無農薬農業まで、一般人でも農薬と関連する話題を自分の問題として認識し始めている。環境問題などから過度な農薬使用への批判が多くあるが、実は農薬の範囲は明確ではない。単に防除のための殺生剤を農薬と呼ぶ場合もあれば、生物制御剤をすべて農薬と呼ぶ場合もある。
　農薬開発の大きな流れは、フィールド実験を中心にする開発から、コンピュータによる大量のデータベース処理やシミュレーションによる農薬の挙動予測へ段々変わってきている。その結果、農薬開発に伝統的に重要であった学問分野の他に、最近は情報技術をどう活用するかが、農薬開発の効率向上に大きな影響を及ぼしている。コンピュータ上での仮想実験、仮想生産、仮想利用による予測技術の発展は、農薬開発の戦略を変えている。

Structuring

企業における知識の取り扱いの現状と評価例 ── 住友化学株式会社

75 住友化学における研究開発拠点決定問題

　学生運動やベトナム戦争の60年代、産学連携は悪であった。その後認識が変化し、30年ほど前から産学連携は推奨されるようになった。多くの国立大学には、産学連携の組織や建物がつくられた。しかし、今でも産学連携の必要性が叫ばれているということは、うまくいっていないと言うことだろう。学際研究、学融合といったことも言われ始めて久しい。やはり、うまくいっていないのだろう。そもそも、叫ぶとうまくいくというわけではない、うまくいくための条件を整備する必要があるのだ。現在、教育基本法を改訂して、愛国心や道徳心を記述しようという動きがある。法律に書くと愛国心が目覚め、道徳心に花が開くと、本当に考えているのだろうか。

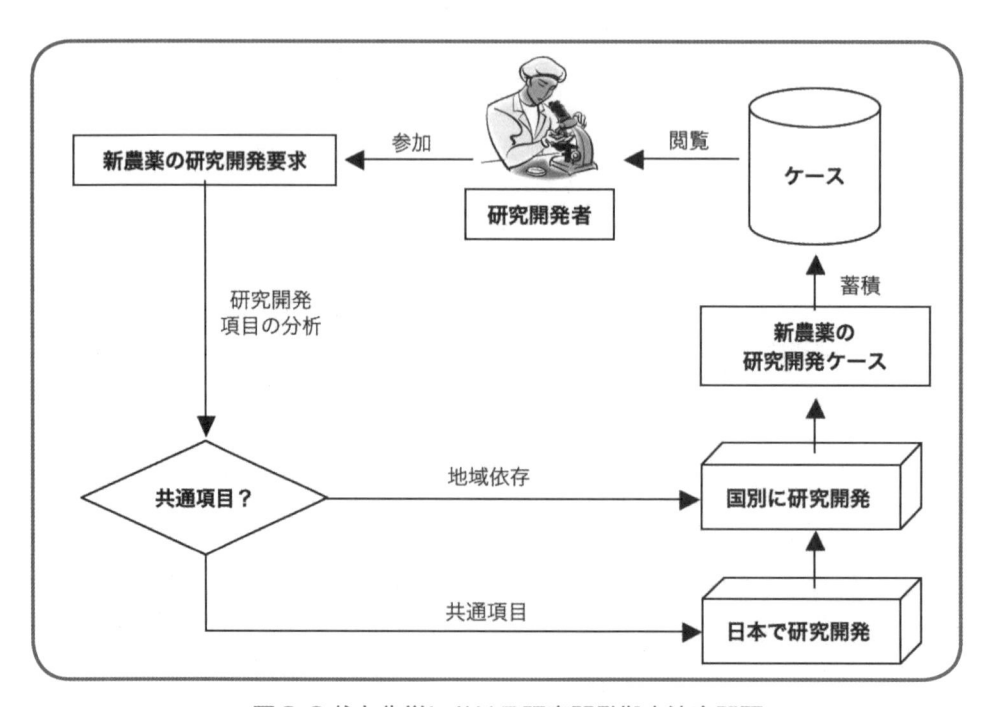

図8-8 住友化学における研究開発拠点決定問題

Knowledge

　農薬開発にコンピュータを利用した情報技術によって、開発効率を向上する場合も、その中心になるのは、研究者である。まだ、コンピュータによる完全な予測はできないので、研究者が様々な要因を参考にして、意味ある結論を出すのが一般的である。

　研究者が農薬開発の中心になると、研究者同士のコミュニケーションをどう支援するかが重要になる。コミュニケーションを通じて、研究者は知識を共有し、自分が持つ疑問への答えが得られる。このコミュニケーションができる「場」を作るのが、農薬開発組織には重要な課題になる。場は、ある建物のサロンでも、学術大会でも、またサイバー空間でもよい。しかし、開発組織が世界中に分散している農薬開発組織には、サイバー空間での場の提供がより重要になる。

　サイバー空間に人為的に場を作る場合もあるが、それよりは、メールなどの通信手段を使って、研究者同士が自由にコミュニケーションを取る雰囲気が重要である。一般的に、実験を伴う研究には、自由発想と再現性への反復確認という属性がある。再現性は一人でもできるが、自由発想には他人との意見交換が重要である。そのため、特に農薬開発の初期段階における研究者同士のコミュニケーションを支援することが重要である。

　住友化学の場合は、新しい農薬開発への要求があるときに、まず研究開発項目を分析する。それから共通項目と国別項目を区分して、研究開発する。研究開発の結果はすべて知識ベースに蓄積される。研究者はこの知識ベースにある開発ケースを参考にしながら、農薬を開発する。

　どの場合も共通項目と国別項目を簡単に区分できるわけではない。あるいは、戦略的に開発区分を変える場合もある。しかし、このような場合は、研究者同士のコミュニケーションによって、開発項目を区分するのがより現実感がある。

　農薬開発に関わる研究者や関係者が世界中に分散されている場合、活発なコミュニケーションを支援する方法として、知識ポケットの概念が考えられる。これは、完璧に整理された知識ではなく、むしろ破片的知識に近い。例えば、新聞のニュースから考えられた一つの発想などを知識ポケットに入れる。結果的に知識ポケットにはいつも様々な破片的知識が入っている。研究者はこれらを見て、自分から答えを付けたり、自分の研究に利用したりする。知識ポケットは、社内イントラネットの掲示板のような機能でも簡単に実現できる。

Structuring

企業における知識の取り扱いの現状と評価例 ── 住友化学株式会社

76 住友化学における知識システムの特徴

　岩崎恭子選手がオリンピックの平泳ぎで金メダルをとってインタビューされたとき、「今まで生きてきた中で一番幸せです」と話した。14歳の少女の言葉だから、だれもが微笑ましく感じたものだ。人は人生のなかで何度かは本気で嬉しいことがある。まもなく弱冠60才の私が話すと笑われるが、本当に嬉しいと思った記憶がある。大学4年のとき、アメフトで明治に勝ったときだ。今のようにメジャーなスポーツではなかったので、私くらいの運動能力でも2年生からレギュラー選手だった。2年生、3年生のときは2部の雄で、連戦連勝した。旭日昇天、3年生のときには入れ替え戦で勝って、4年生になってからは堂々1部で戦った。ところが、安藤忠雄の本ではないが、1部では連戦連敗になった。5試合目が強豪明治戦。今も忘れない、雨の駒沢第二球技場。結果は、12対6で勝ったのだ。しかし、なぜ勝てたのか。いまでも良くわからない。大学時代の記憶もほとんど薄れてしまった中で、この日のことだけは忘れない。

プロダクトの特徴：
農薬はそれを使う環境や手段が違うし、安全性の基準や規制が国によって異なる。

知識管理システムの特徴：
同じ問題だと思われる場合も、農薬を使う国によって関連する知識が異なる場合もある。従って、同じ問題に対して、関連がありそうな複数の知識を提示できるシステムが望ましい。

知識管理システム実現度

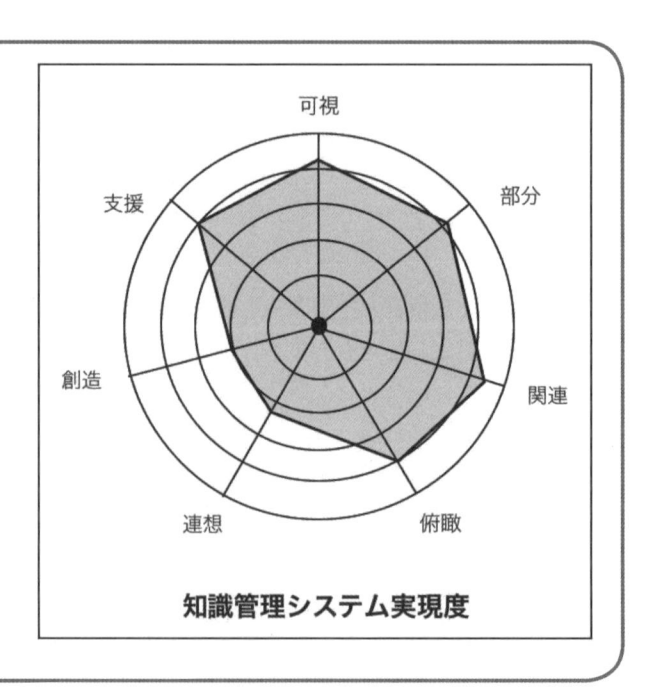

図8-9 住友化学における知識システムの特徴

Knowledge

　ある製品を開発するために世界中に開発拠点を設置して運用している企業も多くある。開発拠点をある一ヶ所に集中する方法と、様々な場所に分散する方法は、製品の特徴によって長所短所が異なる。また、経済的な理由によって二つの方法から選択する場合もある。住友化学における農薬開発の場合は、中心になる開発拠点を日本で運用しながら、世界中の重要地域別に開発拠点を運用している。これらの開発拠点間ではイントラネットによって様々な知識を共有するようにしている。また、研究者や関係者達はメールなどを使ってコミュニケーションをとりながら、研究開発のための知識を共有したり、疑問点を相談したりする。

　農薬を開発する企業としての住友化学の知識システムを理解すると、可視、部分、関連、俯瞰は機能していると思われる。即ち、システムの動きはユーザにも理解されるし、システムは複数のモジュールの集合として構成されている。農薬開発に関する知識や開発結果などはケースとして知識ベースに蓄積され、組織内の研究者が共有する。また、農薬開発に関する全貌もシステムから俯瞰できる。また、知識システムは開発する農薬を中心に支援しているが、これからは研究者や関係者の個人レベルでの支援が必要になると思われる。

　農薬は、それを使う国や地域によって、関連法律や規制などが異なる。そのため、農薬の研究開発における問題点は同じでも、それを解決するための知識が異なる場合もある。この特徴から、知識システムへも創造と連想機能が要求されているが、まだ実現されていない。農薬の開発経緯や結果をケースとして蓄積して、それを閲覧して参考にするのは一般的な知識ベースの利用のイメージである。しかし、創造機能があれば、既存のケースから新しいシナリオを自動的に生成することができる。その結果、既存のケースを動的に活用することができる。

　農薬開発には、様々な学問分野の知識と、農薬を使う国や地域の法律規制が多く影響を及ぼす。そのため、一定領域の知識だけでは農薬の開発ができない。連想は、異なる領域の膨大な知識が混在している場合、ある知識から関連がある別の知識へ次々とたどっていく機能である。連想が機能すれば、ある問題に対して関連する知識をシステムが提案できるので、研究者の研究開発の効率をより向上させる。

Structuring

企業における知識の取り扱いの現状と評価例 ── 日本電気株式会社（NEC）

77 NECにおける営業力向上のための営業知識の共有

　システムという言葉はあちこちで使われるが、なかなか理解しにくい。スポーツ番組で野球の解説者が、最近は抑え投手のよいチームが強いんです、といっていた。たしかに大魔神佐々木あたりから抑え投手はスターダム入りした。しかし、先発ピッチャーが2回ももたずにKOされてしまったら、抑えも出番があるまい。ヤンキースの強みは5人の先発投手がしっかりしていることだと聞いた。だが、先発といっても最近6，7回しか投げないから、中継ぎがだめなら押さえがいてもだめだろう。先発、中継ぎがよければいよいよ大魔神だ。だが、打てなければ先発、中継ぎ、抑え全部良くてもだめだろうし、打線がすごければ、ピッチャーはそこそこでも勝つだろう。つまりは総合力ということになってきて、これをチームというシステムの機能と言い換えても良いだろう。

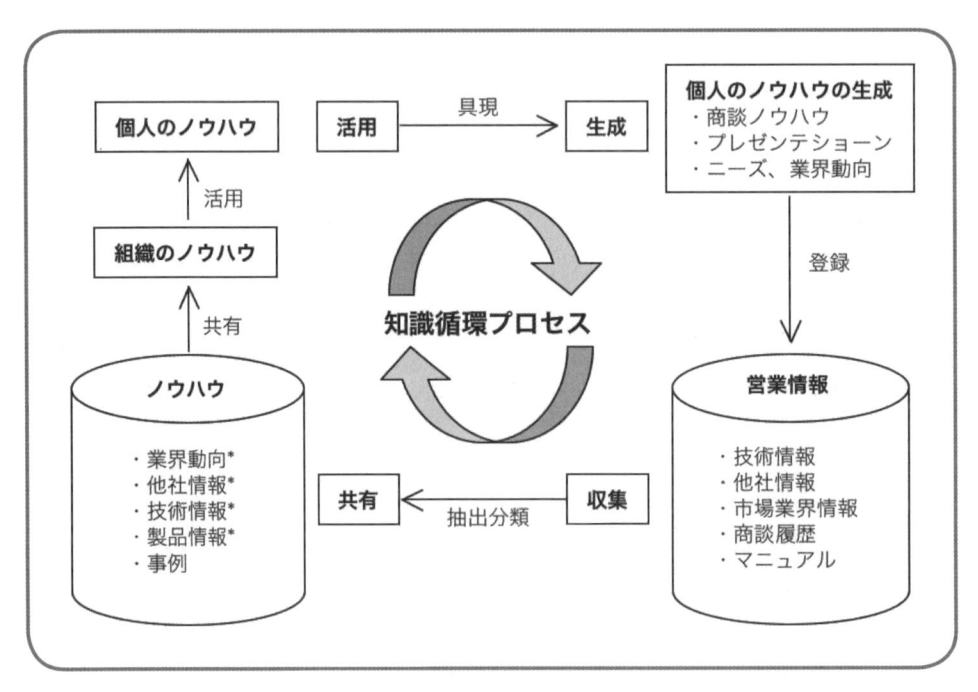

図8-10 NECにおける営業力向上のための営業知識の共有

Knowledge

　どんな企業でも、営業活動は重要である。いくらよい製品を開発しても、営業に失敗すると企業の経営は危機に陥る。そのため、企業では営業力を向上するための様々な方法を開発している。営業は人間がやる活動で、システムによる自動化はできない。したがって、営業力の向上のために何らかの方法を開発する場合、それは人間の活動を支援する内容がほとんどである。

　営業力がある人は、一般的に情報の活用能力が高い。一見関係がないように見える情報でも、その中から意味ある情報を見つけて、自分の営業に活用する。例えば、新聞を読んでも、政治面から社会面までにある様々な記事から、自分の営業に影響がありそうな記事をすぐ見つけ出す。これができるのは、自分なりに新聞記事間の関連性を考えているからである。色んな情報間の関連性を理解できるので、自分に意味ある情報を区分できる。

　個人の経験が大事だと言われる営業で、個人の経験や知識を組織の知識として変換できないと、いつまでも個人に依存する営業しかできない。個人がもつ営業知識を組織の知識にするためには、知識の登録や抽出などの機能を実現する必要がある。NECの場合は、営業知識を共有するために知識循環プロセスを定義して、各プロセスを支援するシステムを運用している。このシステムによって、営業知識の共有と営業力の向上を狙っている。営業に出る個人は、営業活動を通じて様々なノウハウを取得できる。例えば、商談のノウハウ、プレゼンテーションのノウハウ、市場のニーズ、関連業界の動向などを取得できる。これらは勉強によって得られる内容もあれば、経験や実務を通じてのみ得られる内容もある。この内容をよく分かっているほど有能な営業担当になると思われる。しかし、個人が持つ営業知識はその組織の営業力とは関係がない。そのため、個人が持つ知識を登録するようにする。登録する内容には、技術情報、他社情報、市場業界情報、商談履歴、営業マニュアルなどがある。

　個人が登録した内容は、その内容にまた別の人が別の内容を登録することによって、より充実した内容になっていく。この内容を組織内部で共有することによって、個人の知識が組織の知識に変換されていくことが期待される。この知識循環プロセスによって個人の知識がすぐ組織の知識に変換されることはないが、まずこの努力がないと、組織の知識を創造できないのは確かである。そのため、企業では組織としての知識を創造するためのシステムや方法の開発に経営資源を使っている。

Structuring

企業における知識の取り扱いの現状と評価例 —— 日本電気株式会社（NEC）

78 NECにおける知識管理の成長段階モデル

　経営コンサルティングというのは、割にあわない商売だと聞いた。例えば、野球のコーチの場合、どこが問題なのかを選手に教えて、それでうまくいけば感謝される。経営の場合、具体的な解決策を出してみろと言われてもそれはできない。その会社の具体的実態を知らないとできないわけである。社員全体が目標を共有できているかとか、情報がきちんと伝達されているかとかチェックしていくわけで、チェックのパターンを持っているが、それをどう解決につなげるかは事例毎の話である。解決策が生まれるように仕向ける手法を持っているといってもよい。解決策の実行を決断するのも会社であってコンサルタントではない。だから、経営改革が成功し業績が回復すると、経営者は自分が改革したと思ってしまう場合が多いという。

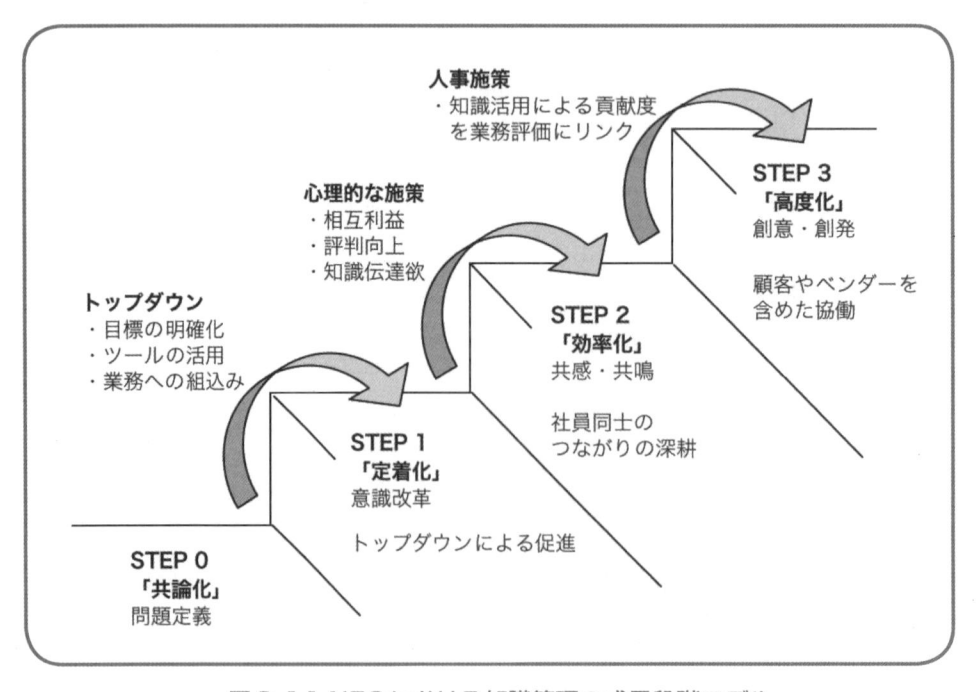

図8-11 NECにおける知識管理の成長段階モデル

Knowledge

　個人がもつ知識を組織の知識に変換するときには、まずは目標にする状態を定義する必要がある。この状態は、イメージでもいいし、具体的な数字でもいい。しかし、組織の全員が納得してぜひ実現したいと思う内容でないと、全員の協力を得ることは難しい。企業の知識管理推進担当者と他の社員との間に認識のギャップがあると、組織の知識を作り出すことは難しい。こんなことが実現できればいいと思う項目を整理する希望項目列挙法を使うと、目標を決めやすい。

　目標を決めてからは、それを達成するためのシナリオを作成する。シナリオ作成には、予想される問題点と改善策、担当者、推進日程、必要予算、達成目標などを明確にする。シナリオ作成時には目標にする理想的状態と現実からの制約条件をどう調和させるかが重要である。

　NECの場合は、知識管理の成長段階を4段階に区分して、各段階における達成目標を具体的に定義している。第一段階では、いま何が問題なのか、何をするべきかを明確にして、社内の共有にする。達成すべき目標を明確にして、その目標を達成するために必要なツールや業務への組込みに注意を払う。

　第二段階では、社員の意識改革によるシステムの定着を狙う。知識システムを利用すれば相互利益になることを認識させて、個人がもつ知識を組織内部で共有するための知識伝達欲を刺激する。第三段階では、システムの効率を向上するための様々な手段を導入する。この段階に入ると、知識システムは安定的に利用される。社員は自分が持っている個人知識や営業活動などから得た新しい知識を登録して、組織で共有するようになる。第四段階では、顧客やベンダーを含めた協働によって、知識システムの付加価値を高める。

　一般的に企業が知識システムを運用するときには、始めはトップダウン方式で強圧的に推進する場合が多い。また、意識改革など抽象的スローガンを使って、社員に参加を呼びかける場合が多い。しかし、このような方式よりは、まずは目標にしているイメージを組織が共有するのがよい。少し抽象的で現実的ではなくても、組織の全員がイメージを共有できれば、いつか知識を共有することもできる。全員のイメージが違うのに、個人の知識を組織が共有しようとしても、それは実現されない。知識システムを構成するのは、ソフトウェアやハードウェアではなく、個人の知識と全員が共有しているイメージである。組織は、知識が共有できる場を提供するだけである。

Structuring

企業における知識の取り扱いの現状と評価例 —— 日本電気株式会社（NEC）

79 NECにおける知識システムの特徴

　ほとんどの学生は、博士課程を3年から4年で修了する。したがって、博士課程の3年目というのは、すべての仕事をまとめる時期である。

　私はある大変な学生を見たことがある。博士課程の3年目になった彼が、9月になって大間違いに気付いたのだ。それまで修士時代から4年かけて測定してきたデータが怪しいことが判明したのだ。理由は、熱電対という針金のような温度計で温度を測るのだが、昔は標準温度が必要で氷水の零度との温度差を測定していた。ところが半導体技術の進歩で標準温度を組み込んだ熱電対が発売され始め、ちょうどその当時が切り替わりの時期だったのだ。ところが、その学生はいつから新式の熱電対に切り替わったのかを記録していなかった。悩みに悩んだ末に彼は全データを取り直す決心をした。そして4ヶ月でとり終え、3月には学位を取得した。試行錯誤しながら4年でとりためたデータは、取り直すだけなら4ヶ月で取れる。これがフロントランナーと2番手との違いだ。

プロダクトの特徴：
情報機器やソフトウェア等、最新技術の研究開発を伴うプロダクトが多い。

知識管理システムの特徴：
最新技術から顧客情報まで、全社を横断して情報を共有し、その付加価値を高くすることが重要である。

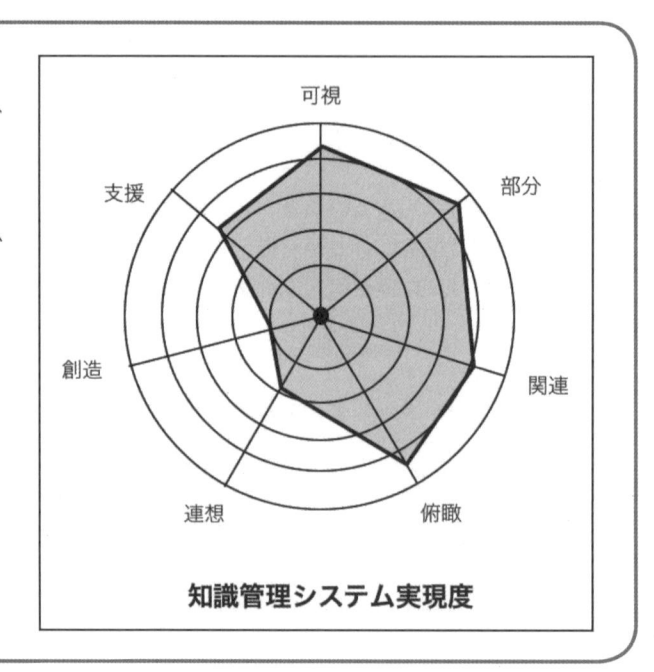

図8-12 NECにおける知識システムの特徴

Knowledge

　営業を支援するために、個人が持つ営業知識を組織が共有して活用することは大事なことである。ソフトウェアやハードウェアを単純販売するのではなく、複雑で大規模なシステムを提案して、システム全体を一式として販売する場合は、営業の範囲も広く要求される知識も幅広い。また、営業に関わる人も多くなるので、誰がどんな知識を持っているかも確認できない。そのため、営業を支援するための知識システムを運用することは企業経営の重要な一項目である。

　NECが運用している営業支援システムを、知識の構造化の観点から見ると、可視、部分、関連、俯瞰は機能しているが、支援、創造、連想はあまり機能してないと思われる。

　営業支援システムの構成と働き方はユーザとしての社員に理解されている。また、システムは複数個のモジュールの集合として構成されている。システムに登録された知識は、相互リンクされて全体的には知識ネットワークとして機能する。また、営業状況の全貌が俯瞰できる。しかし、営業を担当する個人個人へ異なる知識を提供することや、登録されている知識から新しいシナリオ創造の支援が機能していない。また、ある知識を検索すれば、関連する知識が次々と提示されることも機能していない。

　提案営業は、一種の創造活動である。何も問題意識をもっていない客に対して、このようなシステムがあればこのようなことが実現できると、まずは概念を売る。概念に賛同した客には、次はその概念を実物にするための具体的な提案をする。この時には、簡単な機能だけのプロトタイプやスケールを小さくした模型を作る場合もある。これらを見て客が満足すれば、本格的にシステムを開発して販売する。このサイクルは、建築分野でも情報分野でも同じである。

　概念を売るときには、例えば、環境に優しい、省エネルギー、予算節約、効率向上、売上増加など、客にとって重要なことを優先しなければならない。概念を売るためにシナリオを作ったり関連する知識を探す時には特に知識システムの創造や連想が重要な役割をする。また、営業に出る社員一人ひとりの発想を大事にするためには、個人個人を区分して支援することが重要である。

Structuring

企業における知識の取り扱いの現状と評価例 —— 花王株式会社

80 花王における商品開発と研究開発の概念と原則

「私の大学は、バイオテクノロジー、ナノテクノロジー、情報、環境に力を入れている」といった話にはほとんど意味がない。理由は、理系をもつ大学でこれらに力を入れていない大学はほとんどないという状況を考えれば明らかだろう。ナノテクノロジーの化学に注力しているといえば、少しは意味が出てくる。ナノテクノロジーの炭素の化学と、さらに具体化すべきなのだ。同じような意味で、「教育に力を入れている」というのも無意味だ。例えば、「ナノテクノロジー炭素化学の国際拠点と外部組織の協力を得たインターンシップ制度とを活用して、先端技術のリーダーの育成を目指す」とかいうべきである。具体化することにより、重複が避けられ、大学間の分担が可能になる。

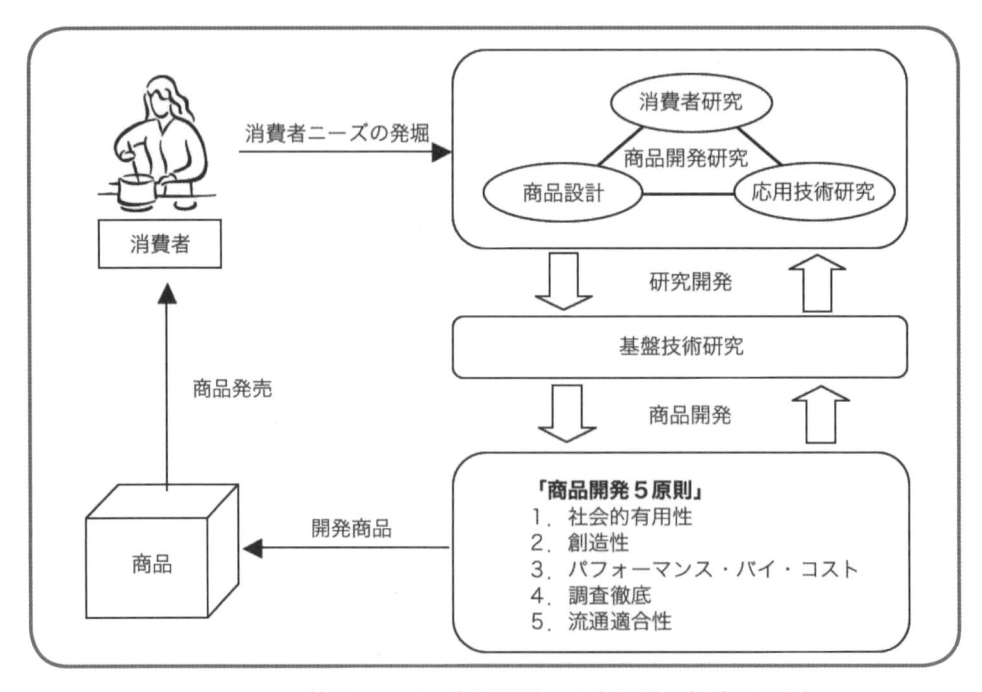

図8-13 花王における商品開発と研究開発の概念と原則

Knowledge

　良いものを作ればよく売れるのか、あるいは、よく売れれば良いものになるのか。ニワトリと卵の問題と同じく、どっちを正解にしても不自然ではない。しかし、まずはものを作らないと始まらないのは確かである。ものを作るに当っては、まず何をなぜ作るかという根本的な問題に直面する。単に面白そうだからものを作る場合もあるが、一般企業が作り出すものの中には、そのようなものはあまりない。企業が作って販売に出すものを商品と呼んで、それを買う側を消費者と呼ぶ。企業は次々と商品を出して、消費者はその商品を買う。企業は、販売から得た収入からまた次の商品を開発して販売する。このサイクルは単純であるが、このサイクルを維持していくためには、商品開発と研究開発という二つの大きな機能が要求される。

　商品開発と研究開発は、コインの両面のように見える。商品開発は、中長期の計画よりは目の前の売り上げに影響されやすい。また、消費者からの提案や不満などもすぐ反映しなければならない。その結果、ある時代の商品は、その時代を象徴する。一方の研究開発は、商品開発に欠かせない企業活動ではあるが、比較的長い目を持って行う必要がある。そのため、中長期のロードマップなどによって戦略を立てて推進するのが一般的である。

　コインの両面のように見える商品開発と研究開発を連結してくれるのは、消費者のニーズであろう。昔は、会社が持つ技術などのシーズを優先にしてものを作れば、なんでも売れた時代もあった。しかし、現代では、会社のシーズを優先にして開発した商品がヒット商品になるケースはほとんどない。それより、最近ヒットするのは、こんなものが欲しかった、と思われる商品がほとんどである。そのためには、消費者の心理や不便を感じている点をいち早く把握して、それを商品開発に反映することが必要である。

　このような事情から、商品開発に消費者の生の声を早く反映する能力が、企業の商品開発能力の重要な要素として認識される。消費財を生産する花王が、消費者研究を商品開発や研究開発と同一レベルで扱っているのは面白い。消費者を研究することは、単に消費者の動態を分析してその特徴を商品開発に反映する行動より、積極的な企業活動である。
　花王における商品開発研究は、消費者研究、商品設計、応用技術研究の3軸から構成される。また、商品開発の原則を決めて、商品開発の指針としている。原則は五つあるが、特に、社会的有用性を第一原則にしている。これは、消費者を優先する商品開発の方針と一致していると思われる。

Structuring

企業における知識の取り扱いの現状と評価例 ―― 花王株式会社

81 花王における消費者相談と企業活動のサイクル

　これからの人材育成はどうあるべきか、そういうシンポジウムであるパネリストが、人と議論をすることの大切さを指摘した。話は発展していき、そもそも最近は人とのつきあいが減ってきたことが問題だという指摘があり、最後は、旧制高校を復活させたらという話になった。これは、高齢者の議論で良くある昔はよかったという話のパターンである。しかし本当だろうか。

　議論が大切、人とのつきあいが大切というのは本質だ。しかし、爆発的に増えた知の構造化を放っておいて昔に戻ろうというなら、それは退歩するということだ。昔は良かったという話のほとんどは、本質の一部だけを語っているのだ。人の問題と、知の問題、二ついずれもが重要なのである。

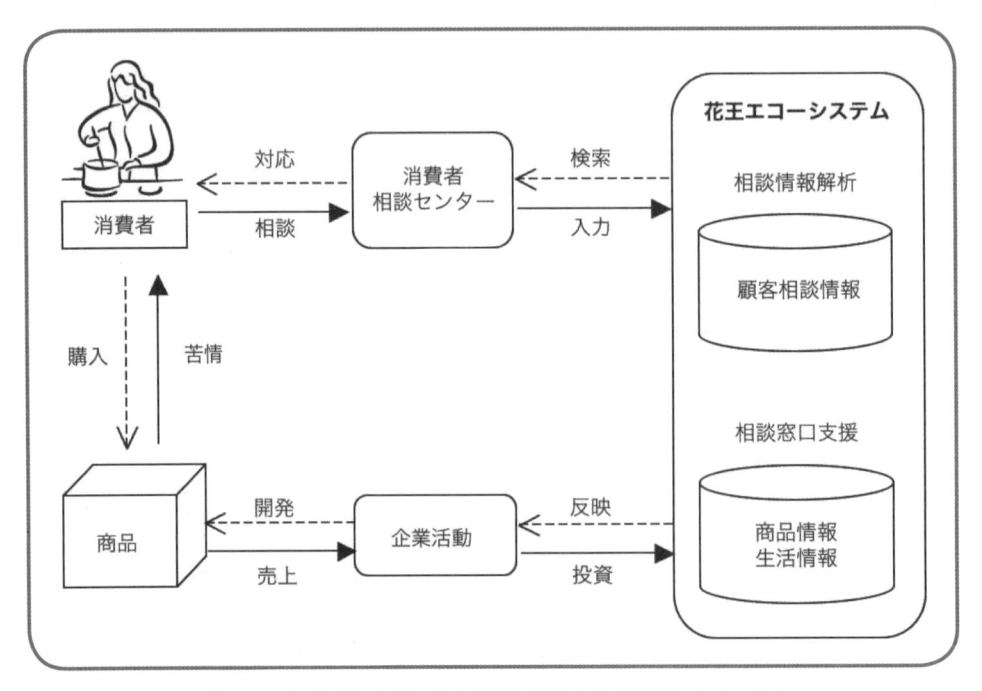

図8-14 花王における消費者相談と企業活動のサイクル

Knowledge

　消費者の動態を分析して、その特徴から新しい商品へのヒントを得ることが多くある。そのために、データマイニングの手法を使うことがよくある。例えば、子供のオムツを買う若いお父さんは、自分のために雑誌を一緒に買うケースが多い。デジタルカメラを買う人は、プリンタを一緒に買うケースが多い。これらはよく言われるケースである。

　消費者の動態を分析する他に、商品開発に消費者を直接参加させる場合もよくある。家電の場合は、商品開発段階から主婦を参加させて、不便なところをチェックして貰う。また、ジュニア用の衣類を開発する会社は、デザイン段階から、中学生などの意見を積極的に聞いて商品開発の参考にする。障害者のための商品は、開発段階から障害者を参加させて、利用時の便利さを追求する。このように、商品開発にその商品の消費者を積極的に参加させることによって、その商品を実際に使う消費者の要求条件を早く商品に反映することができる。

　すでに販売されている商品の場合は、その商品を使った消費者からの生の声を聞いて、それを基に商品を改良して行くことが重要である。このため、企業は、消費者センターやコールセンター、消費者相談窓口などを用意して、消費者と接触している。企業や商品毎に差はあるが、一般消費財に関しては、消費者センターには年間何万件から何十万件の苦情、不満、要求、アドバイスなどが寄せられる。企業はこれらの意見を活用して、改良された商品を開発する。

　消費者からの意見を聞いて、それを活用するためには、いくつかの課題を解決する必要がある。まず、消費者からの苦情などが初めての内容か何回も反復している内容かを分析する。それから、苦情などを分類して蓄積する。蓄積された内容から、共通の問題点や解決のための知見を得る。商品を新しく改良してからは、既存の苦情がどれくらい解決されたかを検討する。これらのサイクルは膨大なデータを対象にしているため、システムごとに支援の内容が異なる。

　花王の場合は、消費者相談センターを運用して消費者と接触している。消費者から寄せられた苦情などは顧客相談情報としてデータベースに蓄積される。それから、相談情報を解析してその内容を商品開発に反映する。また、相談窓口で消費者と直接に接触する担当者を支援するために、商品情報と生活情報のデータベースをいつも新しい内容に更新している。花王はこのシステムを花王エコーシステムと呼んで、企業活動の中心に位置づけている。

Structuring

企業における知識の取り扱いの現状と評価例 ── 花王株式会社

82 花王における知識システムの特徴

　ある休日、家でテレビを見ていたら、ここ3年間に入場者が3倍に増えた市営動物園のことが紹介されていた。秘密は動物の見せ方だそうだ。例えば、水槽の中のトンネルを人間が歩く。トンネルの中には透明の円筒が上下に貫いている。そこをアザラシが上から下から泳いできて、じっと外の人間をみるので、子供も大人も大喜び。アザラシは、とても好奇心のおう盛な動物なのだそうだ。また、ペンギンは雪道を通ってプールに向かってよちよちと行進する。雪道の両脇にはフェンスすらなく人が大勢ペンギンをみている。プールの中にはトンネルがあって、人は泳いでいるペンギンを見ることができる。雪道を頼りなげに歩いていたペンギンが、えさを求めて水中で素晴らしい高速水泳をすると、またまた歓声。アザラシの好奇心や、ペンギンは雪道があればプールに向かうという習性の効果的な見せ方は、現場の飼育係の知恵だそうだ。大学も、大学が持つ知識をどう見せるかによって、世間の評価が変わるだろう。これが、最近の私の悩みである。

プロダクトの特徴：
一般消費者向きの商品は、種類が多く、消費者から直接寄せられる意見は年間10万件を超える。
それを短時間で商品に反映することが大事である。

知識管理システムの特徴：
電話やファクスなどで入る消費者の意見や苦情を関連者に早く回して、商品を改良するのが重要である。

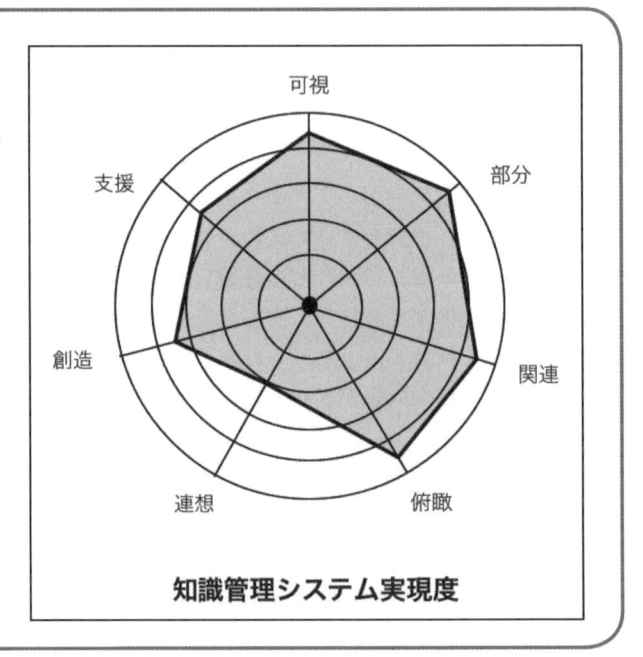

知識管理システム実現度
（可視・部分・関連・俯瞰・連想・創造・支援）

図8-15 花王における知識システムの特徴

Knowledge

　一般消費財を販売していく企業には、消費者からの苦情や意見などが毎日寄せられる。累積すると年間何万件から何十万件にも上る膨大な量になるが、これをどう処理するかによって、企業の製品開発が変わる。また、消費者は、自分が提案した内容や自分が相談した苦情が、その企業によってどう処理されるかを見ている。企業の処理の仕方によって、消費者は暗黙の販売員にもなり、また批判者にもなる。

　消費者からの苦情は、手紙、ファクス、電話、メール、掲示板など、様々な形態で寄せられる。これらの膨大な量と異なる形の情報をいち早く処理して、消費者に適切な答えをする。それから、商品の改良に素早く反映する。これらのサイクルを支援するために、花王ではエコーシステムを運用している。このシステムを知識構造化の観点から見ると、可視、部分、関連、俯瞰は満足に利用されていると思われる。

　システムの動きは理解されやすく、またシステムはいくつかのモジュールの集合として構成されている。消費者との相談内容は、関係者に早く回覧して、商品の改良に反映されるようにする。そのため、関連する内容をできるだけネットワークで関連づける。

　エコーシステムでは、消費者と直接接触する担当者を支援対象として想定している。しかし、担当者はシステムから完全に支援されているわけではなく、個人の経験や知識に頼っている部分が多い。したがって、消費者と直接接触する担当者一人ひとりを意識した機能はまだ十分とは言えない。

　また、創造と連想はまだ機能せず、これからの実現を目指している。一般消費財の商品開発における創造は、開発のコンセプト作りから機能設計までに重要な役割をする。これは伝統的に人間による知的作業として理解されてきたが、消費者から寄せられる意見を構造化することによって、システムからも一定部分の寄与が期待できる。

　連想は、ある知識から別の知識へ連続的にたどっていく機能である。これは、商品の数が多いほど重要な機能である。すなわち、商品毎に分類し蓄積されている消費者からの意見でも、連想によって意外なところで関連性があるということが発見できる。また、全然関連がないような意見間にも何らかの関連性が発見できる。その結果、すべての商品と消費者からのすべての意見との関連がより広くなる。

Structuring

企業における知識の取り扱いの現状と評価例 —— 日揮株式会社

83 日揮におけるプロジェクト管理の作業単位

　知識の構造化という問題をずいぶん長い間考えてきたが、いっとき、構造主義哲学の構造と私の考える構造化は同じかどうか知りたいと思った。もし同じなら、哲学の深い思索から学ぶのは効率が良さそうだと、効率を重んじる工学者としては考えたのだ。10冊以上を走り読みして、結局直接関係はなさそうだと結論したが、本当にそうなのかどうか未だもって確信はない。構造主義の構造とは何なのか、なぜ素人に分かるように本の冒頭にすんなりと書いてくれないのだろう。著者は、素人ではなく、学者仲間を意識して書いているからだと思う。仲間に軽んじられるのをおそれるから、枝葉をいろいろ書きたくなる。自分が本を書くときの思いから、そう推測している。

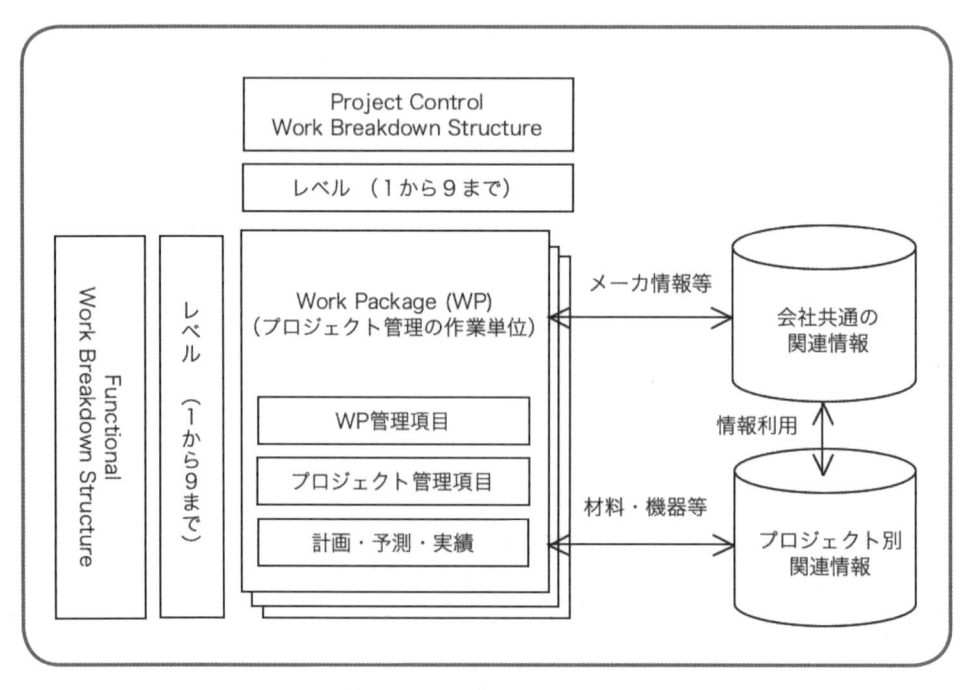

図8-16 日揮におけるプロジェクト管理の作業単位

Knowledge

　エンジニアリング会社が扱う商品は、大規模なプラントや発電所などを設計建設する業務を中心に、建設完了から商用運転までの試運転や注文先への資金調達方法の紹介まで、実に幅広い。これらの業務は、そのすべてを合わせて、プロジェクトの単位で遂行するのが一般的である。一つのエンジニアリング会社は、同時に複数個のプロジェクトを複数地域で展開する。しかし、プロジェクトの性格も、展開する地域も様々であるため、プロジェクトの全貌を把握して、その遂行状況を実時間で分析し、最適解を得ていくプロジェクト管理という問題が重要である。

　プロジェクト管理問題は、プロジェクトの規模にも依存する。世界レベルのエンジニアリング会社には、何千人が何年間も従事する規模のプロジェクトが多くある。このくらいの規模になると、関連企業も全世界中にあり、プロジェクトの全貌を俯瞰して、計画通りに管理するのは大変難しくなる。プロジェクトを効率よく管理するためには、管理の対象になる作業をどう決めるかが問題になる。例えば、管理対象が広すぎても、狭すぎても効率は低くなる。また、全プロジェクトにまったく同じ標準を適用しても、プロジェクト毎に全然違う基準を適用しても効率は悪くなる。作業単位と管理基準の問題は、どんなエンジニアリング会社にとっても重要な問題である。この問題にどう対処するかによって、経営効率が非常に変わると言われる。

　日揮の場合は、プロジェクト管理の作業単位を、プロジェクト管理レベルとプロジェクト機能レベルの二つの観点から区分している。二つのレベルは各々1から9までのレベルに区分される。これらの各々のレベルによって、プロジェクト管理の作業単位が定義される。プロジェクト管理の作業単位には、管理項目の他にも、計画、予測、実績という時間軸が導入される。一つのプロジェクトは、その立案段階から納品段階まで何年もかかる長時間の作業である。また、納品してからも、試運転や商用運転、設備保全活動や設備増加、設備廃棄などまでを含むと、プラントの立場から見たライフサイクルは大変長い。したがって、一つのプロジェクトに関連する業務が、何十年間に渡って実施されていても不自然ではない。

　プロジェクト管理の作業単位を定義して、また時間軸を導入することによって、プロジェクトの管理を標準化することができる。標準化によって、管理能力を一定水準以上に維持することができる。すべてのプロジェクトにおける管理能力が一定水準で維持できてからは、その水準を向上させるための努力が必要になる。しかし、これは、作業単位の問題ではなく、企業文化の問題になると思われる。

Structuring

企業における知識の取り扱いの現状と評価例 ── 日揮株式会社

84 日揮における関連情報の分類基準

「基本はおなじだ」は、ベテランの知識人がよくいう言葉だ。たしかに、経験を重ねていくとそう感じることは多い。そこに救いのヒントがあるように思う。つまり、情報は増えたが、基本的知識はそんなに増えていないのではないか。20世紀に増えた真に新しい知識は、極端に言えば、量子力学とゲノムだけといって良いかも知れない。後は派生だ。ばらばらだった知識の関係が明らかになったために、ある意味で単純化されたという面すらある。生物分類学、植物学、酵素学や医学などまでが、ゲノムを通じて関連づけられたという面は明らかにある。考古学も分析手段の進歩ですっきりしてきた。増えたのはデータなのだ。だから、知識の構造化が有力な手段になるのだ。

		情報分類		
	レベル1 (Phase)	レベル2 (FWBS)	レベル3 (Job)	レベル4 (Facility)
	一般業務に関連する情報を分類	プロジェクト遂行と管理に必要な全ての作業をブレイクダウンして分類	ノウハウ、顧客情報、地域情報などを分類	対象にする装置や機器に関する分類

図8-17 日揮における関連情報の分類基準

第2部 「知識の構造化」の実現

Knowledge

　一つのプロジェクトには、場合によっては、作業者が何千人、装置や機器、部品の調達会社が世界中に何千社、設計会社が世界中に何十社、管理会社が世界中に何十社、管理監督機関が何十機関、遂行期間が何年間、のように様々な要因が、様々な形態で関連している。プロジェクト管理組織と関連するすべての要因は、相互に情報を発信し受信している。例えば、装置調達会社とプロジェクト管理組織の間には、装置の仕様書、設計図、納品日程表、運転マニュアル、保全マニュアル、スペヤパーツ、保証書など、様々な情報が様々な形態で往来している。

　したがって、情報という側面から見ると、プロジェクトは関連情報の集合体として理解できる。すなわち、プロジェクトという器に関連するすべての情報が集約されたときが、プロジェクトが完了した時点であるとも考えられる。XYグラフを考えて、X軸はプロジェクト遂行時間、Y軸は累積情報量を表すと仮定する。時間の経過に伴ってプロジェクトが持つ累積情報量は当然増える。しかし、ここで一つの仮説が考えられる。累積情報量の増加は、プロジェクトの初期段階にはあまり増えないが、ある時点から飛躍的に増える。また、ある時点からはあまり増えない。これを線で表すと、Sカーブになると思われる。

　プロジェクトにおける情報量の増加が実際にSカーブのパターンになるかは不明である。しかし、プロジェクトの遂行に伴って関連情報の量が増えることは確かである。特にプロジェクトの規模が大きくなるほど関連する情報の量も飛躍的に増加する。また、情報の種類も増加する。情報をどう分類するかは、どんな企業にとっても重要な問題である。日揮の場合は、プロジェクトを管理するために、情報をレベル1からレベル4までに分類している。例えば、レベル1には、一般業務に関連する情報を分類している。レベル2には、プロジェクト遂行と管理に必要な全ての作業をブレークダウンして分類している。レベル3には、ノウハウ、顧客情報、地域情報などを分類している。また、レベル4には、装置や機器に関する情報を分類している。

　情報の量が多くなると、情報を分類して管理することは自然な流れである。これは、学問領域が細分化していく様子とも一致する。情報を分類するためには、明確な基準が必要になる。しかし、基準にする項目は、会社の方針や時代の変化、プロジェクトの特徴によっても変わりやすい。そのため、情報を明確に分類して、どこかの分類に迷わず入れることは、難しいことである。

第8章　企業における知識の取り扱いの現状と評価例

Structuring

企業における知識の取り扱いの現状と評価例 —— 日揮株式会社

85 日揮における知識システムの特徴

　計算結果と実験結果を同時に見せれば、人はどっちを信じるだろうか。ほとんどの人は実験結果と答えるだろう。実験結果は本当にあったことだから、こちらを信じるのは自然である。しかし、最近は、そうとも言えない場合が増えている。理由は、先端技術の複雑さとコンピュータ性能の向上にある。ナノテクやバイオテクといった先端技術分野は実験による測定が難しくなっている。一方、コンピュータを使った計算は計算精度が非常に高くなっている。

　ある学会でのことである。CD用プラスティック基板の成型の議論があった。高分子の融液を型に流し込んで冷やして固めるのだが、このとき、温度分布を極めて精密に制御する必要がある。そうしないと、取り出したときに反ってしまう。発表内容は、温度分布の測定値と計算値の比較の議論だった。発表者は、計算値のずれの理由を説明した。ところが、会場からは、計算の方が正しいのではないかという質問がでた。これを発端に、いったいどっちを信じるべきなのかと、議論は沸騰した。

プロダクトの特徴：
エンジニアリング、調達、建設、保全にかかわる一連の業務。すべての業務はプロジェクト単位で実行されるため、人のノウハウや経験に依存する業務処理が多くある。

知識管理システムの特徴：
業務はプロジェクト中心で、組織はマトリックス構造になっているため、情報・知識を横間縦間で管理することが難しい。

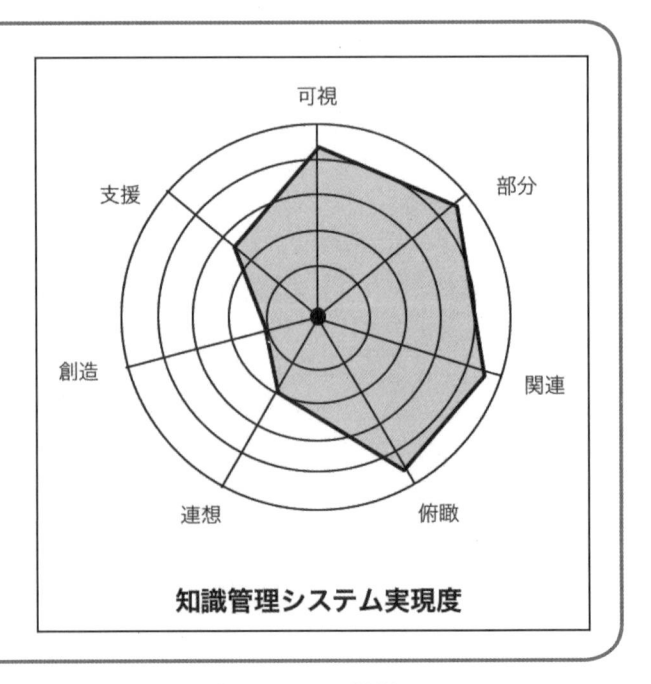

図8-18 日揮における知識システムの特徴

Knowledge

　エンジニアリング会社が行うプロジェクトは、世界各地域で同時に何十も実行される。一つのプロジェクトは何年も続く。また、一つのプロジェクトに関与する人も多い場合は何千人にも上る。プロジェクトの調達先は世界中にあり、調達する設備や機器、部品数は何万種類にもなる。これらを管理するためには、膨大なデータベースや管理体制が必要になる。この状況から、エンジニアリング会社は、早くからコンピュータによる業務支援システムを開発してきた。特に、プロジェクト管理の作業単位と情報分類は、重要な課題として開発されてきた。その結果、エンジニアリング会社の日揮の場合を見ると、知識システムは、可視、部分、関連、俯瞰の機能に関してはかなりの部分が開発されていると思われる。

　日揮の知識システムは、その動きが利用者に理解されているし、全体のシステムは複数個の部分システムのモジュールから構成されている。関連内容はネットワーク化されているので、特定内容から関連する内容への検索が容易にできる。また、プロジェクトの全体像を把握するための機能も開発されているので、計画対実績の比較などが簡単にできる。一方、まだ実現されてない機能としては、支援、創造、連想がある。まず、支援は、社員個人への支援よりはプロジェクトを対象にしてシステムを開発してきた経緯から理解できる。エンジニアリング会社の場合は、すべての業務の中心になるのがプロジェクトである。その結果、個人を支援するシステムの開発は考慮されなかった。

　日揮が運用しているシステムから創造ができないのは、プロジェクトの管理を定型化あるいは標準化することに重点を置いているからだと思われる。例えば、プロジェクトの遂行中に特定の知識から様々なシナリオを生成して、それを分析することは、定型化や標準化され難いため、システムよりは、プロジェクトに参加している人が担当している。そのため、プロジェクトに参加している人の経験に依存する部分が多い。

　システムから連想ができないのは、エンジニアリング会社だけの現状ではない。しかし、エンジニアリング会社が運用する知識システムから連想ができれば、過去のプロジェクトから得た知識を未来のプロジェクトに容易に反映して、予測される問題点とそれへの様々な解答を予め用意することができる。また、個人の経験を組織知に変えて、組織が共有することもできる。その結果、プロジェクト遂行に対する生産性を飛躍的に向上させることが期待できる。

Structuring

企業における知識の取り扱いの現状と評価例 ―― トヨタ自動車株式会社

86 トヨタ自動車における環境評価

　私はゴルフが下手である。飛ぶときはよく飛ばすし、素晴らしいアイアンショットを打ったりもするのだが、確率が低すぎる。理由はだいたい分かっている。チェックポイントがいくつかあって、その全部がなかなか揃わないのだ。野球なら、打球が前方90度のどこか野手のいないところに、3回に1回飛んでいけば良いのだが、ゴルフは違う。そうすると、グリップだの、スタンスだの、腰だの、肘だの、全部がいつもうまくいかないとならない。これをできるようにするのは練習だが練習が嫌いというのが理由だと思う。ものつくり学の藤本隆宏氏から、面白い話を聞いた。カンバン方式とか、声かけとか、ヒヤリハットだとか、最近の企業のやっていることはあまり違わない、全体がうまく回っているかどうかが大いに違うのだそうだ。「知のめぐり」が違うのだそうだ。

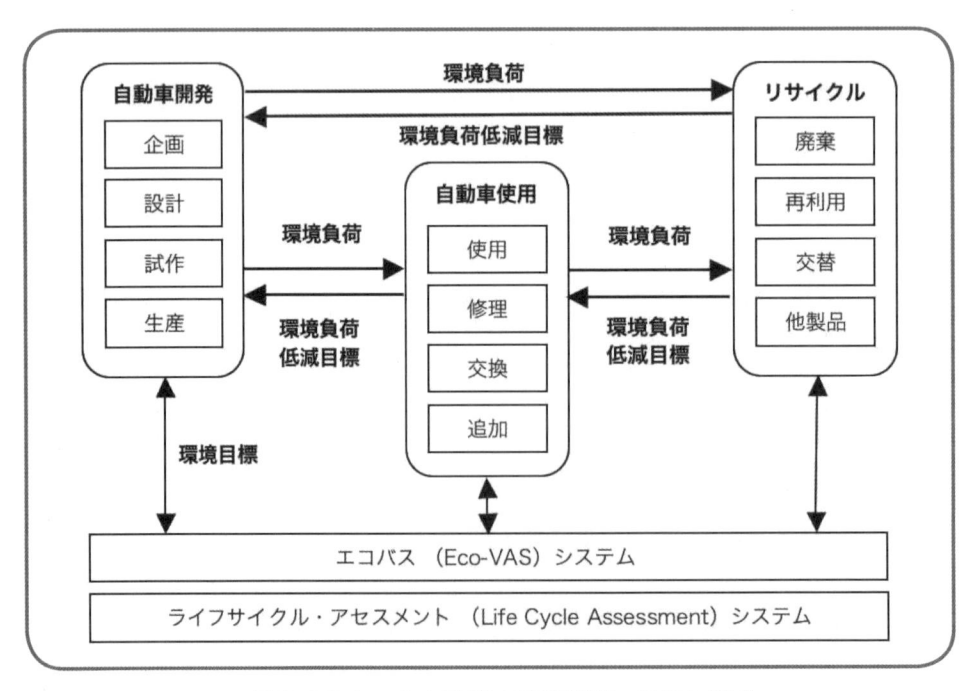

図8-19 トヨタ自動車の環境評価システム構成

Knowledge

　自動車の開発には、企画から始めて、設計、試作、生産、使用、廃棄、リサイクルまでのライフサイクルが存在する。このライフサイクルは、長い場合は何十年も掛かったが、最近は情報技術の応用により、企画から生産までのサイクルが徐々に短くなっている。しかし、生産工程における不具合や使用中の問題発生によるリコールなどは、自動車会社にとって深刻な経営上の問題になる。そのため、企画段階と設計段階において、できるだけ自動車のライフサイクル全般をシミュレーションして、予め不具合をなくすことが重要である。自動車産業におけるライフサイクルアセスメントは、いまは常識的な手法になっている。

　自動車のライフサイクルアセスメントから、環境に優しい自動車のための環境アセスメントに発展したのが、トヨタのエコバス(ECO-VAS)システムである。自動車の企画段階から環境への配慮を数字化して、環境負荷低減目標値を設定する。

　自動車のライフサイクルは、開発、使用、リサイクルの三つに分けて考えることができる。開発は、企画、設計、試作、生産の各段階に区分できる。また、自動車の使用も、使用、修理、交換、追加などの活動がある。使用が終わってからは、廃棄、再利用、他の製品への利用などが考えられる。自動車の環境への負荷を計算する場合は、これらの各活動における負荷を計算する必要がある。環境への負荷が計算されると、その負荷を低減させる具体的目標値が設定できる。目標値の設定には数字の他に、レベルや等級などの目標もあるが、いずれも明確な基準があればよい。

　トヨタ自動車の環境総合評価システムは、自動車のライフサイクルアセスメントの考え方に基づいた発想であるのが一つの特徴である。その結果、環境への負荷が時間によって変化していくことを管理できる。結局、自動車による環境負荷を、総環境負荷と総時間の要因から考慮する。自動車のライフサイクルの各活動に環境への負荷を配置すれば、環境への負荷をどう低減できるかを理解しやすい。その結果、具体的な低減方法と低減目標が設定できる。環境に対する目標は、一般的に感性的な表現が多い。また、数字で表現した場合も、すぐにはその意味を理解しにくい。しかし、ライフサイクルの各活動に対して具体的な項目と数字での環境負荷低減目標があれば、環境という課題は自分の仕事として明確に認識される。

Structuring

企業における知識の取り扱いの現状と評価例 ── トヨタ自動車株式会社

87　トヨタ自動車における環境負荷目標設定

　宮古島サンゴ礁に関して3年間の日米共同研究を行ったときのことである。中間地点ハワイで第1回の会合を3泊4日で行った。初日は海辺のディナーで始まり、盛り上がった。翌朝から議題に沿って、研究目標、測定項目、測定方法、測定の時間間隔と空間分布、解析法、分担、予算の配分、会合の頻度と方法、成果発表の方法と、進むにつれてどんどん険悪になってきた。話が通じないのだ。英語の問題だけではない。アメリカ側が、海洋学と機械工学、日本側は、材料科学と化学工学。分野と言語の複雑な絡み合いだ。化学工学の私と一番話が通じるのはアメリカの機械工学だ。言語の壁より、基本的な考え方や用語の壁の方が大きいとこのとき分かった。

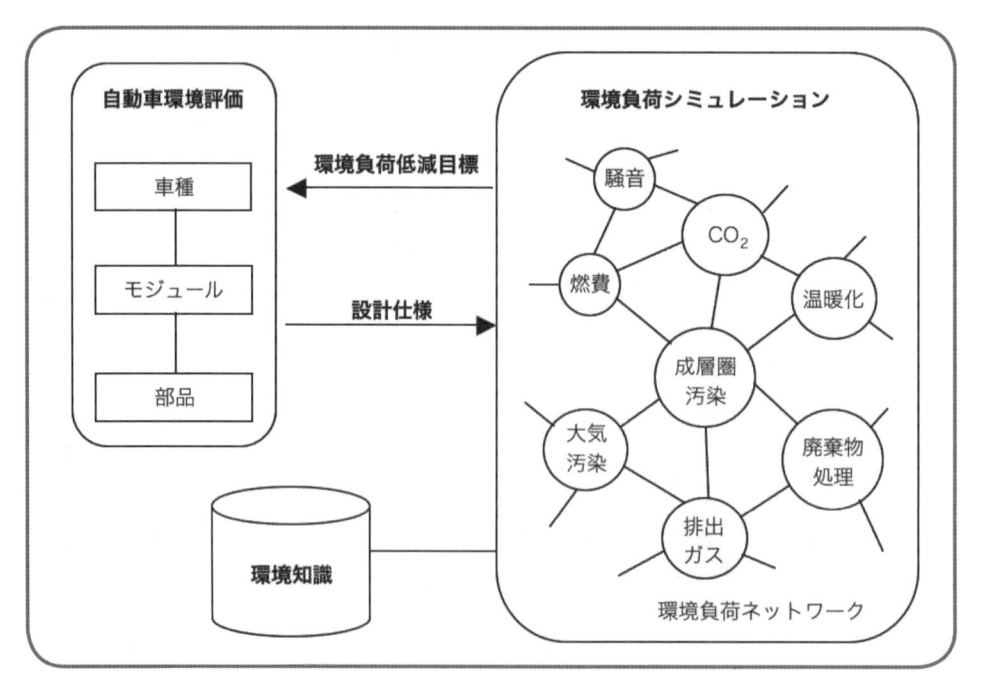

図8-20 トヨタ自動車における環境負荷目標設定プロセス

Knowledge

　自動車のライフサイクルアセスメントから、環境アセスメントを支援する場合、環境に対する認識を明確にする必要がある。環境という用語は、それが示す範囲が広くて、意味もあいまいな部分が多い。そのため、環境に優しい車づくりも、まず環境に対する認識を共有する必要がある。

　自動車が環境に及ぼす影響を把握するために、環境負荷ネットワークを作って、要因間の関係を明確にする。例えば、自動車と環境の問題を考えるときには、騒音、燃費、大気汚染、成層圏汚染、排出ガス、廃棄物処理、温暖化、CO_2などのキーワードが使われる。しかし、これらの他にも環境負荷は様々な要因が関係している。これらの要因をすべてネットワークとして表現する。

　環境負荷ネットワークを作成するときには、頂点は環境要因を、稜線は因果関係を表現する。稜線は、方向性を持つ矢印を使って要因間の関係を表現する。例えば、ある要因が他の要因に影響を及ぼす場合は、ある要因から他の要因に向かう矢印で二つの要因を連結する。もし、逆も成立する場合は、両方向向きの矢印を使う。この作業が終わってから見れば、特定の要因には多くの要因から矢印が向いているのが分かる。この要因は重要な環境要因として認識される。

　環境負荷ネットワークの作成が終わってからは、自動車の構成ツリーと比較する。自動車は、複数の部品から構成されるモジュール、複数のモジュールから構成されるモデルで表現できる。これらの製品構成ツリーと環境負荷ネットワーク上の環境要因とをつないで、特徴を分析する。その結果、環境負荷ネットワーク上の重要環境要因とつながる部品やモジュールは、機能や形状、材質などを優先的に改良する。

　環境に優しい自動車の製造技術には、まだ解決されていない研究課題も多くある。そのため、環境負荷ネットワークと自動車構成ツリーの間には、関連性が不明確な部分もある。しかし、関連する様々な知識ベースもネットワークで表現されていれば、環境負荷ネットワークと連結することによって、新しい知見の獲得ができる可能性がある。
　環境負荷ネットワークは共通の財産として、また競争前の知識資源として自動車業界で共同作成してもよい。しかし、特定の自動車モデルとの関連や環境負荷低減への具体的方法や目標などは、各社が競争対象になる知識として管理する。結局、環境問題は自動車会社だけではなく、全人類の共通の問題であるから、競争前の知識は公開的に構造化するのが望ましい。

Structuring

企業における知識の取り扱いの現状と評価例 —— トヨタ自動車株式会社

88 トヨタ自動車における知識システムの特徴

　運転経歴が長い人と、色々なことを論理的に考える人がいる場合、この二人のどちらが運転がうまいか。個人差はあるとしても、同じ年齢なら、色々なことを論理的に考える人の方が、運転がうまいだろうと思う。それは、運転中はもちろん、運転前後に起こりうる様々なことをシナリオとして頭で考えて、自分なりに対処案を考えるからである。

　社会的規模でシナリオを作って、対処案を探すことはよくある。例えば、地震訓練では、実際の地震を想定したシナリオを作って訓練する。訓練を繰り返すと、頭で勝手に想像するより、体が自然に反応するようになる。火事を想定した訓練や台風を想定した訓練など、社会的に想定される災害は、シナリオ展開と反復的な訓練によって、実際状況になったときの被害を最小限にすることができる。人生のシナリオを作って見るのはどうだろう。これはあまり面白くないかも知れない。

プロダクトの特徴：
環境に優しい車づくりは、まだ発展途中の技術が多く、仕様と評価基準に不明確な部分も多い。

知識管理システムの特徴：
車のモデル別に支援する内容を変えてシステムを運用する。

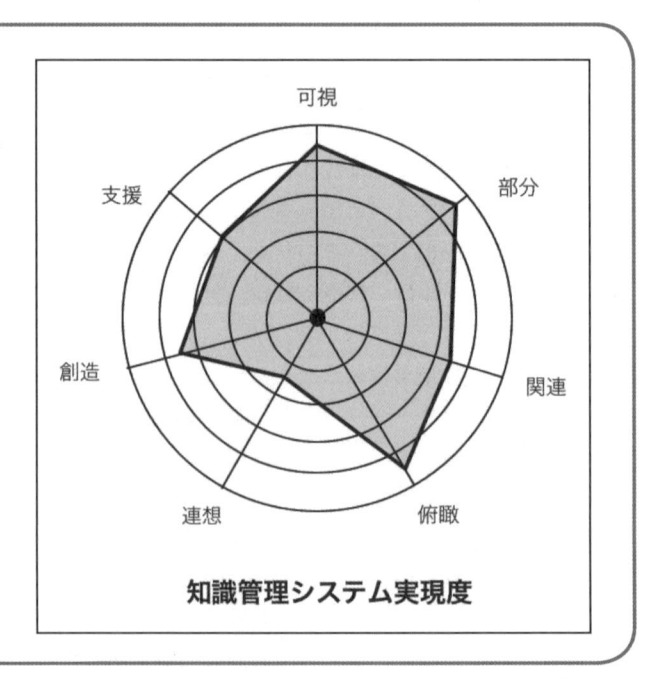

図8-21 トヨタ自動車における知識システムの特徴

Knowledge

　自動車のライフサイクルアセスメントから自動車環境総合評価体制を作ったトヨタ自動車のエコバスシステムを、知識の構造化という観点から評価してみると、可視、部分、関連、俯瞰は機能していると思われる。また、支援と創造も一定水準の満足度で機能している。これらは、自動車の特定モデルの設計生産を対象にした評価である。

　しかし、連想はあまり機能していないように見える。すなわち、環境負荷を低減するためのエコバスシステムは、まだ他の知識ベースとは完全には連結されてない。そのため、ある特定の知識から別の知識へ次々たどっていく機能が支援されていない。

　自動車工業は機械産業の総合版として表現される。一台の車を作るためには、機械産業におけるほとんどすべての知識が必要になる。また、環境問題まで考慮すると、自動車の設計生産には膨大な知識が利用される。しかし、これらの知識をネットワークで表現して利用している自動車企業はまだない。その結果、自動車の環境問題に関連する知識と、伝統的に自動車の設計生産に利用された知識の間には、システム的に支援される知識ネットワークがない。

　環境問題はまだ未解決の課題を多く含んでいるため、知識間の関連が変わる可能性が常にある。そのため、自動車の環境問題を支援するためには、柔軟に成長する知識ネットワークの運用が必要である。柔軟という特徴は、知識間の関連が変わるときには、知識ネットワーク全体が共に変わっていくことである。成長する知識ネットワークは、新しい知識が与えられたときに、既存のネットワーク上の知識と関連づけられることである。この二つの機能を自動的に実現できれば、知識ネットワークは生物のように進化する。

　生物は外部条件に意識的に、場合によっては無意識的に反応する。外部条件に知識ネットワークを意識的に反応させるためには、知識触媒という概念を利用する。例えば、環境に対する新しい知識を既存の知識ネットワークに与えて、その反応する深さや速度、範囲などをチェックする。その結果から、企業の戦略を作ることや、自社保有技術の現状を把握するなど、様々な応用が可能になる。知識ネットワークが無意識的に反応することの例としては、例えば、利用者別の利用状態やアクセスログなどを機械的に収集して分析することがある。

Structuring

企業における知識の取り扱いの現状と評価例 ── 三井物産株式会社

89 三井物産のプロジェクト受注における個人経験の循環

　何平方メートルのマンションを借りると家賃がいくらというのは、面積と家賃という2次元の問題である。横軸に面積で縦軸に家賃とすると、だいたい直線に近い関係になる。銀座か千葉かで家賃は全く異なるから、地域という軸を加えると3次元になる。現実には、駅との距離、設備、環境、見晴らしなど何十次元の問題だ。しかし、普通の人間は2次元でしかものを考えない。地域など他を固定して面積を変えて考えるとか、2次元にして考える。

　4次元で考えることができた人がいる。アインシュタインは、3次元の空間と時間をいっぺんに考えて空間が曲がっているとか訳の分からないことを考えたのだから、4次元を直感できたのだろう。しかし、コンピュータは百万次元でも処理できる。直感とかそういうことではなくて、記憶できるのだ。そして、人の要求に応じて、2次元の図を引き出して見せてくれる。

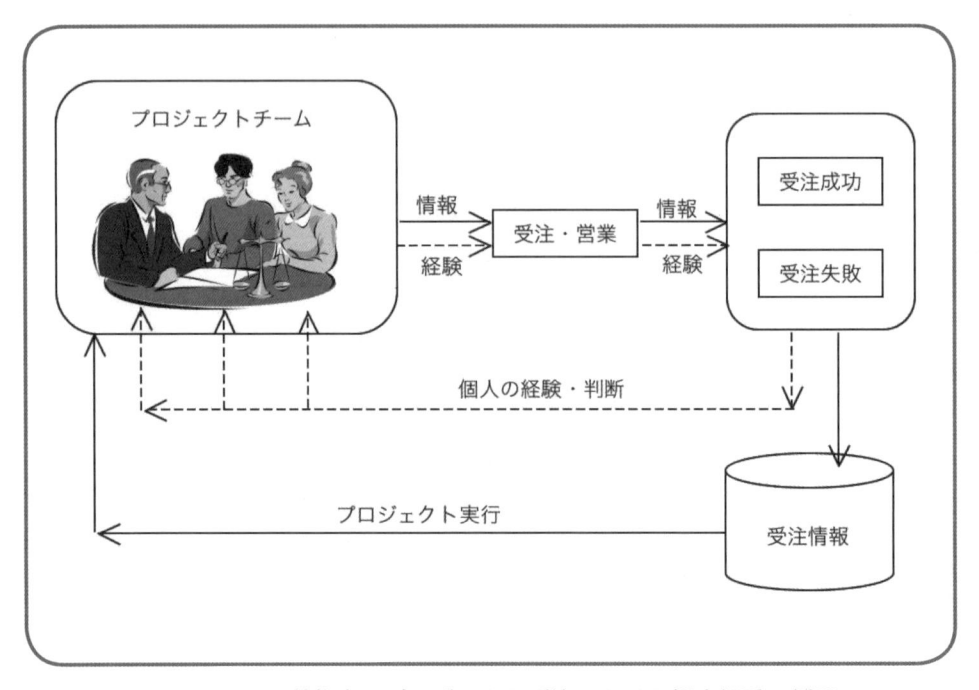

図8-22 三井物産のプロジェクト受注における個人経験の循環

Knowledge

　古くから経済成長を主導してきた商社には、その歴史に応じた様々な情報や知識が山積している。昔は日本を中心にして輸出・輸入したが、最近は、世界各地から世界各地へ輸出し輸入する。また、扱う商品も、小さい機械部品から大きいプラントまで、また、有形物からサービスなどの無形物まで、実に様々である。

　膨大な商品を扱う商社では、基本的にプロジェクト単位で仕事を処理する。特定のプロジェクトを計画したときに、まずプロジェクトを構成する人を選定する。人数は少ないときは数人から、多いときは数百人までで構成される。特定契約を狙ってプロジェクトチームを構成する場合は、このプロジェクトチームは受注活動と営業活動から始まる。受注に成功したときには、このプロジェクトチームが引き続きプロジェクトを実行する場合もあれば、別の実行チームが構成される場合もある。また、受注に失敗した場合は、次の受注活動を予想してしばらくはプロジェクトチームを存続させる場合もあれば、失敗した時点でチームを解散する場合もある。

　プロジェクトチームが行った様々な活動や収集した情報は、社内の知識システムに登録され、次の活動に利用されるようにする。そのため、できるだけ多くの情報を、できるだけ標準化された形式にしたがって登録することが重要になる。しかし、商社では登録が難しい情報も多くある。歴史が古い商社の場合、営業のノウハウや業界情報など、蓄積された情報は、場合によっては、国家機関がもつ情報より多いとも言われる。その結果、プロジェクトチームを構成する人々の経験は、知識システムに標準的に登録するのが難しい内容が多い。しかし、個人の経験は、受注活動や営業活動に大変威力を発揮するもので、重要な経営資産として認識されている。

　商社が運用する知識システムの課題の一つは、標準化された登録内容と、社員が持つ経験やノウハウとのギャップをどう処理するかである。社内で登録して皆が共有するためにはできるだけ情報を標準化するのがよい。しかし、個人の経験を通じて蓄積された知恵を標準化することはほとんど不可能な作業である。この事情は歴史が長い企業に共通することである。標準化と経験という問題に対して、知識の構造化の観点からは、知識や経験間の関連付けを重要視する。知識や経験の表現は標準化されなくてもよいが、ただし、他の知識や経験との関連を明確にすることが必要である。その結果、社員が持つ知識と経験は、強大な知識ネットワークを構成する。社内では、このネットワークを共有することで、人の知識や知恵を利用できる。

Structuring

企業における知識の取り扱いの現状と評価例 ── 三井物産株式会社

90 三井物産におけるプロジェクト間の競争と協力

　夫婦の会話は家庭の幸せのために必須だ。夫婦でなくとも、よく話し合わないと、共通認識が醸成されない。3人の組織だと、2人同士が3組みできるから、2人の場合の3倍会話が必要になる。n×(n−1)÷2で、10人だと45倍、100人だと約5千倍、千人で5十万倍、1万人だと5千万倍になる。本当は、話すと意見が変わってきたりするから、よほど工夫しないと、100人以上の組織に共通認識を醸成するのは不可能なのだ。これを、通達でやってしまおうというのが、官僚組織である。上から下へ通達を流すと皆がしたがうという前提なのだが、世の中複雑になって通達の類いが数も量も増えて伝言ゲームがうまくいかなくなってきた。仕事をやめて通達を読むか、読まないで仕事をするかどっちかになった。大学教授の多くは、仕事を選んでいる。

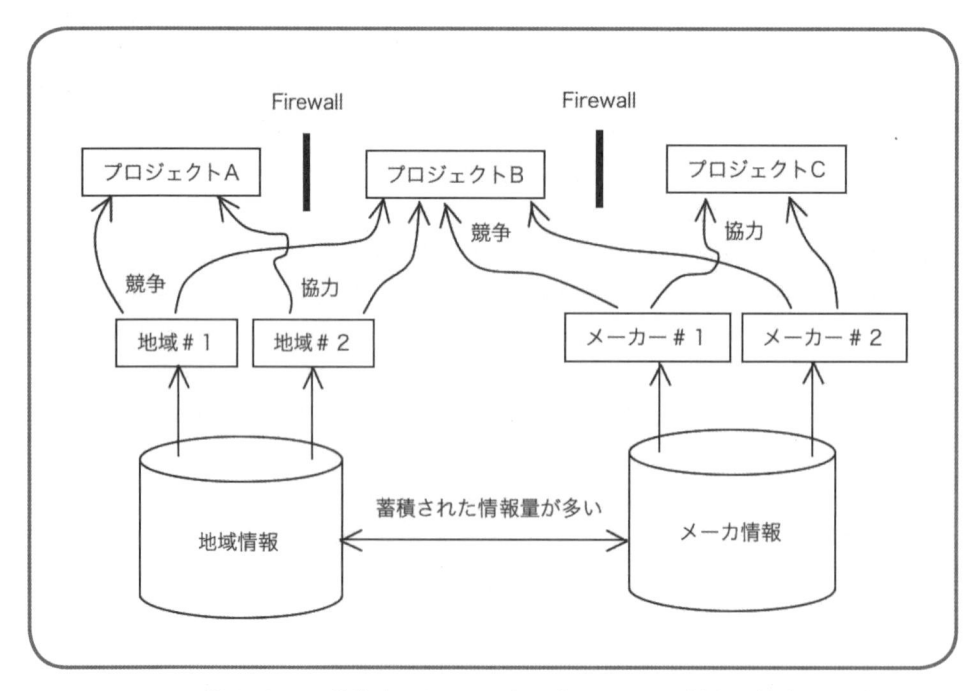

図8-23 三井物産におけるプロジェクト間の競争と協力

Knowledge

　情報を公開して再生産するのがよいか、非公開にして独占するのがよいか。この問題は様々なところで論争になる。例えば、国家が持つ海外の情報はどこまで国民に公開すればいいか。ある病気に関する情報をどこまで患者に公開すればいいか。関連会社の情報をどこまで社内に公開すればいいか。情報の公開範囲を決めることは難しい決断を要する。企業間の取引では、ほとんどの場合は、相手との契約などによって取得した情報を一定期間秘密にする守秘契約をする。この守秘契約を守らないのは重大な契約違反になり、裁判になりかねない。守秘契約の範囲は、企業単位もあれば、特定の契約にかかわった人だけに限定する場合もある。

　商社の場合、あまりにも扱う商品が多いため、特定の企業との間で競争関係と協力関係が同時に発生することが多くある。例えば、商社Aと企業Bは、X地域では同じ商品を扱う競争関係にあるが、Y地域では同じコンソーシアムを構成する協力関係にある。また、商社AのプロジェクトチームA1と企業Bは競争関係にあるが、商社AのプロジェクトチームA2と企業Bは協力関係にある。また、商社AのプロジェクトチームA1は社内のA2チームとは競争するが、A3チームとは協力する関係になる。商社と他企業との関係が複雑であるので、守秘義務の範囲を決めるのも難しい。そのため、商社では、プロジェクトチーム毎に情報を遮断するファイヤーウォールを設置する。その結果、特定のプロジェクトチームが獲得した情報は、他のプロジェクトチームには利用できない。

　市場情報や他企業の情報を獲得して分析し、組織内部で共有するのは、企業活動の基本である。しかし、商社のプロジェクトチームはチーム毎に情報のファイヤーウォールを設置し、情報の共有ができなくしている。この矛盾をどう処理するかが商社の知識システムの課題の一つである。すなわち、情報の公開範囲と非公開範囲を決め、公開する情報でも社内のだれが利用できるようにするかを決める必要がある。例えば、プロジェクトチーム間には非公開な情報でも、商社の経営陣までに非公開にすることはできない。
　商社で知識システムを運営するときに、特定情報へのアクセス権を決める基準には何があるか。様々な基準がありえるが、例えば、この情報を利用することで得する人と、知らないと損する人で区分する方法もある。また、この情報へアクセスするのが権利か義務かによっても区分できる。他にも、仕事の命令系統にあるか支援部門にあるか、直接当事者か第三者かの区分もある。

Structuring

企業における知識の取り扱いの現状と評価例 ── 三井物産株式会社

91 三井物産における知識システムの特徴

　友人のコンサルタントがこういった。「クライアントは必ず、うちは特別ですからと初め言う。しかし、やってみれば結局どこも似たり寄ったりなんだ」私は「特別だ」というのも思い入れだろうが、「同じだ」も誤りだと思う。何が同じで、何が特別なのか、それが重要なのだ。中日阪神を優勝させた星野仙一氏が、万一巨人の監督になったとしたら、やることは同じだろうか。投手陣と打撃陣を整備してといった基本は同じだろう。しかし、選手を直接は厳しく叱咤し、マスコミにチョロッとほめてやる気を出させるといった手は変えるかも知れない。また、経営陣やファンやマスコミなどとの対応もずいぶん変えるだろう。同じ監督をするのでも、基本は同じだが具体化は異なる。企業、政府、自治体、大学など異なる組織も、基本は同じで同時に特別でもあるのだと思う。

プロダクトの特徴：
仲介やサービスから金や鉄鉱石などまで、扱うプロダクトは極めて幅広い。また、関連する地域は世界中にある。

知識管理システムの特徴：
プロダクトの種類と関連企業の数が多いし、他社との競争や協力が同時に発生するなど、業務の領域が固定されず、知識の共有化が難しい。チームを支援対象にするのが多い。

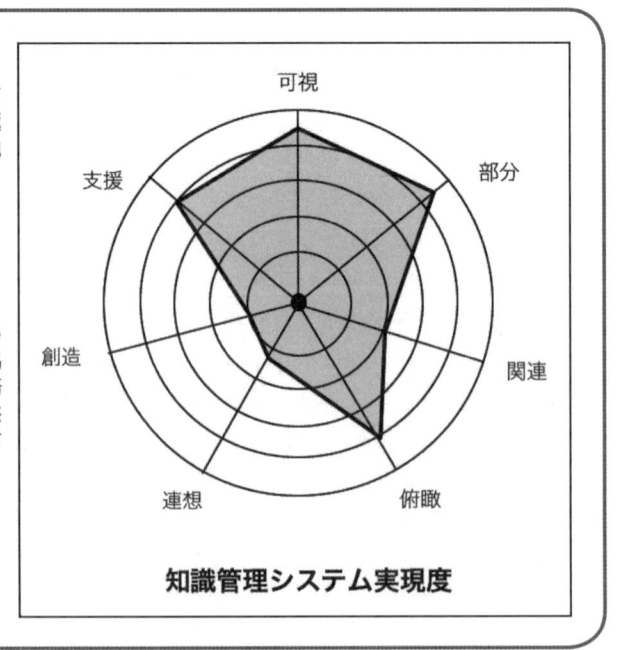

図8-24 三井物産における知識システムの特徴

Knowledge

　考えられるほとんどすべてを商品として扱う商社は、膨大な情報を管理するために早くからコンピュータを利用して情報処理をして来た。その結果、定型的な管理業務などでは安定的にシステムを運用している。このシステムに、プロジェクトから得た個人の経験や知識をどう登録して、組織がそれをどう利用するかがこれからの課題になると思われる。

　知識の構造化の観点から、商社の三井物産の知識システムの現状を判断すると、可視、部分、支援、俯瞰の四機能はある程度満足に運用されていると考えられる。商社の仕事がプロジェクト単位で実施される特徴から、支援する対象も、プロジェクトチームを対象にする機能が多い。チームに入っている人がプロジェクトの全体像を把握して、関連する仕事を推進するための機能はシステムが提供している。

　三井物産が運用している知識システムを他業種のシステムと比較して、一番特徴的なのが、知識や情報間の関連を支援しないことであろう。特定の知識や情報は、それだけで独立されていて、関連する知識や情報を提供する機能はシステムにない。これは、守秘義務とも関係がある。商社と他社との関係は、同じ企業でも競争関係と協力関係が混在している。また、同じ商社の中でも、プロジェクト間には競争関係と協力関係が混在している。そのため、特定の情報や知識から関連する別の情報や知識を関連づけてくれる機能を意識的に支援しないという特徴がある。

　特定の情報や知識から新しい知識を創造する機能も現在は支援されていない。知識を創造する機能は、プロジェクトから得た個人の経験や知恵が蓄積されて組織の知識として利用される役割をする。しかし、この機能を完全に実現している商社はほとんどないように見える。特定のプロジェクト遂行から得た知識は、次のプロジェクト遂行にも当然参考になる。単に参考にするだけではなく、新しい知識を創造して、今後のプロジェクト遂行に積極的に対処していくための仕組みが必要である。この仕組みによって、個人の経験や知識を組織が共有できるようになる。

　現在ではまた、次々と知識を提示する連想機能も提供されていない。これらの機能は、プロジェクトの特定知識から別のプロジェクトや業務との間に存在している関連性を明確にする。関連性を示す基準は観点と目的によって変わるが、例えば、経済的側面などを基準にすることもできる。連想機能によって、企業の知識システムは成長を続ける。

Structuring

企業における知識の取り扱いの現状と評価例 ―― 三井住友銀行

92 三井住友銀行における個人コンサルティングビジネス

　レマン湖のほとりスイス工科大学ロザンヌ校にはスイス銀行の支店がある。支店といっても行員はひとり、接客時間は1日4時間くらいである。円をスイスフランに換えるために訪れたのだが、てきぱきと手際がよい。換金がすむと、彼女は投資信託の口座開設を勧めてきた。そんな余裕資金はないというと、日本からいつでも投資できる、金額も自由だ、円で投資できると、簡潔だ。面白くなって同意すると、あっという間に口座をつくってくれた。ハイリスクハイリターンやミドルやローがあって、それらを組み合わせることが簡単にできる。その後もお世話になったが、必要に応じて本社かどこかと連絡しながら、あらゆる銀行サービスを1人でこなす。私のスイス銀行投資口座は、残高はゼロだが現在も有効である。

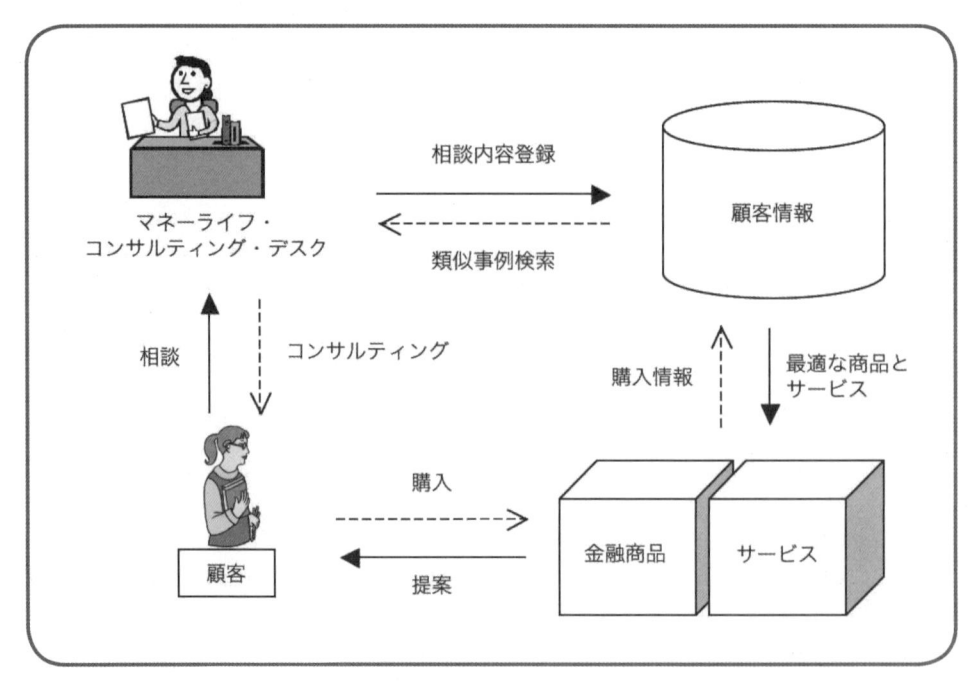

図8-25 三井住友銀行における個人コンサルティングビジネス

Knowledge

　日本の銀行が販売する金融商品は、銀行毎にあまり差がなくほとんどが同じような条件になっている。そのため、銀行を利用する個人客から見れば、特にこの銀行でなければいけない、というような条件はあまり見当たらない。例えば、A銀行でもB銀行でも、同じような条件で同じような金融商品を販売しているのが、銀行業界の実情でもある。しかし、他の銀行との差別化を狙って、多くの銀行が最近とくに熱心なのが、個人個人に合わせて特化したサービスができるプライベートバンキングである。このサービスは、ほとんどの銀行が力を入れているため、戦略的な営業部門になっている。

　同じような銀行で同じように販売しているように見える金融商品でも、その中身はすべての個人客によって違う。例えば、個人が住宅ローンを申請する場合、ローンの金額、ローンの期間、ローンの利率などの返済条件、信用状況、保証人、物的担保などの条件、などすべての条件は個人によって違う。そのため、ローンを申請する個人に、どの条件でどの金融商品を販売するかは、個人毎に違う問題になる。

　個人がローンを申請する場合は、まずは銀行に行って相談をする。個人はこの相談を通じて、ローンの金額や返済条件などを確認し、実際に契約までするかどうかを判断する。一方、銀行側は、この相談を通じて、個人客を獲得できるかどうかが重要なポイントとなる。銀行毎に違うものの、銀行全体での相談件数は年間数万件から数十万件まで上る。そのため、相談に来た個人客に、銀行のだれがどう対応するかは、営業次元だけではなく、銀行のブランド管理の次元からも大変重要なポイントになる。

　ほとんどの銀行では、比較的落ち着いた環境で独立した相談窓口を設置する。それから、様々な金融商品に詳しい専門家を配置して、相談に来た個人と十分な対話ができる環境を作る。それから、個人が持っている状況や条件などを十分聞いてから、一番適切な金融商品や関連サービスを提案する。個人はこの提案を見て、購入するかどうかを判断する。

　金融商品の販売に成功しなかったとしても、銀行側は相談内容を分析して、今後の営業活動や金融商品の開発などに反映させ、今後の相談の参考にすることができる。そのため、分析した内容はすべてデータベースに登録する。一件の相談が終わると、またその内容や結果などをデータベースに登録する。このサイクルが定着すると、個人客への営業知識や様々な状況への対処案などを蓄積することができる。その結果、個人客へのサービスがさらに強化される好循環に入る。

Structuring

企業における知識の取り扱いの現状と評価例 —— 三井住友銀行

93 三井住友銀行における支店間の情報共有

　全体プロジェクトのなかで遅れているチームがあるとき、そこに新人を投入するとさらに遅れる。意外なことを、IBM のコンピュータ設計責任者から大学教授に転身した人が本に書いている。たしかに研究室の経験でも、助手と博士と 2 人で行っている研究が面白くなってきたのでそれを加速しようと、卒論生を参加させたりとするとかえって遅れることがある。助手と博士はゼロから一緒にやってきて、ツーカーなのだ。卒論生に説明する時間が余分にかかるし、実験を失敗したり、挙げ句の果ては実験装置を壊したりもする。2 人だけでやった方がスムーズに進むのだ。しかし、やがて卒論生がツーカーになるとやはり 2 倍どころか、3 倍 4 倍にもスピードが上がる。物事は単純ではない。人を投入するとプロジェクトは遅れるか？

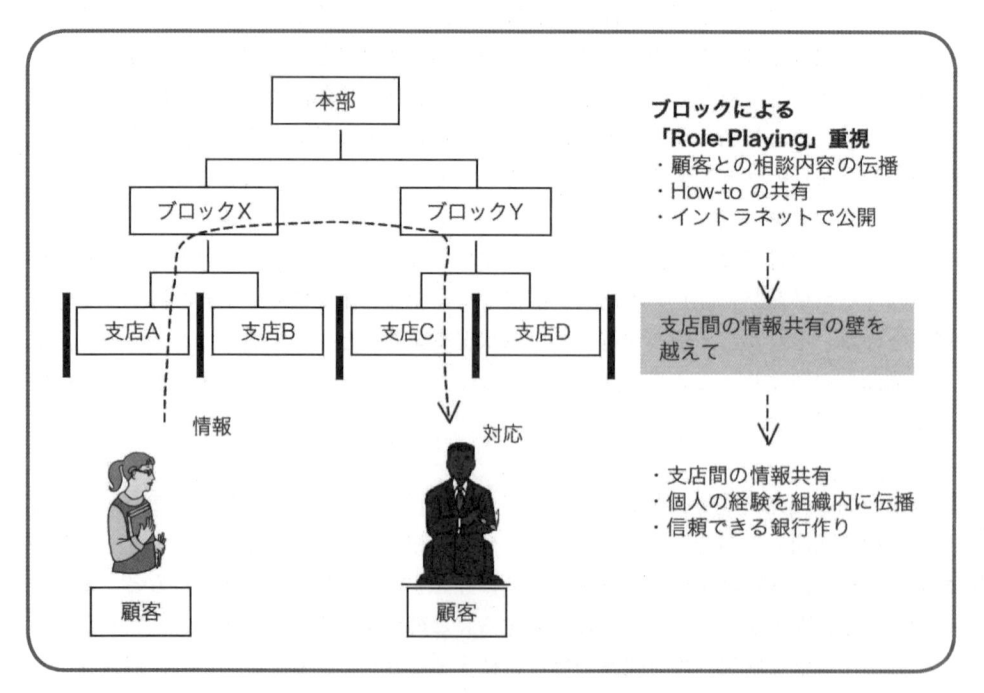

図 8-26 三井住友銀行における支店間の情報共有

Knowledge

　単一店舗だけで営業する銀行はない。例えば、インターネットバンクにしても、流通会社などと連携して現実世界のどこかで利用できる店舗を運営する。銀行は、すべての店舗をネットワークでつないで構成する網のような組織である。一般的に銀行のネットワークは本店を頂点にする、ピラミッドのような構造を持つ。そのため、業務の処理や情報の伝達もピラミッドの頂点である本店から、各々の店舗に伝わる形になっている。

　銀行の店舗は一つの城のように運営される。地域特徴を基準に設置され運営される各店舗は、その地域に関する様々な情報を獲得し、他店舗へ伝達する機能を持つ。各店舗から収集された情報は、加工され付加価値をつけられてから各店舗にまた伝達され、日常の営業活動に利用できるようになる。現在の銀行店舗間の情報共有水準は、理想的で完璧であるとは言い難い。むしろ、一つの店舗で獲得された情報は、その店舗の内部だけで利用される場合が多い。口座情報は、店舗内にある端末機を通じて、銀行のメインコンピュータに実時間で転送され、全店舗で共有される。しかし、お客の情報などは、実時間で共有したり、付加価値をつけたりする機能がほとんどない。

　店舗のネットワークが組織の根幹になる銀行であるが、そのネットワークを通じて共有される情報は口座情報や経営情報で、各店舗が獲得した情報や知識は共有されていない。これは、店舗を中心にする古くからの銀行の運営方式が現在でもあまり変わっていないことを表す。口座情報はメインコンピュータを通じて実時間で共有しないと、例えば、現金の引出や振込みなどができない。この処理ができないと、銀行が麻痺したと認識されるため、一所懸命に維持補修し、情報が共有できるようにする。
　しかし、各店舗が持つ情報や知識は、それが共有されなくても、銀行が麻痺したとは誰も思わない。また、いままですべての情報や知識を店舗間で完全に共有したこともなかったので、あまり不便さも感じていない。根本的には、ここの店舗はここだけで運営する、という意識が強いからであろう。この意識は、店舗を中心にした古くからの運営方式の結果である。
　三井住友銀行の場合は、2003年度の合併もあり、店舗間の情報の共有を強引に推進する必要があった。そのために設置した組織が、ブロックである。複数の店舗を一つのブロックに編成し、情報共有を進める。まずは、同じブロック内部で情報を共有して、またブロック間で情報を共有するようにしている。その結果、店舗間の情報共有がより活発になっている。

Structuring

企業における知識の取り扱いの現状と評価例 —— 三井住友銀行

94 三井住友銀行における知識システムの特徴

　私は化学工学は少しは知っているつもりであるが、建築学はほとんど知らない。しかし、安藤忠雄氏が同僚になった影響もあって、私も建築物と建築学に関して少しは考えるこようになった。建築物を設計する建築家は、目に見える仕事をしている。その成果は、子供でも分かる。安藤さんの人気のひとつはその辺にもあるのだと思う。

　私が知識の構造化という概念を考えてから、すでに20年近くなっている。はじめは概念しかなかったが、最近はより具体的になり、一部の概念は実用化開発段階までに来ている。また、知識の構造化という表現も一般に広がっている。まだ一部の世界に限ったことではあるが、知識を構造化しようとする私の提案に、大勢の人が賛同してくれるのが嬉しいし心強い。安藤さんの建築物のように、知識の構造化の成果を見える形にして、使えるものにしないといけないと責任も強く感じている。

プロダクトの特徴：
金融商品は全ての顧客に対して最適な商品が異なる。商品やサービスの種類、金利、期間、総額などを運用主体と運用目的別にオーダーメードで提案することが重要である。

知識管理システムの特徴：
銀行の業務は店舗単位で行われるが、店舗間の情報共有が重要である。
また、顧客の相談に対応する相談者のレベルを一定に維持するためのシステムが望ましい。

知識管理システム実現度

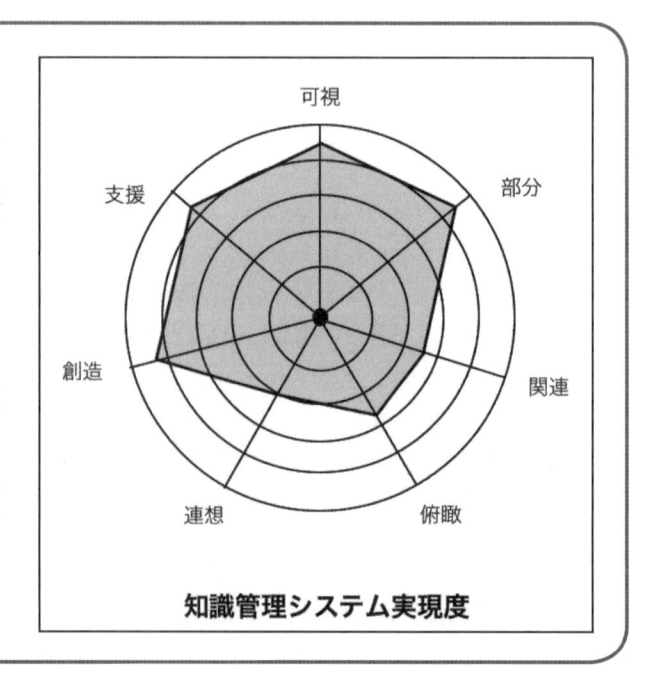

図8-27 三井住友銀行における知識システムの特徴

Knowledge

　知識構造化の観点から三井住友銀行の現状を把握するために基準にした活動は、個人客への対応である。年間何万人もの人が、銀行に相談に来る。その相談の相手になって、個人客の様々な条件に一番適切な金融商品やサービスを提案するのが、マネーライフ・コンサルティング・デスクと呼ばれる専門家である。この専門家は各店舗に配置されていて、その店舗を訪問した個人客の相談に対応する。

　個人客との相談の時には、まず、関連するシステムに入って、様々な情報が登録されているデータベースを閲覧して、類似事例を検索する。このシステムは銀行の基幹システムとして運用されているが、利用者はシステムの働き方を理解している。また、このシステムの構成は、複数のサブシステムの組合わせとして設計運用されているため、新機能の追加などが簡単にできる。このシステムは個人客との相談にいろんな類似事例を提供することによって、個人客一人ひとりへの適切な対応が可能になることを目指している。

　マネーライフ・コンサルティング・デスクによる個人客への対応と、情報システムの運用による支援は、個人客に対する銀行の営業戦略とも一致している。しかし、このシステムでまだ不十分と思われる機能は、関連、俯瞰、連想である。

　各店舗で個人客との相談に使われる知識は、全体的にはネットワーク化されていない。その結果、知識間の関連が分からず、俯瞰ができない。これらの機能に関しては、相談員として応待する専門家の個人的能力に大きく依存している。また、ブロックという組織を作って、物理的に店舗間の情報を共有するようにしているが、各店舗間の情報共有はまだ不完全である。他には、連想機能がまだ支援できていないため、ある知識から別の知識へ連続的にたどっていくのは専門家の役割である。その結果、専門家によって、結果が異なる。

　三井住友銀行の場合は、各店舗に専用相談窓口を設置し、専門家と利用者との相談業務を支援している。また、その専門家は、情報システムを利用して、関連する情報を検索したり、閲覧したりする。しかし、この一連の過程は専門家個人へ依存する内容が多く、システムが支援する内容には限界がある。その結果、同じ条件を持つ同じ個人客に対して、他の店舗から異なる提案がある可能性が高い。店舗毎の提案を均質にするためには、関連、俯瞰、連想の機能をシステムに入れて、どこからでも同じ内容を利用できるようにする必要がある。

索引

<英数字>

2000年問題	25
6シグマ	107
NEC	183,185,187
SHELLモデル	77
Sカーブ	197

<あ>

アクション	167,169
頭の中のビーズネット	81
新しいパラダイム	49,115
アナリシス	49
安全	
―教育	141
―指針	141
―知識の構造化	139,141
―なプロセス	155
―マニュアル	141
暗黙知	46
暗黙の販売員	193
委員会	91,153
域間知識の相互利用	41
囲碁	57
―型の社会	57
―の全プロセスを細分化	59
異常成長の制御	111
イノベーション	45,87,123,127,173,173,175
医療	37
―産業	37
―事故	77
―システム	73
―知識	37,73
―知識の構造化	73
―ビジネスモデル	37,73
―ミス	77
薄膜研究	61
運動の法則	35
営業	
―活動	207,213,215
―支援システム	187
―知識	183,187
―マニュアル	183
―力の向上	183
エキスパートシステム	73,107,117
エコバス(ECO-VAS)システム	193,201,205
エネルギー問題	21
エンジニアリング会社	195,199
オーダーメード検索	65
温暖化問題	21

<か>

改善活動	59,61
開発拠点	181
改良的開発	173
花王	189,191,193
花王エコーシステム	191
科学	
―技術の貢献	71
―技術の発展	87
―技術立国	89
―的な理由	63
―と人との距離	35
―の役割	35
学際領域	27
学術の統合化	71
学問の細分化	135
学問領域	33
学融合	27
可視化	117
仮想実験	177
仮想生産	177
学会名の分化	33
学科名の多様化	33
環境	
―アセスメント	201,203
―総合評価システム	201
―負荷	205
―負荷低減目標値	201
―負荷ネットワーク	203

—問題	21,61	講義科目	35
—要因	203	工業社会	55
企業内の技術マップ	171	光合成	15,79
企業の研究開発	171	構造化された教科書知識	145
技術		構造化知識	55,65,67,75,81,83,89,91,93,95
—開発戦略	91,153,175	顧客相談情報	191
—情報	169	答えを考えるプロセス	61
—知識の構造化	159	言葉	27,65,93,143
—マトリクス	171	子供のためのウェブ検索支援システム	145
—領域の細分化	91	コミュニケーション	179,181
—連絡会	171	コンピュータプログラム	25
—ロードマップ	91,153		
気象シミュレーション	75	<さ>	
基本知識の分類	147	サイエンスの本質	41
教育知識基盤	143	サイバー空間での場の提供	179
教科書知識の構造化	143,145	サイバー図書館	67
行間を読め	59	材料ナノテクノロジー	147
競争		材料プロセス	111
—知識	93	作業マニュアル	57,59
—前の知識	203	砂漠緑化プラットフォーム	75
—力	83,93,123,127	サンゴ	79
銀行店舗間の情報共有	215	三段論法	43
銀行のブランド管理	213	ジグソーパズル	25
金融商品	213,217	思考遊戯	105
経済		仕事の全体像	121
—遺産	53	事故例を共有	141
—基盤	55	思索の深さ	59
—情報	169	システムアーキテクト	165
形式知	46,111	自然遺産	53
形式知の孤立	47	持続的成長	53
研究開発	105,189	実験研究	139,141
—開発資金	89,91	実体による俯瞰	121
—開発プログラム	75	失敗プロセス	155,157
—資源の効率化	75	失敗プロセス知識の構造化	157
—資源の配分	85	自動車環境総合評価体制	205
—者のネットワーク	85	自動車の開発	201
—の位置づけ	81	シナジー効果	177
検索	67,129	シナリオ	127,175,181,185,77,199
検索語の連鎖	145	支配する基本原理	39
原子力発電	23,39,169	支配法則	111
建築士	109	シミュレーション	71,79,147,177,201
原理間の相互関係	23	ジャーゴン	27
原理に基づいた構造的理解	39	社会現象の複雑化	135
コア技術	177	社会の全体像	25
工学領域の誕生	43	自由な発想	63

受講シミュレーション	135	<た>	
守秘契約	207,211	第一種の誤解	107
小学生の教科書	127,143	大学	
小学生の知識構造	143	—学科の連合	43
定石	57,59	—間で授業交流	135
消費者研究	189	—間の授業交換	95
消費者センター	191	—間のネットワーク	85
商品開発	189,191,193	—教育における知識の構造化	95
情報	31	—業務内容	137
—社会	55	—授業科目数	135
—の公開範囲	209	—の競争力強化	137
—の分類	197,199	第二種の誤解	107
—を遮断するファイヤーウォール	209	断片的知識	161
シラバス	135,137	知恵	31
人工物	23,39,43	地球温暖化問題	79
シンセシス	49	知識	31
新知識	15	—アーキテクト	109,153,157
—の価値	45	—アドバイザー	137
—の生成	45,47,63,83	—遺産	53
—の生成の不連続区間	45	—環境	67,83
新聞記事間の関連性	183	—間の関連付け	19,45,47,55,63,73,77,83,87,89,99, 103,123,127,143,161,205
住友化学	177,179,181	—間の連想とその理由	123
生活の質的向上	71	—管理	115
成功と失敗の二分思考	155	—管理推進担当者	185
成功プロセス	157	—管理の成長段階	185
政策立案者	89,153	—基盤経済	55,83
製造業	119	—基盤の製造業	83
製造業の陰謀	23	—源	33,61,65,159
正反合	43	—構造の理解	67
製品開発	193	—資源	49
世界遺産	53	—資産	57
専攻分野	95	—システム	65,73,107,109,115,117,119,123,129, 157,169,173,175,181,185,187,207
千字文	15	—システムの施行者	109
全体		—システムへの評価基準	115
—最適化	39	—社会	55
—像のシミュレーション	71	—社会のディレンマ	19
—像の俯瞰	55,67	—循環プロセス	183
先端技術研究センター	171	—触媒	127,157,173,205
専門家	25,27,37,45,65,73,89,91,139,147,149,151,153, 161,213,217	—処理	49
専門家の知識の変化	89	—生成	143
創造	35,83,123,129,153,193	—生成の一般化モデル	41
組織の知識	123,173,183,185,211	—生成の経年パターン	45
組織文化	107	—生成の特殊化モデル	41

—誕生	15	—爆発	73
—伝達欲	185	—ベース	129,159,179,181,203,205
—同士の関連付け	15	—ポケット	179
—ネットワーク	93,123,127,127,137,143,151,157, 159,161,169,173,75,187,205	—保存手段	101
—の一覧	75	—保存の量	101
—の革新性の判断	45	—モデル	153,157
—の活性化	157,175	—領域	27,33
—のカリカチュア	99	—領域の融合	39
—の基本構造	147	知的活動の基盤	19
—の供給	33	知的好奇心	75
—の供給と需要の問題	33	知のパラダイム	25
—の共有化	147	超複雑系	39,71
—の組合せ	43	チラシ知識	159
—の継承	59	提案営業	187
—の検索	65,103	データ	31
—の構造化	23,49,61,65,67,73,75,77,79,81,83,89,93, 95,101,103,105,115,121,129,137,147, 153,155,157,159	—の表現形式	119
		—マイニング	191
		テーラーメード	
—の再構成	67	—医療	71
—の細分化	33	—のカリキュラム	95
—の細分化と統合化	75	—の機能	135
—の再利用	157	デルファイ法	91,153
—の収集と統合	61	店舗間の情報共有	217
—の需要	27	統一論	49
—の処理	41	投資戦略	91
—の生成	40,43,61	特定情報へのアクセス権	209
—の全体像	19	特許	
—の全貌を俯瞰	75,105	—知識の構造化	153
—の増加	15,19,53	—分析	91
—の定義	31,115	—を分析	151
—の統合	37,53	突然変異	87
—の登録	183,185	トヨタ自動車	201,205
—の爆発	67		
—の爆発的な膨張	75	<な>	
—の表現	47,57,99,103	仲間言葉	27
—のフュージョン	43	ナノテクノロジー	49,89,91,111,147,149,151,153,175
—の変換と移動	83	ナノテクノロジープラットフォーム	75,147,147
—の保存	59,101,159	ナビゲータ	81
—の本質	31,47,99	二重らせん構造	45
—の融合	33,49,89	日揮	195,197,199
—の利便性	41	ニュートリノの質量問題	35
—の流通	33	ニュートンの法則	31
—の量	15	燃料電池	61,65
—の利用	81,103,111	農耕社会	55
		ノウハウ	183

農薬	177
農薬開発	177,179,181
ノーベル賞	43,75,87

<は>

バイオテクノロジー	151
バイオテクノロジープラットフォーム	75
博士論文の審査	81
白蝋病	63
パターン認識	111
発想転換	53
発想の理由	63
発電の原理	39
ハブ知識の発見	125
破片的知識	179
バランス・スコアカード	167
半導体	111
半導体の高機能化	17
ビーズネット	65,67,75,81,93,125,149
非競争知識	93
ビジネスモデル	93,151
日立製作所	165,167,169
人による思索	43
人の俯瞰	71
標準	
—化	57,199,207
—カリキュラム	135
—作業	57
—作業プロセス	165
—時間	57
副専攻分野	95
部分知識	157
部分プロセスに細分化	57
プライベートバンキング	213
プラットフォーム	165,167
プロジェクト	
—管理組織	197
—管理の作業単位	195,199
—チーム	207,209,211
ブロック	215,92
文化遺産	53

<ま>

マクドナルド	57
マニア	23
マニュアル	99,139,196
三井住友銀行	215,92
三菱重工業	171,175
未来予測地図	91
メタ知識	159
モジュール	119,181,187,203
モジュール間の対話の健全性	119
モデルによる俯瞰	121
問題	
—の構造	21
—の全貌	25
—の断片	25

<や>

要素還元論	49
要素知識のモデル化	79
予測技術	177
予測機能	111

<ら>

ライフサイクルアナリシス（LCA）	61,201,203,205
領域知識	93
領域内の基本法則	31
類似事例	217
累積情報量の増加	197
連想	123,169,181,193
—経路	129
—の理由	123
ロードマップ	189
論理機構	73
論理の正反合	105

<わ>

ワンストップサービス	137
ワンミニッツトークセッション	99

[著者略歴]

小宮山 宏 （こみやま ひろし）

　　昭和42年3月　東京大学工学部卒業
　　　　63年7月　東京大学工学部教授
　　平成12年4月　東京大学大学院工学系研究科長、工学部長
　　　　15年4月　東京大学副学長、東京大学附属図書館長
　　　　17年4月　東京大学総長就任予定

〈専門分野〉

　　化学システム工学、地球環境学、知識の構造化

〈主な役職〉

　　（社）化学工学会会長
　　経済財政諮問会議『循環型経済社会に関する専門調査会』会長
　　総合科学技術会議専門委員
　　「動け！日本」緊急産学官プロジェクト委員長
　　一府六省『バイオマス・ニッポンアドバイザリーグループ』座長
　　経済産業省産業構造審議会臨時委員
　　経済産業省産業構造審議会研究開発小委員会委員長
　　OECD科学技術政策委員会副議長・日本代表

知識の構造化

2004年12月24日　第1刷発行

著　者　　小宮山　宏
発行者　　尹　泰聖
発行所　　株式会社 オープンナレッジ
　　　　　〒113-0033　東京都文京区本郷5-26-4
　　　　　電　話：03-3812-1730　FAX：03-3812-7644
　　　　　URL：http://openknow.com

デザイン　　伊藤 尚彦
印刷・製本　デジタル印刷

Printed in Japan　　　　　　　© Hiroshi Komiyama 2004
本書は著作権法上の権利を保護されています。
本書の全部または一部の無断複製は、著作権者の権利を侵害します。

ISBN4-902444-03-8